आप बहुत... बहुत... सुन्दर हैं!

आप बहुत... बहुत... सुन्दर हैं!

कीर्तिकुमार सिंह

वाणी प्रकाशन

प्रकाशन के उत्कृष्टतम 60 वर्ष

प्रथम संस्करण : 2023

vaniprakashan.com

वाणी प्रकाशन

4695, 21-ए, दरियागंज, नयी दिल्ली-110 002

फ़ोन : +91 11 23273167, 23275710

शाखाएँ

अशोक राजपथ, पटना-800 004, बिहार

कॉफ़ी हाउस कैम्पस, महात्मा गांधी मार्ग, इलाहाबाद-211 001, उत्तर प्रदेश

महात्मा गांधी अन्तरराष्ट्रीय हिन्दी विश्वविद्यालय, वर्धा-442 001, महाराष्ट्र

36/ए, शेक्सपियर सरणी, रानी बिरला गर्ल्स कॉलेज के पास, कोलकाता-700 017, प. बंगाल

sales@vaniprakashan.in
vaniprakashan@gmail.com

Aap Bahut... Bahut... Sundar Hain!
by Kirti Kumar Singh

Stories

आर. टेक ऑफ़सेट प्रिंटर्स, दिल्ली-110 032 में मुद्रित

वाणी प्रकाशन का लोगो मक़बूल फ़िदा हुसेन की कूची से

प्रिय साढ़ूभाई

श्री राममनोहर सिंह

को

अत्यन्त आत्मीयतापूर्वक

भूमिका के नाम पर कुछ

समाज का यह चलन है कि समाज में जिस चीज की कमी हो जाती है, उसकी माँग बढ़ जाती है। आज यही स्थिति प्रेम की है। विडंबना यह है कि हर व्यक्ति खुद तो प्यार चाहता है लेकिन दूसरे को प्यार देने में असमर्थ है। असमर्थ इसलिए है कि दूसरे को प्यार देने के लिए उसके पास समय नहीं है। पैसे की अन्धी दौड़ में आदमी मशीन बनकर रह गया है। हर आदमी को और पैसा चाहिए... और पैसा... और... और...। इसीलिए मेरे मन में प्रेम कथाएँ लिखने का विचार आया।

प्रेम कथाएँ लिखने का विचार एक और कारण से आया। हिन्दी साहित्य में समाज के एक प्रतिशत लागों के लिए बहुत ज्यादा लिखा जाता है और निन्यानबे प्रतिशत लोगों के लिए लिखने का दायित्व प्रायः उन लोगों के जिम्मे छोड़ दिया जाता है जिनको लिखना नहीं आता है। कोई पाठकों के लिए लिखना ही नहीं चाहता। हर व्यक्ति केवल नामवर सिंह के लिए लिखता है। लिखा हुआ, पाठकों को पसंद आये; यह ज़रूरी नहीं है। ज़रूरी यह है कि काश! नामवर सिंह पढ़ लेते और तारीफ़ में कहीं कुछ लिख देते। आलोचक को दृष्टि में रखकर सारा लेखन हो रहा है, पाठक को दृष्टि में रखकर नहीं। एक बार मैंने बदीउज़्ज़माँ का उपन्यास पढ़ा था—'एक चूहे की मौत'। उपन्यास पढ़कर मैं एकदम झेल गया था। निश्चय ही ऐसे साहित्य के भी रसिक हैं। उनके लिए लिखा जाना चाहिए। लेकिन बाकी निन्यानबे प्रतिशत पाठकों के लिए भी तो लिखा जाना चाहिए।

मेरा अनुभव जगत बहुत सीमित है। मैं इलाहाबाद जिले के कोटवा नामक गाँव में पैदा हुआ और वहाँ आठवीं कक्षा तक पढ़ाई की। हाई-स्कूल और इंटरमीडिएट राजकीय इंटर कॉलेज इलाहाबाद से किया। बी.ए., एम.ए. और डी.फिल्. इलाहाबाद विश्वविद्यालय से किया। नौकरी लगी राजकीय स्नातकोत्तर महाविद्यालय अगस्त्यमुनि, रुद्रप्रयाग, चमोली (अब उत्तराखंड में चला गया है) में, जहाँ मैंने 8 मई, 1997 से 29 अप्रैल, 1998 तक नौकरी की। उसके बाद शहीद स्मारक राजकीय महाविद्यालय मुहम्मदाबाद, यूसुफ़पुर, गाज़ीपुर में 30 अप्रैल, 1998 से

1 जुलाई, 2005 तक नौकरी की। 2 जुलाई, 2005 से श्यामा प्रसाद मुखर्जी राजकीय महाविद्यालय, फाफामऊ, इलाहाबाद में कार्यरत हूँ। हिन्दी के बजाय दर्शनशास्त्र पढ़ाता हूँ। कुछ महीने अपने मामा के घर मीरजापुर में भी रहा हूँ। इन स्थानों के अलावा देश-दुनिया के किसी स्थान की मुझे प्रत्यक्ष जानकारी नहीं है इसीलिए मेरी कहानियाँ इन्हीं स्थानों के इर्द-गिर्द नाचती हैं। जिन स्थानों के बारे में प्रत्यक्ष जानकारी नहीं है, उनका उल्लेख करना या उनकी पृष्ठभूमि में कहानी की रचना खतरे से खाली नहीं रहती।

एक बार दिल्ली घूमने की इच्छा है। जो घुमा दे उसका भी भला, जो न घुमाये उसका भी भला।

कीर्तिकुमार सिंह

15/6, स्टैनली रोड, सिविल लाइन्स,
इलाहाबाद-211001
चलभाष : 09415094253

चैत्र नवरात्र
ईसवी सन् 2012

अनुक्रम

राम रचि राखा

"क्यों राजा साहब? क्या निर्णय किया?"

"सोचने का थोड़ा-सा और मौका दीजिए थानेदार साहब!"

"ठीक है! सोचते रहिए! जब फाँसी की सजा हो जाएगी तब कोई निर्णय लीजिएगा।" थानाध्यक्ष ने खुन्नस से कहा और झुँझलाते हुए वहाँ से चले गये।

उग्रसेनपुर रियासत के राजा गजेन्द्र सिंह इस समय जेल में बन्द थे। देश को आज़ाद हुए दस साल हो चुके थे। राजाओं की अपने राजा होने की खुमारी अभी उतरी नहीं थी। किसी आदमी ने गजेन्द्र सिंह की शान में गुस्ताखी कर दी थी। राजा ने उसे मरवा दिया। एक आदमी की हत्या करवाने के आरोप में वे छः महीने से जेल में बन्द थे।

थानाध्यक्ष जगदीश सिंह पाँच महीने से उनके सामने एक प्रस्ताव रख रहे थे। राजा गजेन्द्र सिंह के एक बेटी और तीन बेटे थे। उनकी बेटी को थानाध्यक्ष ने देख रखा था। वे चाहते थे कि राजा अपनी बेटी की शादी उनके इकलौते बेटे नागेन्द्र से कर दें। इसके लिए वे पाँच महीने से राजा को मना रहे थे। वे राजा को वचन दे रहे थे कि शादी के लिए हाँ कहते ही मैं पूरा केस चाट जाऊँगा। आपको जेल से तुरंत रिहा करवा दूँगा। राजा बड़े धर्मसंकट में थे। एक मामूली थानेदार के बेटे से बेटी की शादी तय कर देने पर बाकी रियासतों के राजा क्या कहेंगे? उधर जेल में बन्द रहना भी उन्हें नागवार गुज़र रहा था। वे जल्दी से जल्दी जेल के बाहर होना चाहते थे।

जेल से मुक्त होने का कोई उपाय न देख, राजा गजेन्द्र सिंह ने थानाध्यक्ष को हाँ कह दिया। थानाध्यक्ष जगदीश सिंह खुशी से उछल पड़े। अब बेटे का रिश्ता राजा की बेटी से होगा। गाँव में इज़्ज़त आसमान पर पहुँच जाएगी। गाँव क्या, पूरे क्षेत्र में हाहाकार मच जाएगा। जगदीश सिंह के बेटे की शादी राजा के यहाँ हो रही है! जगदीश सिंह राजा को बचाने में जुट गये। उन्होंने हत्या का पूरा केस ही पलट दिया।

एक अपराधी को हत्या के आरोप में फँसाकर उन्होंने राजा को जेल से बाहर करवा दिया। राजा के ऊपर से हत्या का पूरा आरोप वापस हो गया।

जगदीश सिंह का पूरा परिवार गाँव में रहता था। इकलौता बेटा नागेन्द्र इलाहाबाद विश्वविद्यालय के एक छात्रावास में था। वह इलाहाबाद विश्वविद्यालय से अँग्रेज़ी में एम.ए. कर रहा था। बहुत मेधावी छात्र था। गाँव में जैसे ही यह समाचार पहुँचा कि जगदीश सिंह के बेटे नागेन्द्र की शादी राजकुमारी से तय हुई है, तहलका मच गया। आस-पास के बीसों गाँवों में जंगल की आग की तरह यह खबर फैल गयी। लोगों को विश्वास नहीं हो रहा था। विभिन्न स्त्रोतों से लोग इस समाचार की पुष्टि करने के लिए उतावले थे। नागेन्द्र को भी यह समाचार मिला। राजकुमारी से शादी होगी? उसका रोम-रोम खुशी से पुलकित हो गया।

शादी हो गयी। जगदीश सिंह का गाँव में एक कच्चा मकान था। राजा साहब के आर्थिक सहयोग से वह मकान एक बड़े से आलीशान पक्के मकान में परिवर्तित हो गया। राजा साहब ने दामाद को इतना धन दिया कि वह जिन्दगी भर घर में बैठकर शान से जिन्दगी गुज़ार सकता था। दूल्हन के साथ उसकी सेवा करने के लिए तीन दासियाँ भी आयी थीं। बहू आने पर घर में खूब जश्न का माहौल था। पूरे क्षेत्र में सबको दावत दी गयी थी। क्षेत्र में जगदीश सिंह की इज़्ज़त एकाएक बहुत बढ़ गयी। उनकी आर्थिक और सामाजिक स्थिति में इतनी बढ़ोत्तरी देखकर पट्टीदारों के कलेजे पर साँप लोट रहा था। कलेजे पर पत्थर रखकर सब आकर जगदीश सिंह की जय-जयकार कर रहे थे। जगदीश सिंह "सब आप लोगों का आशीर्वाद है—सब आप लोगों का आशीर्वाद है" कह-कहकर अन्दर ही अन्दर गर्व के भाव से भरे जा रहे थे।

घर का सबसे शानदार कमरा बहू को दिया गया। उसे फूलों से खूब सजाया गया। बहू का कमरा और उसकी सेज सजाने के लिए बाहर से कारीगर बुलाये गये थे। काफी रात हो गयी। नागेन्द्र ने शरमाते-सकुचते अपनी पत्नी का दरवाजा खोला। उसने एक नज़र अपनी पत्नी पर डाली। अत्यन्त सुन्दर लग रही थी। कुछ देर अपलक वह अपनी पत्नी को देखता रह गया। हौले से दरवाजा अन्दर से बन्द किया। अपनी पत्नी के पास आकर बैठ गया। नागेन्द्र का दिल बड़ी जोर-जोर से धड़क रहा था। वह समझ नहीं पा रहा था कि अपनी पत्नी से क्या बोले। कुछ देर में हिम्मत जुटाकर उसने पूछा, "तुम्हारा नाम क्या है?" उसे अपनी पत्नी का नाम पता था, इसके बावजूद उसने पूछा।

"मेरा नाम सुषमा सिंह है" राजकुमारी ने जवाब दिया और इसके साथ ही उसने खींच कर एक लात नागेश्वर को मारा। नागेश्वर सेज से नीचे जाकर गिरा धड़ाम से। वह हक्का-बक्का होकर अपनी पत्नी को देखने लगा।

कुछ देर में वह उठा और कमरे के बाहर चला गया। वह घर से भी बाहर निकल गया। उसके सीने में भयंकर तूफान घुमड़ रहा था। बात उसकी समझ में आ चुकी थी। यह राजकुमारी....। बाप के हुक्म से मज़बूरी में मेरे साथ सात फेरे ले लिये हैं।....मेरा जैसा मामूली आदमी उसे पति के रूप में बर्दाश्त नहीं है।... अब पूरी जिन्दगी कैसे कटेगी?

गाँव के बाहर जग्गन का घर था। जग्गन महुए से शराब बनाता था। अपनी पत्नी, सोलह साल की अविवाहित बेटी रधिया और पाँच साल के बेटे ढनगू के साथ रहता था जग्गन। नागेश्वर ने जग्गन का दरवाजा खटखटाया। "इतनी रात को कौन हो सकता है?" जग्गन फुसफुसाकर अपनी पत्नी सुगनी से बोला। उसके परिवार ने आज जगदीश सिंह के यहाँ छककर खाया था। तीन-चार दिन के खाने भर को परोसा भी मिला था। उसका परिवार थोड़ी ही देर पहले जगदीश सिंह के यहाँ से लौटा था। वह दरवाजा नहीं खोलना चाह रहा था। नागेश्वर ने फिर दरवाजा खटखटाया। जग्गन दरवाजे के पास आ गया, "कौन है?" "जग्गन मैं हूँ! नागेश्वर! दरवाजा खोलो।" नागेश्वर ने जवाब दिया। "मालिक आप?" जग्गन ने दरवाजा खोल दिया, "इतनी रात गये मुझसे कौन-सा काम आ पड़ा?" उसका मुँह आश्चर्य से खुला हुआ था। नागेश्वर जग्गन के घर के अन्दर घुस गया, "कोई कमरा खाली है? आज मैं यहीं सोऊँगा।" "यह आप क्या कह रहे हैं मालिक? बड़े मालिक को पता चलेगा तो वे मुझे मार डालेंगे।" जग्गन हाथ जोड़कर सामने खड़ा हो गया। "तुम उनकी चिन्ता न करो! अगर वे तुम्हें मार डालेंगे तो मैं उन्हें मार डालूँगा। फटाफट मेरे लिए बिस्तर तैयार करो।" नागेन्द्र ने आदेश दिया। मरता क्या न करता! जग्गन ने एक कमरे में चारपाई डाल दी। उस पर एक फटी कथरी बिछा दिया। डरा-सहमा एक कोने में हाथ जोड़कर खड़ा हो गया। "जग्गन एक बोतल दारू लाओ।" नागेन्द्र ने फिर आदेश दिया। जग्गन ने नागेन्द्र के पैर पकड़ लिये, "ऐसा अनर्थ न करिए मालिक। मैं जानता हूँ। आप कभी शराब नहीं पीते। अगर मैंने आपको शराब दे दिया तो कल मैं जिन्दा नहीं बचूँगा। मेरे बीवी-बच्चों का क्या होगा सरकार?" "आज मुझे अगर शराब न मिली तो मैं जिन्दा नहीं रह पाऊँगा। मैं तुम्हारे आगे हाथ जोड़ रहा हूँ जग्गन! अगर तुम मुझे जिन्दा देखना चाहते हो तो मुझे एक बोतल शराब दे दो।" नागेन्द्र ने जग्गन के आगे हाथ जोड़ दिये।

लाचार होकर जग्गन एक बोतल दारू और एक गिलास ले आया। नागेन्द्र चारपाई पर बैठकर दारू पीने लगा। चौथाई बोतल दारू गले में समा गयी। चौथाई बोतल में ही भरपूर नशा हो गया। नागेन्द्र अपने स्थान से उठा। जग्गन का पैर छुआ। सुगनी का पैर छुआ। "आज से मैं अपनी पत्नी को छोड़ रहा हूँ। आज से तुम दोनों ही मेरे सास-ससुर हो। तुम्हारी बेटी रधिया को आज से मैं अपनी पत्नी बना रहा हूँ।" कहकर उसने रधिया का हाथ पकड़ा और उसे अपने कमरे में खींच ले गया। दरवाजा अन्दर से बन्द हो गया। जग्गन और सुगनी को साँप सूँघ गया। थोड़ी देर में वे उठे और रो-रोकर दरवाजा पीटने लगे। दरवाजा अन्दर से नहीं खुला।

अगले दिन सवेरा होते ही सुषमा उठ गयी। बाहर जाकर सबसे पहले अपने सास-ससुर के पैर छुए। दोनों बड़े प्रसन्न हुए। कैसी लायक बहू है! आखिर खानदानी व्यक्ति खानदानी ही होता है। दोनों ने आशीर्वाद की झड़ी लगा दी। नागेन्द्र कमरे में सो रहा होगा, यह सोचकर दोनों ने बहू से नागेन्द्र के बारे में कुछ नहीं पूछा। घर में बहुत से रिश्तेदार इकट्ठा थे। सास ने बहू को ले जाकर सारी औरतों से परिचय कराया। उम्र और रिश्ते में बड़ी सभी औरतों के सुषमा ने पैर छुए। सारी औरतें 'रानी बहू' की शालीनता और सुशीलता की बलैया लेने लगीं।

लगभग दोपहर हो गयी। नागेन्द्र का कुछ अता-पता नहीं था। नागेन्द्र की माँ पार्वती को चिन्ता हुई। उन्होंने बहू को पास बुलाया, "रानी बहू, जाकर नागेन्द्र को जगा दो। लोग जाने क्या सोच रहे होंगे।"

"ठीक है माँ जी! जाकर जगा देती हूँ। वे कहाँ हैं?"

"कहाँ हैं? क्या मतलब? क्या वह तुम्हारे कमरे में नहीं है?"

"नहीं माँ जी! मैंने तो उन्हें कल शाम के बाद से ही नहीं देखा।"

"क्या ऽ ऽ ऽ?" पार्वती की लगभग चीख निकल गयी।

धीरे-धीरे घर में मौजूद सारे लोगों को पता चल गया कि नागेन्द्र रात से ही गायब है। वह बहू के कमरे में गया ही नहीं।

नागेन्द्र की खोज में लोग चारों तरफ दौड़ पड़े। सबको किसी अनहोनी की आशंका सताने लगी। गाँव में खोज होने लगी। गाँव के बाहर खोज होने लगी। पूरे गाँव में हंगामा मच गया। शाम होते-होते लोगों को पता चला कि नागेन्द्र शराब पीकर जग्गन के घर में पड़ा हुआ है।

जगदीश सिंह को जैसे ही यह समाचार मिला, उनके होश उड़ गये। उन्होंने बंदूक निकाली और जग्गन के घर की ओर चल दिये। उनके पीछे-पीछे पूरा गाँव चल दिया। उनके रिश्तेदार भी साथ हो लिये। जग्गन ने जगदीश सिंह को देखा

तो हाथ जोड़कर घर के बाहर आकर खड़ा हो गया, "मालिक मेरा कोई कसूर नहीं है। छोटे मालिक रात से ही यहाँ आकर पड़े हुए हैं। मैं बहुत हाथ-पैर जोड़ रहा हूँ, लेकिन वे वापस घर जा ही नहीं रहे हैं।" जगदीश सिंह ने बंदूक की नाल जग्गन के सीने से सटा दी, "साले! रात में आकर मुझे नहीं बता सकता था? अभी भी दिन भर से हम लोग उसे खोज रहे हैं और तू घर में बैठा हुआ है चुपचाप?" शोरगुल सुनकर नागेश्वर भी बाहर निकल आया। नशे में धुत! अपने बाप को बंदूक ताने देखकर उसने भी पिस्तौल निकाल ली। अपने बाप की ओर पिस्तौल तानकर बोला, "अपनी बन्दूक नीचे कर लो ठाकुर! जग्गन अब मेरा ससुर है। मैंने इसकी लड़की से शादी कर ली है। वो जो राजकुमारी लाये हो न, उससे तुम शादी कर लो।" उसकी जबान बुरी तरह लड़खड़ा रही थी। पार्वती दौड़कर गयीं और उसके दोनों गालों पर पटापट थप्पड़ मारने लगीं, "अरे नीच! अरे पापी! मैंने यही दिन देखने के लिए तुझे पैदा किया था? इससे तो अच्छा था कि मैं निपूती ही रहती। पैदा होते ही तू क्यों नहीं मर गया? अपनी फूल सी रानी बहू को मैं जाकर क्या बताऊँगी?" "तो मान लो कि मैं आज मर गया। वैसे तुम मानो या न मानो। मैं तो तुम्हारे लिए आज से मर गया। आज से मैंने अपनी जाति बदल ली है। मैं आज से नीची जातिवाला हो गया। तुम तो ठकुराइन हो....जगदीश सिंह ठाकुर हैं....।" नागेन्द्र लड़खड़ाती जबान से बके जा रहा था। सारे रिश्तेदार खींचते-खाँचते उसे घर लेकर चल दिये। पीछे-पीछे रोती-कलपती पार्वती आ रही थीं। जगदीश सिंह भी सिर झुकाये चले आ रहे थे। जगदीश सिंह के सारे पट्टीदारों में खुशी की लहर दौड़ गयी। गाँव के जो और भी मानिन्द लोग थे, सबके कलेजे को ठंडक पहुँची। जगदीश सिंह का एकाएक इतना बड़ा बन जाना किसी को पच नहीं रहा था। इस पूरे घटनाक्रम को लेकर वे लोग आपस में चुहलबाजी करने लगे।

रात में सब खाना-पीना खा चुके। घर में आने के बाद नागेश्वर चुप ही था। घर में आयी रिश्तेदार औरतों ने नागेश्वर को जबर्दस्ती बहू के कमरे में धकेल दिया। दरवाजा बाहर से बन्द। नागेश्वर कुछ देर तक दरवाजे को भड़भड़ाता रहा। नहीं खुला दरवाजा। हारकर नागेश्वर कमरे के एक कोने में लेट गया। फर्श पर ही। बिना कुछ बिछाये। सुषमा अपना आराम से बिस्तर पर लेट गयी। नागेश्वर काफी देर तक चुपचाप रहा। उसे नींद नहीं आ रही थी। कमरा उसे जेल की तरह लग रहा था। वह कमरे से निकलकर भाग जाना चाह रहा था। थोड़ी देर में वह उठकर बैठ गया। देखा—सुषमा सो गयी थी। वह कमरे को ध्यान से देखने लगा।

कहीं से निकला जा सकता है? कहीं कोई सम्भावना नहीं दिखी। हारकर वह फिर चुपचाप लेट गया।

सुबह सात बजे दरवाजा खुला। नागेश्वर उठकर कमरे में टहल रहा था तुरंत बाहर निकल आया वह। सुषमा भी बिस्तर पर बैठी दरवाजा खुलने का इंतजार कर रही थी। वह भी बाहर निकल आयी। बैठ-बैठकर आँचल से औरतों का पैर छूने लगी। औरतें 'दूधो-नहाओ, पूतों फलो' का आशीर्वाद देने लगीं। सास अपनी रानी बहू की बलैया लेने लगीं। नागेश्वर फटी आँखों से सब देखता रह गया। इतना बड़ा अभिनय? कोई भाँप नहीं सकता कि इसके मन में क्या भरा हुआ है! नागेश्वर को अपने ऊपर बहुत दया आने लगी। वह रुआँसा हो उठा। उसने जल्दी से एक लोटे में पानी भरा और फारिग होने के लिए खेतों की तरफ निकल गया। लौटते हुए वह जग्गन के यहाँ चला गया। कुएँ से एक बाल्टी पानी खींचा। लोटे को मिट्टी से मटियाकर हाथ-पैर धोया और दातुन करने लगा। ''रधिया ऽ!'' दातुन कर लेने पर उसने आवाज दी। ''हाँ ठाकुर!'' रधिया आकर खड़ी हो गयी। जग्गन और सुगनी डर के मारे चुपचाप दरवाजे पर बैठे हुए थे। ''देख, तू मुझे ठाकुर मत कहा कर। मैंने अपनी जाति बदल ली है। अब मैं तेरी जाति का हो गया हूँ। मैं तेरा पति हूँ पति!''

''ठाकुर, कभी किसी की जाति भी बदलती है क्या?''

''क्यों नहीं बदलती? पहले राजा लोग दूसरी जाति की लड़की से शादी कर लेते थे। वह लड़की ठकुराइन हो जाती थी कि नहीं?''

''औरत की जाति बदल जाती होगी। आदमी की जाति थोड़े न बदलती है।''

''जब औरत की जाति बदल सकती है तो आदमी की जाति क्यों नहीं बदल सकती?''

''ठाकुर मैं छोटी जाति की गँवार लड़की हूँ। बड़ी-बड़ी बातें नहीं समझ सकती!''

''फिर मूर्खों वाली बात! छोटी जाति और बड़ी जाति क्या होती है? न तो कोई जाति छोटी होती है और न कोई जाति बड़ी। भगवान के यहाँ सब बराबर होते हैं।''

''जाति तो भगवान ही बनाये हैं। धरम में लिखा है।''

''भगवान ने कोई अलग-अलग जाति नहीं बनायी है। बस एक जाति बनायी है—आदमी। बेवकूफ! ये धरम-करम किसने लिखा है? धर्म की सारी किताबें आदमियों ने लिखी हैं। जिसने किताब लिखी, उसने लिख लिया कि मैं सबसे बड़ा हूँ।''

''धर्म को गाली न दीजिए ठाकुर! पाप पड़ेगा।''

"फिर बेवकूफी की बात! अरे धर्म की किताब में लिखा है कि ब्राह्मण क्षत्रिय से बड़ा होता है। कोई क्षत्रिय सपने में भी नहीं सोचता कि ब्राह्मण मुझसे बड़ा होता है। ठाकुर का बच्चा भी मानकर चलता है कि मैं बाभन से बड़ा हूँ। पूजा-पाठ में पैर छू लेने की बात दूसरी है। तू भी मानकर चल कि हम दोनों की जाति ठाकुर-बाभन से बड़ी होती है। धर्म की किताब में लिखने की बात ही है न! मैं भी धर्म की एक किताब लिख दूँगा। उसमें मैं लिख दूँगा कि तेरी-मेरी जाति ठाकुर-बाभन से बड़ी होती है।"

"आप धरम लिखेंगे?" रधिया को हँसी आ गयी।

"क्यों? मैं नहीं लिख सकता क्या? अरे अब देश आज़ाद हो गया है। अब लोकतंत्र आ गया है। सबको अपनी बात कहने की, लिखने की आज़ादी है। लोकतंत्र में सब बराबर हैं। न कोई छोटा है, न कोई बड़ा। न कोई राजा है, न कोई परजा। अब छोटी जाति, बड़ी जाति सब खतम हो जाएगा।"

"ऐसा कभी नहीं होगा। जो छोटी जाति का है, वह छोटी जाति का ही रहेगा। कौवा हंस नहीं बन जायेगा।"

"अच्छा ये बता। पहले कभी चुनाव होता था? देख अब चुनाव होने लगा है। चुनाव में सब ठप्पा लगाने जाते हैं। तेरे बाप का ठप्पा भी एक ठप्पा गिना जाता है और बाभन-ठाकुर का भी ठप्पा एक ठप्पा ही गिना जाता है। बाभन-ठाकुर का एक ठप्पा दो या चार ठप्पे के बराबर नहीं माना जाता।"

"मैं बातों में आप से नहीं जीत सकती। आप पढ़े-लिखे हैं। मैं ठहरी अनपढ़-गँवार! ये बताइये कि आपने किसलिए बुलाया था?"

"हाँ, ठीक याद दिलाया तूने। कुछ खाने के लिए होगा?"

रधिया ने संकोच से सिर झुका लिया। चुपचाप खड़ी रही। नागेश्वर ने जेब से दस-दस रुपये के दस नोट निकाले, "अच्छा ठीक है! ये ले रख ले। कुछ मँगा लेना। मैं घर जा रहा हूँ। वहीं नाश्ता कर लूँगा।" इतने सारे पैसे देखकर रधिया की आँखें फैल गयीं, "इतना सारा पैरा मैं क्या करूँगी?" "रख ले! अब तू मेरी पत्नी है। तेरा खर्च उठाना भी अब मेरे जिम्मे है।" कहकर नागेश्वर ने पैसे जबर्दस्ती रधिया के हाथ में दे दिये।

रात में औरतों ने नागेश्वर को फिर बहू के कमरे में धकेल दिया लेकिन आज दरवाजा बाहर से नहीं बन्द किया। नागेश्वर भी चुपचाप एक कोने में लेट गया। जब सब सो गये तो नागेश्वर ने धीरे से दरवाजा खोला और बाहर चला गया।

नागेश्वर ने जग्गन का दरवाजा खटखटाया। घर में सब सो गये थे। नागेश्वर ने जोर-जोर से दरवाजा खटखटाना चालू कर दिया। घर में सब जाग गये। सब समझ गये कि इतनी रात गये कौन हो सकता है। जग्गन धीरे से बोला, ''रधिया, जाकर देख कौन है!'' रधिया ने उठकर दरवाजा खोला। सामने नागेश्वर खड़ा था। नागेश्वर ने घर के अन्दर घुसकर दरवाजा अन्दर से बन्द कर लिया। रधिया का हाथ पकड़कर वह अपने कमरे में चला गया। प्रायः गरीब आदमी का सबसे बड़ा धर्म पैसा होता है। आज सवेरे ही नागेश्वर दस-दस रुपये के दस नोट देकर गया था। अब जग्गन को नागेश्वर और रधिया के सम्बन्धों पर कोई आपत्ति नहीं थी। ''रधिया! जरा आधा बोतल दारू और एक गिलास ले आ।'' नागेश्वर ने रधिया से कहा। रधिया आधा बोतल दारू और एक गिलास ले आयी। नागेश्वर गिलास में शराब डालकर थोड़ा-थोड़ा पीने लगा। ''रधिया! इस संसार में तेरे सिवा मेरा कोई नहीं है।'' नागेश्वर बोला। ''भगवान सबका होता है ठाकुर! भगवान आपके साथ भी है।'' रधिया ने जवाब दिया। ''देख, ठाकुर-ठाकुर कहकर मेरा दिमाग न खराब किया कर। मैं सिर्फ तेरा पति हूँ, पति! मैं भगवान की बात नहीं कर रहा हूँ। भगवान तो सबका है। मेरा भी और उस राजकुमारी सुषमा सिंह का भी। मैं आदमी की बात कर रहा हूँ। आज की तारीख में तेरे सिवा और कोई मेरे साथ नहीं है।'' नागेश्वर पर थोड़ा-थोड़ा नशा चढ़ने लगा था। रधिया नागेश्वर की बाँहों में समाने के लिए उतावली हो रही थी। वह सोच रही थी कि जल्दी दारू खत्म हो। एक रात वह नागेश्वर की बाँहों में खेल चुकी थी। ''तू भी दारू पियेगी रधिया?'' नागेश्वर ने पूछा। ''नहीं, मैं दारू नहीं पिऊँगी। मैंने कभी दारू नहीं पिया है। दारू तो मर्द लोग पीते हैं।'' रधिया ने जवाब दिया। वैसे वह पूरे होशहवाश में नागेश्वर के साथ का आनन्द लेना चाहती थी। नागेश्वर बहुत धीरे-धीरे शराब पी रहा था। रधिया का धैर्य जवाब दे रहा था। अन्ततः उसने बोतल और गिलास छीन लिया और बाहर रख आयी। कमरे का दरवाजा अन्दर से बन्द कर लिया। नागेश्वर का हाथ पकड़कर वह मुस्कराने लगी। नागेश्वर ने ढिबरी बुझा दी और उसे पकड़कर बाँहों में खींच लिया।

कुछ देर बाद नागेश्वर ने पूछा, ''इस छोटी-सी चारपाई पर मेरे साथ लेटने में तुझे दिक्कत तो नहीं होगी? तू कहे मो मैं नीचे सो जाऊँ।'' ''न तो आप नीचे सोयेंगे और न मैं। चारपाई छोटी है तो क्या हुआ? आपकी बाँहों में बहुत जगह है। मैं उसी में आराम से सो जाऊँगी।'' रधिया हँसते हुए बोली।

दिन में आठ बजे शराब के नशे में लड़खड़ाता हुआ नागेश्वर घर लौटा। उसे बाहर से घर में घुसता देख पार्वती का पारा सातवें आसमान पर पहुँच गया। वह सोच रही थीं कि नागेश्वर बहू के कमरे में है। वे दौड़कर नागेश्वर को जोर-जोर से पीटने लगीं। जोर-जोर से गालियाँ भी बक रही थीं। सुषमा को छोड़कर घर के सारे लोग इकट्ठा हो गये। नागेश्वर निर्विकार भाव से चुपचाप खड़ा था। मारते-मारते पार्वती थक गयीं। वे चिल्लाने लगीं, "तू क्यों जाता है रधिया के पास? क्या रखा है उस कलमुँहीं में? वह तो हमारी रानी बहू के पैर की धोवन भी नहीं है। कहाँ कमल के फूल जैसी हमारी रानी बहू। कहाँ कीचड़ जैसी वह कलमुँहीं।" "तो अपना कमल का फूल सूँघती बैठी रहो न। मेरे लिए तो कीचड़ ही कमल है।" नागेश्वर ने जवाब दिया। पार्वती गुस्से से पैर पटकते हुए भीतर चली गयीं। नागेश्वर घर के अन्दर नहीं गया। बाहर रखे एक माचे (माचा = बड़ी और मजबूत चारपाई) पर बैठ गया। शादी में आये रिश्तेदारों ने इस पँचड़े में और उलझना उचित नहीं समझा। कोई न कोई बहाना बनाकर सारे रिश्तेदार खिसकने लगे।

शाम को राजा साहब आ गये। बेटी का हालचाल लेने आये थे वे। जगदीश सिंह और पार्वती राजा साहब के स्वागत में जुट गये। अन्दर ही अन्दर वे घबराये भी हुए थे। बहू राजा साहब से कुछ शिकायत न कर दे। नागेश्वर ने भी शालीनता से उनके पैर छुए। वह राजा साहब के सामने ऐसा कुछ भी प्रदर्शित नहीं करना चाहता था, जिससे उन्हें महसूस हो कि कहीं कुछ गड़बड़ है। गाँव भर के बच्चों में हल्ला हो गया कि राजा साहब मोटर से आये हैं। जो बच्चा जहाँ था वहीं से भागा। जगदीश सिंह के घर की तरफ। मोटर देखने के लिए। सब मोटर के पास इकट्ठे होकर उसे छू-छूकर देखने लगे। राजा के ड्राइवर ने उन्हें डाँटकर भगाया। बच्चे थोड़ी दूर पर खड़े होकर मोटर देखने लगे।

स्वागत-सत्कार की औपचारिकता के बाद राजा साहब ने राजकुमारी की तीनों दासियों को बुलवाया। उनके साथ वे राजकुमारी के कमरे में गये। दासियाँ उन्हें राजकुमारी के कमरे में पहुँचाकर बाहर चली गयीं।

"कैसी हो बेटी? सब ठीक तो है न?" उन्होंने सुषमा से पूछा।

"हाँ पिता जी! सब ठीक है।"

"इस शादी से तुम्हें कोई शिकायत तो नहीं है?"

"कैसी शादी पिता जी? किसकी शादी?"

"अरे मैं तुम्हारी शादी की बात कर रहा हूँ।"

"मेरी? और शादी?" सुषमा व्यंग्यपूर्ण ढंग से हँसी, "पिता जी आपने मेरी शादी कहाँ की है? आपने तो जेल से मुक्त कराने के एवज में एक थानेदार को मुझे रिश्वत में दिया है।"

"ऐसी बात मत सोच बेटी।"

"इसमें सोचने की क्या बात है? हाँ एक बात और! कोई व्यक्ति किसी दूसरे व्यक्ति को जब कोई सामान रिश्वत में दे देता है तो बार-बार यह जाकर नहीं देखता कि रिश्वत में दिया गया मेरा सामान सही सलामत है या नहीं? इसलिए कृपा करके अब कभी मुझे दुबारा देखने मत आइएगा। न ही मुझे विदा कराने आइएगा। अब मैं कभी घर नहीं जाऊँगी। अब आप दुबारा कभी यहाँ आये तो मैं ज़हर खाकर मर जाऊँगी।"

"बेटी इतनी कठोर न बनो!"

"पिताजी मैं आपसे हाथ जोड़ रही हूँ। अब आप कमरे से बाहर चले जाइए।"

राजा साहब राजकुमारी के बहुत जिद करने पर कमरे से बाहर चले गये। सवेरे वे यह कहकर चले गये कि बिटिया को आपका घर बहुत अच्छा लग गया है। अभी कुछ महीनों तक वह यहीं रहना चाहती है इसलिए मैं अभी जल्दी विदा कराने नहीं आऊँगा। जगदीश सिंह और पार्वती की जान में जान आयी। वे आपस में बहू की तारीफों के पुल बाँधने लगे।

रात में खाना खाकर नागेश्वर जग्गन के यहाँ चला गया। पार्वती को पता चला। वे दौड़ती-भागती जग्गन के घर की तरफ चल दीं। जग्गन के दरवाजे पर पहुँचकर वे राधिका को जोर-जोर से गालियाँ देने लगीं। जग्गन का दरवाजा नहीं खुला। वे दरवाजा पीट-पीटकर गालियाँ देने लगीं। तमाशा देखने के लिए बहुत सारे लोग इकट्ठा हो गये। पार्वती लगातार चीख-चिल्ला रही थीं और गालियाँ दे रही थीं। अन्दर से न तो कोई आवाज़ आ रही थी, न दरवाजा खुल रहा था। अचानक पार्वती की निगाह जग्गन के कुएँ की तरफ गयी। उन्होंने आव देखा न ताव। दौड़कर कुएँ में कूद गयीं। जितने लोग इकट्ठा थे, सब चिल्लाने लगे। इतनी चिल्लाहट सुनकर जग्गन का भी दरवाजा खुल गया। जगदीश सिंह के पास भी खबर पहुँच गयी कि ठकुराइन कुएँ में कूद गयी हैं। बदहवास होकर वे भी जग्गन के घर की तरफ भागे। सब लोग मिलकर पार्वती को कुएँ से बाहर निकालने के प्रयास में लग गये। एक मज़बूत खाँची को एक रस्सी से बाँधा गया। एक आदमी को खाँची में बैठाकर खाँची को लोगों ने अन्दर डालना शुरू किया। कुएँ के अन्दर पहुँचकर खाँची में बैठा व्यक्ति सावधानी से बाहर निकला। उसने खींच-खाँचकर

पार्वती को खाँची के अन्दर डाला। "ऊपर खींचो ऽऽ!" आदमी जोर से चिल्लाया। लोग धीरे-धीरे सम्हालकर रस्सी खींचने लगे। खाँची ऊपर आ गयी। लोगों ने खाँची को पकड़कर जमीन पर रखा। खाँची में पार्वती बेहोश पड़ी हुई थीं। उन्हें खाँची से बाहर निकाला गया। खाँची को फिर कुएँ में डाला गया। खाँची के साथ अन्दर गये हुए आदमी को बाहर निकालने के लिए।

पार्वती को एक चारपाई पर लादकर सब लोग जगदीश सिंह के घर की ओर चल दिये। नागेश्वर भी साथ हो लिया। गनीमत यह थी कि उसने अभी शराब नहीं पी थी। घर लाकर सब लोग पार्वती को होश में लाने की कोशिश करने लगे। राजकुमारी की तीनों दासियाँ भी उन्हें होश में लाने में जुट गयीं। गाँव के मर्दों के सामने राजकुमारी बाहर नहीं निकल सकती थीं। गाँव की औरतें भी इकट्ठा हो गयीं। हंगामा मचा हुआ था। नागेश्वर चुपचाप सिर झुकाये एक ओर खड़ा हो गया। जगदीश सिंह अपना सिर पकड़े पार्वती के पास बैठे हुए थे। लोगों की मेहनत रंग लायी। भोर होते-होते पार्वती को होश आ गया।

चार बजे शाम को जगदीश सिंह श्याम बहादुर सिंह के घर की ओर चल दिये। श्याम बहादुर सिंह गाँव के इंटर कॉलेज के प्रबन्धक थे। जगदीश सिंह के दिमाग में एक विचार नाच रहा था। नागेश्वर अँग्रेज़ी से एम.ए. कर रहा था। इस वर्ष अन्तिम साल था। गाँव के इंटर कॉलेज में ही अगर नागेश्वर अँग्रेज़ी का प्रवक्ता बन जाता तो हो सकता है कि कुछ सुधर जाय। श्याम बहादुर सिंह घर पर ही मिल गये। आज दिन भर से गाँव में पार्वती के कुएँ में ही कूदने की चर्चा थी। नमस्कार-प्रणाम के बाद श्याम बहादुर ने वही चर्चा छेड़ दी, "ठकुराइन अब कैसी हैं जगदीश?" "अब काफी ठीक हैं।" जगदीश सिंह ने कहा, "क्या बताऊँ! कुछ समझ में ही नहीं आ रहा है। नागेश्वर अच्छा-भला लड़का था। कायदे से पढ़ाई-लिखाई भी कर रहा था। न जाने कैसे जग्गनवा की बेटी रधिया के चक्कर में पड़ गया। उसकी शादी राजा के यहाँ तय हुई तो पट्टीदारों से बर्दाश्त नहीं हो पाया। लगता है किसी ने उसके ऊपर कुछ कर-करा दिया है। किसी बड़े ओझा या सोखा को बुलाकर जँचवाना पड़ेगा।" "ये बात तो तुमने एकदम पते की कही जगदीश। मुझे भी कुछ ऐसा ही लग रहा है। रमईपुर गाँव में एक बड़ा ओझा है, ललई नाम है उसका। उसी को बुलवाओ। वही बता पायेगा कि माज़रा क्या है? वैसे तुमको किसी पर शक है?" श्याम बहादुर ने पूछा। जगदीश सिंह बोले, "मुझे तो सारे पट्टीदारों पर शक है। किसी एक का मैं क्या नाम लूँ?" "ठीक है! किसी को रमईपुर भेजकर ललई को बुलवाया जाता है। वही बतायेगा कि किसकी करतूत है यह।

एक बार पता चल जाय कि नागेश्वर पर किसने फेर करवाया है! पेड़ पर उल्टा लटकाकर उसको साले को मारा जाएगा।'' श्याम बहादुर ने कहा। श्याम बहादुर की बातों से जगदीश सिंह को कुछ ढाँढस बँधा। उनके साथ कुछ देर तक वे चुपचाप माचा पर बैठे रहे। तब तक एक आदमी अन्दर से गुड़ और पानी लेकर आ गया। दोनों ने गुड़ खाकर पानी पिया। कुछ देर बाद जगदीश सिंह बोले, ''काका! मैं आपके पास एक काम से आया था।'' ''हाँ-हाँ! बताओ!'' श्याम बहादुर ने कहा। ''नागेश्वर अँग्रेज़ी से एम.ए. कर रहा है। इस साल अन्तिम वर्ष है। मैं सोच रहा था कि तब तक उसे आप इंटर कॉलेज में प्रवक्ता बना देते। शायद कुछ सुधर जाय।'' जगदीश सिंह ने अपने आने का मन्तव्य स्पष्ट किया। ''बिल्कुल-बिल्कुल! इससे अच्छी बात क्या हो सकती है? घर का लड़का है। इलाहाबाद विश्वविद्यालय से एम.ए. कर रहा है। अरे मैं तो कहता हूँ कि उसे कल से ही पढ़ाने भेजिए। बाकी औपचारिकताएँ बाद में पूरी होती रहेंगी।'' श्याम बहादुर ने जगदीश सिंह की बात को जोरदार समर्थन किया, लेकिन ओझावाली बात मत भूलना। मैं कल अपने आदमी को रमईपुर भेजकर ललई ओझा को बुलवाता हूँ। नागेन्द्र को जाकर कह दो कि वह कल से कॉलेज में पढ़ाने आये।'' कुछ देर तक और बैठकबाजी करके जगदीश सिंह घर चल दिये।

घर पहुँचकर जगदीश सिंह ने नागेश्वर को बुलया, ''कल से कॉलेज में जाकर इंटर के लड़कों को अँग्रेज़ी पढ़ाओ।'' ''क्या?'' नागेश्वर ने उखड़कर कहा। ''हाँ! आज मैं जाकर श्याम बहादुर सिंह से बात कर आया हूँ। उन्होंने इंटर कॉलेज में अँग्रेज़ी के लेक्चरर के रूप में तुम्हारी नियुक्ति को मंजूरी दे दी है। कल से तुम्हें हर हाल में इंटर कॉलेज में जाकर अँग्रेज़ी पढ़ानी है।'' जगदीश सिंह ने अपना हुक्म सुना दिया।

रात में खाना खाकर नागेश्वर फिर चुपके से जग्गन के घर की ओर खिसक लिया। कमरे में ले जाकर रधिया ने पूछा, ''अब कैसी हैं ठकुराइन?'' ''अब काफी ठीक हैं। घर में आराम कर रही हैं। कहीं चोट-चपेट नहीं लगी है।'' नागेश्वर ने जवाब दिया, ''जा! दारू लेकर आ।'' रधिया गयी और आधा बोतल दारू तथा एक गिलास लेकर आ गयी। ''ये ले! दस-दस रुपये के दस नोट हैं। खर्चे के लिए रख ले।'' नागेश्वर ने उसकी तरफ पैसे बढ़ाये। रधिया ने पैसे ले लिये और जाकर अपने बाप को दे आयी। ''कितने हैं?'' जग्गन ने फुसफुसाकर पूछा। ''दस-दस रुपये के दस नोट हैं।'' रधिया ने बताया और कमरे में चली गयी। दरवाजा अन्दर से बन्द कर लिया। नागेश्वर की गोद में बैठकर उसने एक हाथ नागेश्वर के गले

में डाल दिया। दूसरे हाथ से वह खुद नागेश्वर को दारू पिलाने लगी, ''मालिक आप बहुत धीरे-धीरे पीते हैं। नागेश्वर बोला कुछ नहीं। बस फिस्स से हँस दिया। थोड़ी सी चढ़ गयी तो वह बोला, ''रधिया, कल से मुझे नौकरी पर जाना है।'' रधिया चौंकी, ''कैसी नौकरी?'' ''नेरे बाप ने हुक्म दिया है कि कल से मैं कॉलेज में अँग्रेज़ी पढ़ाने जाऊँगा। चलो अच्छा है। गाँव में ही मेरी नौकरी लग गयी। अब मैं तेरे पास ही रहूँगा। कहीं परदेश नहीं जाना पड़ेगा। रधिया अब मैं यहीं रहकर दारू पिऊँगा। रधिया मेरे लिए तू अपने हाथ से दारू बनाया करना....तू ही मुझे पिलाया करना....।'' नागेश्वर बड़बड़ाने लगा। रधिया ने उसकी बात काट दी, ''ये तो अच्छा है मालिक। गाँव के लड़कों को पढ़ाइए। गाँव में रहिए।'' रधिया के गाल पर उँगली रखकर नागेश्वर ने उसकी आँखों में आँखें डाल दीं, ''रधिया ऽ...तू भी मुझसे अँग्रेज़ी पढ़ेगी?'' ''मैं आपसे अँगरेजी नहीं पढूँगी। मुझे तो आप जो पढ़ा रहे हैं वही पढ़ाइए। मुझे वही अच्छा लगता है।'' कहकर रधिया हँसते हुए नागेश्वर से लिपट गयी।

अगले दिन दस बजे नागेश्वर जगदीश सिंह के हुक्म पर कॉलेज जाने के लिए तैयार हो गया। घर से निकलकर पहले वह रधिया के पास गया। वहाँ बैठकर वह दारू पीने लगा। दारू पी लेने के बाद बारह बजे के लगभग वह कॉलेज पहुँचा। ''पहले ही दिन बारह बजे आ रहे हो?...अरे बाप रे! शराब पी रखी है? हे भगवान! ऐसे ही बच्चों को पढ़ाओगे?'' प्रधानाचार्य ने अपना सिर पकड़ लिया। नागेश्वर फर्राटेदार अँग्रेज़ी में चालू हो गया, ''आप मुझे सिर्फ यह बताइए कि मुझे किस कक्षा में जाकर पढ़ाना है। आप मेरी व्यक्तिगत जिन्दगी के चक्कर में न पड़िए। मैं शराब पीकर आऊँ या जहर। आपको मतलब नहीं होना चाहिए। आपको पता है? अच्छे-अच्छे लेखक पीकर लिखते हैं। पी लेने से दिमाग चौकन्ना हो जाता है। लगता है आप पीते नहीं। तभी इंटर कॉलेज के प्रधानाचार्य होकर रह गये। पीना शुरू कर दीजिए। विश्वविद्यालय में प्रोफेसर बन जाएँगे।'' प्रधानाचार्य उखड़ गये। उन्होंने उसे अँग्रेज़ी में ही डाँटना शुरू कर दिया। नागेश्वर ने आव देखा न ताव। प्रधानाचार्य को उठाकर पटक दिया और उनके सीने पर चढ़ बैठा, ''साले! उल्लू के पट्ठे! प्रिंसिपल की औलाद! शुद्ध-शुद्ध अँग्रेज़ी नहीं बोल पाते और बन गये हो इंटर कालेज के प्रिंसिपल? पहले कुछ दिनों तक मुझसे अँग्रेज़ी पढ़ो, उसके बाद प्रिंसिपली करना। जहाँ पेड़ न रूख वहाँ रेंड महापुरुष। यहाँ रेंड़ महापुरुष बने हुए हो। चूतिया कहीं के...'' पूरे कॉलेज में हंगामा मच गया। जो जहाँ था, वहीं से दौड़ा। अध्यापक दोनों को छुड़ाने लगे। कक्षा छः से लेकर बारह तक के सारे

बच्चे दौड़ पड़े। तमाशा देखने के लिए। बड़ी मुश्किल से नागेन्द्र ने प्रधानाचार्य को छोड़ा। एक चपरासी भागते हुए गया और जगदीश सिंह को बुला लाया। जगदीश सिंह मारते-पीटते हुए नागेश्वर को घर की ओर लेकर चल दिये।

अगले दिन दोपहर में श्याम बहादुर सिंह के यहाँ से एक आदमी जगदीश सिंह के पास आया। जगदीश सिंह को श्याम बहादुर सिंह ने अपने घर बुलाया था। जगदीश समझ गये। घर में उन्होंने किसी को कुछ नहीं बताया। चुपचाप कपड़ा पहनकर तैयार हुए। उस आदमी के साथ चल दिये।

श्याम बहादुर सिंह दरवाजे पर ही माचा पर बैठे हुए थे। उन्हीं के पास एक आदमी जमीन पर बैठा हुआ था। उसकी बड़ी-बड़ी दाढ़ी और मूँछें थीं। लम्बे-लम्बे बाल बेतरतीबी से बिखरे हुए थे। उम्र लगभग पचास साल के आस-पास लग रही थी। "काका जै राम जी की!" जगदीश सिंह ने श्याम बहादुर को जैरमी की। "आओ जगदीश आओ।" श्याम बहादुर बोले, "देखो रमईपुर से ललई ओझा को मैंने बुला लिया है। कल कॉलेज वाली पूरी घटना मुझे पता चली। अब तो मुझे कोई संदेह नहीं रह गया है कि नागेश्वर पर फेर है। इतना शरीफ़ और सज्जन लड़का नागेश्वर इस तरह की हरकत कभी होशोहवाश में कर ही नहीं सकता। जितना सामान ललई ने कहा, वह सब मैंने मँगा लिया है। मैंने सोचा तुम बाहर रहते हो। कौन चीज कहाँ मिलेगी तुम्हें पता ही नहीं होगा।" जगदीश सिंह ने कृतज्ञता से हाथ जोड़ दिये, "आपने बहुत बड़ा दिल पाया है काका। जितना पैसा लगा हो, बता दीजिए। मैं अभी दे देता हूँ।" "अच्छा! तो अब तुम मुझे पैसा दोगे?" श्याम बहादुर ने बनावटी रोष दिखाते हुए कहा, "अरे मैं जानता हूँ कि तुम अब राजा साहब के समधी हो गये हो लेकिन नागेश्वर मेरा भी नाती है। मुझे भी अपनी रानी बहू की उतनी ही चिन्ता है, जितनी तुम्हें हैं। मेरी ठकुराइन बता रही थीं कि तुम्हारे यहाँ जब भी जाती हैं, रानी बहू उनका पैर ही नहीं छोड़ती है। हमारा कोई फर्ज नहीं बनता क्या?" ठकुराइन अन्दर से बात सुन रही थीं। वे भी बाहर निकल आयीं, "हाँ-हाँ जगदीश! नन्हें के बाबू ठीक कह रहे हैं। हम लोग अपनी रानी बहू के अहिवात के लिए कोई कोर-कसोर नहीं उठा रखेंगे।"

"पालागी काकी!"

"जुग-जुग जिओ जगदीश! भगवान घर में सब कुशल-मंगल बनाये रखें।"

"काकी मेरा क्या है? सब कुछ आप लोगों का ही तो है। मैं भी तो आपका ही बेटा हूँ।"

श्याम बहादुर मुस्कराये, "अब आये न लाइन पर! ठकुराइन के झाड़ लगाने पर अकल ठिकाने आ गयी।"

ललई ओझा ने अपना काम शुरू कर दिया। जमीन पर एक पतली डंडी से कई खाने बनाये। सब खानों में दो-दो लौंग रखी, कुछ जौ के दाने डाल दिये, थोड़ा-थोड़ा काला तिल रखा। बीच में लाल कपड़े में लपेटकर एक नारियल रखा। तीन नींबू खड़ा-खड़ा काटकर नारियल के अगल-बगल रखा। दोनों हाथ जोड़कर माथे पर रखा और कुछ बुदबुदाने लगा। थोड़ी देर में बैठे-बैठे ही उछल-कूद करने लगा और जोर-जोर से बड़बड़ाने लगा। कभी दोनों हाथों को जमीन पर पटकता कभी जोर से दोनों हाथ लड़ाता। तेज ताली बजने की आवाज निकलती थी। आधे घंटे तक इसी तरह भाँति-भाँति की हरकत करता रहा। फिर अचानक ऐसे बोलने लगा जैसे किसी से बात कर रहा हो—

"जा बराबर से! अच्छा...तो तू आ गया....बता तुझे किसने भेजा है?".....''कैसे नहीं बतायेगा। बता तुझे किसने भेजा है....नहीं तो मैं तेरी खाल उधेड़ डालूँगा....।"....
"अच्छा....तो उन्होंने भेजा है....तुझे एक सीधे-सादे लड़के को परेशान करते हुए लाज नहीं आयी....।".....''अरे उधर से तेरे उस्ताद ने डंडा मारकर भेजा है तो इधर से मैं तुझे डंडा मारकर भगाऊँगा।"...''नहीं भागेगा तो तुझे पीपल के पेड़ में बाँध दूँगा। पड़ा रहेगा उसी में बँधा.....तेरी भलाई इसी में है कि तू चला जा।"...... "ठीक है! बोल क्या चाहिए तुझे....।"...''अच्छा दो बोतल दारू और एक बकरा...ठीक है अभी दिलाता हूँ....लेकिन उसके बाद भाग जाना....दुबारा इधर दिखायी दिया तो मुझसे बुरा कोई नहीं होगा....।"

"ठाकुर! दो बोतल दारू और एक बकरा मँगाइए।" ओझा श्याम बहादुर से बोला, "अभी तुरंत....।"

श्याम बहादुर ने अपने नौकर को पैसा देकर तुरंत भगाया। नौकर आधे घंटे के अंदर दो बोतल दारू और एक बकरा लेकर आ गया। ओझा ने दारू की दोनों बोतलें नारियल के पास रख दीं। एक तलवार माँगा। ठकुराइन दौडकर अन्दर गयीं और तलवार ले आयीं। ओझा ने तलवार खींचकर बकरे के गर्दन पर मारी। बकरे का सिर धड़ से अलग होकर छटपटाने लगा। ओझा शांत होकर बैठ गया, "बड़ा जाबिड़ भूत था ठाकुर! कोई छोटा-मोटा ओझा उसका कुछ नहीं कर सकता था।"
"लो! तो आखिर ललई ओझा को मैंने किसलिए बुलाया था।" श्याम बहादुर ने ओझा की बहादुरी हाँकते हुए कहा, "वैसे एक बात बताना। यह भूत करवाया किसने था।" "यह सब जाने दीजिए ठाकुर।" ओझा ने बात को रहस्यपूर्ण बनाते

हुए कहा, "मैंने भूत को सबक सिखा दिया है। वह भी समझ गया कि किससे पाला पड़ा। अब वह दुबारा लौटकर नहीं आयेगा।" "नहीं ललई! बताओ किसने भूत किया था?" श्याम बहादुर ने जोर देकर पूछा, "हम उसका नाम जानना चाहते हैं।" "ठाकुर, जब आप इतना जोर दे रहे हैं तो बता दी दे रहा हूँ।" ललई धीमी आवाज में बोला, "इनका द नाम से कोई पट्टीदार है?" "हाँ दद्दन सिंह हैं।" जगदीश सिंह उत्तेजित होते हुए बोले। "उन्होंने ही कराया है सरकार! आप लोग झगड़ा-झंझट मत करिएगा। भूत को मैंने हमेशा के लिए भगा दिया है।" ओझा ने कहा। वह दो बोतल शराब और बकरे को समेटने लगा। जगदीश सिंह ने उसे सवा पाँच रुपये भी दिये।

जगदीश सिंह अभी बैठे श्याम बहादुर से बात कर रहे थे। उधर चुपके से श्याम बहादुर की पत्नी जमुना देवी जगदीश सिंह के घर पहुँच गयीं। उन्होंने पार्वती से ओझइती की सारी कहानी सुना दी। पार्वती का पूरा शरीर गुस्से से जल उठा। वे हवा की तरह उड़ती हुई दद्दन सिंह के दरवाजे पर पहुँच गयीं। जमुना देवी भी उनके पीछे-पीछे पहुँच गयीं। दद्दन सिंह बाहर दरवाजे पर बैठे हुए थे। उन्हें देखते ही पार्वती शुरू हो गयीं, "देबीगाड़े....दाढ़ीजार....कुकुर के पूत...मेरे बेटे की शादी राजा के यहाँ हो गयी तो तुझसे देखा नहीं गया? तेरी आँख फूट गयी....नासपीटे... तूने मेरे बेटे पर भूत करवा दिया? मेरा लाखों में एक बेटा, जो कभी पान भी नहीं खाता था, शराब पीने लगा...रधिया हरजाई के पीछे पगला गया...तेरे घर पर भगवान बिजली गिरा दें....तेरे वंश का नाश हो जाय...मेरी फूल जैसी रानी बहू अपने अहिवात का सुख नहीं पा रही है...दोगले की औलाद कहीं के...." "अरे दुलहिन इसका खानदान ही कमीना है।" जमुना देवी भी पार्वती की तरफ से कूद पड़ीं, "इसके बाप से भी किसी का सुख नहीं देखा जाता था। इसके बाप ने भुआली के बेटे पर जादू-मंतर करवा दिया था। एक ओझा से बाण चलवा दिया था। भुआली का बेटा खड़े-खड़े मुँह से खून फेंक कर मर गया था।....बाँस की कोठ में बाँस ही तो पैदा होता है।" दद्दन सिंह एकदम से भौंचक्के रह गये। एकाएक इतना बड़ा इलजाम? भूत करवा देने का इलजाम? ऊपर से जमुना देवी भी पार्वती की तरफ से आ डटी हैं। वे चारपाई से उठकर खड़े हो गये, "ठकुराइन जबान सम्हाल के! तुम्हारे बेटे की शादी राजा के यहाँ हो गयी है तो इसका यह मतलब नहीं कि तुम गाँव में किसी को रहने नहीं दोगी। कौन कहता है कि मैंने तुम्हारे बेटे पर भूत किया है? बुलाओ उस ओझा साले को। अपना घर नहीं सम्हाल पा रही हो तो दूसरे पर तोहमत थोप रही हो। अटके वन के पत्थर में और तोड़े घर का सिल-लोढ़ा!

कब से श्याम बहादुर सिंह का खानदान तुम्हारा हितैषी हो गया? तुम राजा की रिश्तेदार हो गयी हो तो वे तुम्हारे घरवाले बन रहे हैं! अरे हम तुम्हारे जितने अमीर नहीं हैं तो किसी का दिया भी नहीं खाते। अब आगे बोली तो जबान खींच लूँगा।'' ''तू मेरी जबान खींचेगा?...बोल! मेरी जबान खींचेगा? खींच के तो दिखा नाशपीटे!..तेरी दाढ़ी दियासलाई से लेस दूँगी। कलमुँहा...कुजात कहीं का....।'' इतनी चिल्ल-पों सुनकर दद्दन सिंह के घर की औरतें भी बाहर निकल आयीं। इधर पार्वती और जमुना देवी, उधर दद्दन सिंह के घर की औरतें। बराबरी का गाली-गलौज और झगड़ा शुरू हो गया। लगभग पूरा गाँव जुट गया। लोग आपस में खुसुर-पुसुर करने लगे। दद्दन सिंह ने नागेश्वर पर भूत करा दिया है। तभी तो अचानक एकदम से नागेश्वर बिगड़ गया। जगदीश सिंह और श्याम बहादुर को भी पता चला। दोनों ठकुराइनें दद्दन सिंह के दरवाजे पर डटी हुई हैं। दद्दन सिंह के घर की औरतें उनसे बराबरी का मोर्चा ले रही हैं। वे दोनों तुरंत भागे। इन सारे बवालों से बेफिक्र होकर नागेश्वर जग्गन के घर पर रधिया की बाँहों में पड़ा हुआ था।

अगले दिन बारह बजे दोपहर में पार्वती नागेश्वर से बोलीं, ''तू जानता ही है कि आज बगल के गाँव में सत्ती मैया का मेला है। मैं और जमुना काकी रानी बहू को मेला दिखाने ले जा रहे हैं। तू घर में ही रहना। कहीं डोलना मत। नहीं तो आने पर मैं तेरा मुँह झौंस दूँगी।'' नागेश्वर कुछ नहीं बोला। पार्वती अपनी रानी बहू के साथ तैयार होने लगीं। थोड़ी देर में जमुना देवी भी आ गयीं। ''आजी! पाँय लागूँ!'' नागेश्वर बोला। ''जुग-जुग जिओ बेटा, जुग-जुग जिओ।'' कहती हुई वे अन्दर चली गयीं। थोड़ी देर में तीनों औरतें सज-धजकर मेला देखने के लिए निकलीं। रानी बहू जा रही थीं, अतः स्वाभाविक था कि उनकी तीनों दासियाँ भी जा रही थीं। पाँचों औरतों का काफिला मेला देखने चल दिया। जाते-जाते पार्वती ने नागेश्वर को घूरा, ''जो कहा है, याद रखना!'' नागेश्वर सिर झुकाये चुपचाप खड़ा रहा।

पार्वती मेला देखने चली गयीं तो जगदीश सिंह भी उठ गये। नागेश्वर से बोले, ''मैं श्याम बहादुर काका के यहाँ जा रहा हूँ। तुम घर पर ही रहना।'' वे भी चले गये तो नागेश्वर नौकर को घर दिखाकर रधिया के पास चल दिया। ''रधियाऽ! रधियाऽ!'' नागेश्वर ने उसके घर पहुँचकर बाहर से ही आवाज दी। रधिया बाहर निकल आयी, ''क्या है मालिक?'' ''तुझसे जरा जरूरी काम है। मेरे साथ चल।'' नागेश्वर बोला। रधिया नागेश्वर के साथ चल दी, ''कहाँ ले चल रहे हैं मालिक!'' नागेश्वर ने कहा, ''सवाल मत पूछ। चुपचाप मेरे साथ चल। सब पता चल जायेगा।'' उसे लेकर नागेश्वर अपने घर पहुँच गया। सुषमा के कमरे

में पहुँचकर उसने दरवाजा अन्दर से बन्द कर लिया, ''देख रधिया! इस शानदार सेज की असली मालकिन तू है। इस 'रानी बहू' ने जबर्दस्ती आकर इस पर कब्जा कर लिया है। तुझे तेरा कमरा दिखाने लाया हूँ। कम से कम एक बार तो तू अपनी असली सेज पर सो जा!'' रधिया घबरा गयी, ''मालिक ठकुराइन और रानी बहू कहाँ हैं?'' नागेश्वर हँसने लगा, ''ठकुराइन अपनी रानी बहू को सत्ती मैया का मेला दिखाने ले गयी हैं और ठाकुर गये हैं गाँव में बैठकबाजी करने। तू निश्चिन्त होकर इस सेज पर लेट।'' रधिया की जान में जान आयी। वह बिस्तर पर फैलकर लेट गयी, ''मालिक कितना गुलगुल बिस्तर है। बहुत सुन्दर है। हम लोगों के नसीब में ऐसा बिस्तर कहाँ है? हमें तो झिंलगी खटिया पर फटी कथरी बिछाकर ही सोना है।'' ''अरे पगली! ये तेरा बिस्तर ही तो है। उस रानी का नहीं है। इसीलिए तो तुझे यहाँ लाया हूँ।'' ''मालिक अगर ठकुराइन या ठाकुर आ गये तो?'' रधिया ने शंका प्रकट की। ''देख, ठकुराइन छः बजे के पहले मेला देखकर नहीं लौटेंगी।....और ठाकुर भी, जब तक ठकुराइन नहीं आ जातीं, मेरा मुँह देखने के लिए नहीं आयेंगे। इसलिए तू निश्चिन्त होकर लेट।'' नागेश्वर ने जवाब दिया। रधिया कुछ देर तक नागेश्वर की आँखों में आँखें डालकर देखती रही। फिर उसकी बाँहों में समा गयी।

पार्वती चार बजे ही मेला देखकर आ गयीं। नागेश्वर को बाहर न देखकर उन्होंने आते ही नौकर से पूछा, ''नागेश्वर कहाँ है?'' नौकर सिर झुकाकर खड़ा हो गया। अंदर से नागेश्वर और रधिया ने भी उनकी आवाज सुन ली। दोनों की सिट्टी-पिट्टी गुम हो गयी। नागेश्वर ने रधिया से जल्दी से बिस्तर के नीचे छुप जाने को कहा। रधिया बिस्तर के नीचे घुस गयी। पार्वती ने नौकर को एक थप्पड़ मारा, ''चुप क्यों है? बोल नागेश्वर कहाँ है?'' ''भैया अपने कमरे में हैं।'' नौकर धीरे से बोला। पार्वती जल्दी से अपनी रानी बहू के कमरे में पहुँची। दरवाजा अन्दर से बन्द था। उन्होंने दरवाजा खटखटाया। नागेश्वर ने दरवाजा खोल दिया। नागेश्वर का चेहरा देखकर उन्हें शक हो गया। वे कमरे की तलाशी लेने लगीं। कहीं कुछ नहीं मिला तो उन्होंने बैठकर नीचे झाँका। वहाँ रधिया छुपी हुई थी। उसे देखते ही उनका पारा सातवें आसमान पर पहुँच गया, ''बाहर आ.....आ जल्दी बाहर।'' रधिया डर के मारे नहीं निकल रही थी। ''निकल रही है या मैं भी अन्दर घुसूँ?'' वे चिल्लायीं। रधिया डर के मारे निकल ही नहीं रही थी। कुछ देर तक पार्वती चिल्लाती रहीं। रधिया नहीं निकली। अन्ततः वे भी अन्दर घुस गयीं और रधिया को बाहर घसीट लायीं। रानी बहू निर्विकार भाव से अपने कमरे के बाहर खड़ी थीं।

रधिया का बाल पकड़कर पार्वती उसे घूँसे से मारने लगीं, "डायन....कलमुँही... तेरी इतनी हिम्मत? तू मेरे घर में घुस आयी?...बोल....फिर आयेगी?...तू मेरे घर को खाने पर तुली है?.....कुतिया....हरामजादी...।" नागेश्वर से नहीं देखा गया। उसने अपनी माँ के दोनों हाथ कसकर पकड़ लिये। रधिया किसी तरह से अपने को छुड़ाकर भागी वहाँ से। पार्वती वहीं फर्श पर बैठकर रोने लगीं, "भगवान तूने मुझे ऊपर क्यों नहीं बुला लिया?....यही दिन देखना बचा था? एक कुजात के पीछे अपना बेटा पराया हो गया...हे भगवान...जिस सेज पर मेरी रानी बहू को होना चाहिए, उस पर रधिया डायन सो रही है.....अब और नहीं देखा जाता....उठा लो भगवान मुझे....दद्दन सिंह के वंश का नाश हो जाय....भूत-प्रेत करवा दिया मेरे घर पर...।" तब तक जगदीश सिंह आ गये। पार्वती को इस तरह रोता-कलपता देखकर वे घबरा गये, "क्या हुआ ठकुराइन....क्या हुआ?" पार्वती रो-रोकर सारी कहानी उन्हें सुनाने लगीं।

रात में जगदीश सिंह चारपाई पर लेटे हुए थे। उन्हें नींद नहीं आ रहा थी। नागेश्वर रधिया के यहाँ खिसक गया था। जगदीश सिंह सोचने लगे, 'क्या सोचा था? क्या हो गया? अपनी सोची होत नहिं, हरि सोची तत्काल। शादी के चार दिन पहले से घर आया हुआ हूँ। कब तक छुट्टी मारूँगा? ऐसा करता हूँ, कल चला जाता हूँ अपनी नौकरी पर।...हाँ!...कल चला ही जाता हूँ। मैं लाख सर पटक लूँ, कुछ नहीं होगा। होगा वही जो ऊपर वाला चाहेगा। इसलिए मैं कल नौकरी पर वापस चला जाऊँगा। यहाँ जो होना होगा, होगा। होइहैं सोइ जो राम रचि राखा....!'

वह नहीं आयी

परीक्षा शुरू होने की घंटी बज गयी। मनीष की ड्यूटी आज कमरे में नहीं थी। उनको आज लड़कों की चेकिंग के लिए लगाया गया था। परीक्षा शुरू होने के पहले वे अपने दो साथी प्राध्यापकों के साथ सारे लड़कों की चेकिंग कर चुके थे। अब तीन घंटे के लिए वे फुर्सत थे। साथी प्राध्यापकों के साथ परीक्षा-कक्ष में जाकर बैठने के बजाय वे महाविद्यालय की छत पर जाकर बैठ गये। आज परीक्षा के कार्य में उनका मन नहीं लग रहा था। आज उन्हें अपने पूर्व महाविद्यालय राजकीय स्नातकोत्तर महाविद्यालय अगस्त्यमुनि, रुद्रप्रयाग की याद आ रही थी, जहाँ से स्थानान्तरित होकर वे इस महाविद्यालय में आये थे। उन्हें यह महाविद्यालय काफी मनहूस जैसा लगता था। अगस्त्यमुनि महाविद्यालय में बहुत जीवंतता और गतिशीलता थी।

अगस्त्यमुनि चमोली जिले का एक विकास खण्ड (ब्लॉक) था, जिसकी तहसील रुद्रप्रयाग थी। रुद्रप्रयाग से केदारनाथ जाने वाले रास्ते पर अगस्त्यमुनि स्थित था। स्थानीय लोगों की मान्यता थी कि महर्षि अगस्त्य ने यहाँ पर तपस्या की थी और उनका आश्रम भी यहीं पर था। अगस्त्यमुनि में महर्षि अगस्त्य का एक मन्दिर भी था।

राजकीय महाविद्यालय में नौकरी लगने पर मनीष की पहली नियुक्ति राजकीय स्नातकोत्तर महाविद्यालय अगस्त्यमुनि, रुद्रप्रयाग, चमोली में हुई। मनीष का घर इलाहाबाद में था। घर से हजारों किलोमीटर दूर जाकर नौकरी करने की बात पर मनीष काफी घबरा गये। प्रदेश का उच्च शिक्षा निदेशालय भी इलाहाबाद में ही था। मनीष उच्च शिक्षा निदेशक डॉ. शिवशंकर सिंह से मिले। डॉ. शिवशंकर सिंह ने उन्हें समझाया, "अगस्त्यमुनि बड़ी सुरम्य जगह है। आपको वहाँ अच्छा लगेगा। आप जब भी घर आयेंगे-जाएँगे, आपको छः दिन का यात्रा अवकाश मिलेगा। मैं आपको अपने आवास और ऑफिस दोनों का फोन नम्बर दे रहा हूँ। वहाँ कोई भी असुविधा हो तो मुझे फोन कर लीजियेगा। मैं हर संभव आपकी मदद करूँगा।"

डॉ. शिवशंकर सिंह ने उन्हें अपने फोन नम्बर लिखकर दे दिये। मनीष को निदेशक से इतने अच्छे व्यवहार की उम्मीद नहीं थी क्योंकि सबसे बड़ा बॉस अपने मातहतों से बहुत रूखे ढंग से पेश आता है या बात ही करना पसंद नहीं करता। मनीष ने अगस्त्यमुनि जाने का मन बना लिया।

अगस्त्यमुनि सचमुच बहुत सुरम्य जगह थी। हिमालय पर बहुत ऊँचाई पर स्थित! चमोली जिला चीन का सीमावर्ती जिला था। इसीलिए महाविद्यालय के अध्यापकों-कर्मचारियों को सीमा-भत्ता भी मिलता था। काम भर को समतल जमीन थी। उसी पर महाविद्यालय बना हुआ था। महाविद्यालय की इमारत से बीस-पच्चीस मीटर की दूरी पर मंदाकिनी नदी बहती थी। महाविद्यालय के आगे और पीछे बहुत ऊँची-ऊँची पहाड़ियाँ थीं। महाविद्यालय के दक्षिण तरफ एक किलोमीटर की दूरी पर अगस्त्यमुनि मैदान था। काफी बड़ा मैदान! वहीं पर महाविद्यालय के खेल-कूद, राजनीतिक सभाएँ, रामलीला इत्यादि होते थे। मनीष ने जीवन में पहली बार पहाड़ देखा था। उनके कवि हृदय को हरा भरा खूबसूरत पहाड़ बहुत पसंद आया।

मनीष के साथ तीन और नये प्राध्यापकों ने कार्यभार ग्रहण किया। डॉ. रावत, डॉ. शिवा और मीनाक्षी ने। ये तीनों पहाड़ के ही थे। मैदान के केवल मनीष ही थे। मनीष और रावत ने महाविद्यालय के करीब ही, लगभग सौ मीटर की ऊँचाई पर दो कमरे का फ्लैट किराये पर ले लिया। फ्लैट एक घर में था, जिसमें मकान मालिक का परिवार और दो अन्य किरायेदार रहते थे। शिवा और मीनाक्षी ने उनके फ्लैट से आधा किलोमीटर दूर अलग-अलग कमरा किराये पर लिया।

महाविद्यालय में कुल चालीस अध्यापक थे। लगभग आधे मैदानी क्षेत्र के, आधे पहाड़ी क्षेत्र के। स्टाफ रूम एक ही था। चारों नवनियुक्त प्राध्यापकों का काफी गर्मजोशी से स्वागत हुआ। विशेषकर मीनाक्षी का। वे चौबीस साल की अत्यन्त सुन्दर लड़की थीं। शिवा करीब पैंतीस साल की थीं। दोनों विवाहित थीं। शिवा भी सुन्दर थीं परन्तु मीनाक्षी बहुत सुन्दर थीं। ऊपर से कम उम्र की। पुरुष अध्यापकों में मीनाक्षी से परिचय बनाने की होड़ लग गयी। केवल मनीष इससे परे थे। स्टाफ-रूम में चुपचाप बैठे रहते। कुछ नहीं बोलते थे। किसी से भी। रावत जी के साथ आते, रावत जी के साथ चले जाते। हाँ रावत जी के साथ कमरे पर खूब बातें करते। मनीष को खाना बनाना नहीं आता था। वे पास के होटल में जाकर खाते थे। रावत कभी मनीष के साथ होटल में खा आते, कभी बनाकर खाते थे। मनीष विशुद्ध शाकाहारी थे, जबकि रावत मछली के बहुत शौकीन!

जब चारों प्राध्यापक महाविद्यालय में आये, परीक्षाएँ चल रही थीं। तीन महीने चलनी थीं परीक्षाएँ! चूँकि वहाँ ठंड बहुत पड़ती थी, इसलिए जाड़े की छुट्टी डेढ़ महीने होती थी। गर्मी के छुट्टी बमुश्किल एक महीने। वही जून में। मार्च का अंत चल रहा था। जिन अध्यापकों की परीक्षा ड्यूटी रहती, वे ड्यूटी करते। बाकी सब गप्पें मारते। वहीं स्टाफ-रूम में बैठकर। चर्चा के केन्द्र में चारों नवनियुक्त रहते। पुरुष सदस्य प्रायः मीनाक्षी से मुखातिब होने की कोशिश में रहते। पुरानी प्राध्यापिकाएँ कुढ़ रही होतीं। आजकल उन्हें भाव नहीं मिल रहा था। मीनाक्षी कम्युनिस्ट थीं। काफी बिन्दास! जरा भी नहीं हिचकती थीं।

एक दिन स्टाफ-रूम में जोर-शोर से बहस हो रही थी। नवनियुक्तों को आये लगभग एक महीने हो गये थे। बहस में एक तरफ थे कई पुरुष। ज्यादातर मैदान वाले। दूसरी तरफ थीं अकेले मीनाक्षी। अचानक मीनाक्षी बोलीं, ''ये मनीष जी कभी बोलते ही नहीं। हमेशा चुपचाप बैठे रहते हैं।'' मनोविज्ञान के अध्यापक कंडारी जी बोले, ''सभी लोग देखिएगा। एक दिन आयेगा जब केवल मनीष जी ही बोलेंगे। बाकी सब बैठकर सुनेंगे। मेरी बात पर विश्वास न हो तो कहीं नोट कर लीजिए।''

अगले दिन सचमुच मनीष बोल पड़े। छुट्टियों पर बहस हो रही थी। क्या तिकड़म लगायी जाय। मैदान के एक अध्यापक, जो कुछ ज्यादा ही तुर्रम खाँ बनने की कोशिश करते थे, ज्यादा कूद रहे थे। मनीष एक चीज ताड़ चुके थे। महाविद्यालय के अध्यापकों में एक हल्की-सी रेखा खिंची थी पहाड़ीवाद और मैदानीवाद की। पहाड़ के ज्यादातर अध्यापक जहाँ दिल के साफ थे वहीं मैदान के कई अध्यापक धूर्त, काइयाँ और हद दर्जे के स्वार्थी थे। मनीष ने कहा, ''डॉक्टर साहब, मातृत्व अवकाश ले लीजिए। बिना मेडिकल लिये कुछ महीने की छुट्टी मिल जायेगी।'' स्टाफ-रूम में बहुत जोर का ठहाका लगा। सभी पुरुष और महिला अध्यापकों ने हँसते-हँसते पेट पकड़ लिया। डॉ. प्रताप सिंह जगवाण, जो पहाड़ के ही थे, बोले, ''क्यों मनीष जी? आपके इलाहाबाद में पुरुष भी माता बनते हैं क्या?'' मीनाक्षी बोलीं, ''तो ये था मनीष जी का पहला वाक्य।''

हँसी-मजाक चल ही रहा था कि प्राचार्य का चपरासी आ गया। बुलावा था। चारों नवनियुक्त प्राध्यापकों का। चारों प्राचार्य के कक्ष में पहुँच गये। प्राचार्य ने मनीष से पूछा, ''आपके पिताजी का क्या नाम है?'' जी, श्री अमर बहादुर।''

''उच्च शिक्षा निदेशालय, इलाहाबाद से एक पत्र आया है, जिसमें आप चारों का नाम लिखा हुआ है। आपके पिता का नाम अमर बहादुर की जगह समर बहादुर लिखा हुआ है। आप लोगों का पहला वेतन बनना है। आप जाइए इलाहाबाद से

अपने पिता का नाम ठीक करवाकर लाइए, वर्ना आप चारों का वेतन रुक जायेगा।'' प्राचार्य ने बड़ी संजीदगी से कहा। मनीष बड़े चक्कर में पड़ गये। उनके कारण तीन और लोगों का वेतन रुक जायेगा। तीनों कहीं बुरा-भला न कहें।

अचानक प्राचार्य से मनीष बोले, ''सर क्या मैं आपके फोन से निदेशक जी को फोन कर सकता हूँ?'' प्राचार्य ने अज़ीब निगाहों से उन्हें देखा। उच्च शिक्षा निदेशालय उत्तर प्रदेश, इलाहाबाद में प्राचार्य सहित किसी भी अध्यापक का कोई काम पड़ता था तो वह वहाँ जाकर बाबुओं से मिलकर किसी तरीके से अपना काम करवाता था। भले ही बाबू को कुछ दक्षिणा देनी पड़े। निदेशक से मिलने और बात करने की कोई हिम्मत नहीं जुटा पाता था। मनीष ने निदेशक के ऑफिस में फोन मिलाया। फोन निदेशक डॉ. शिवशंकर सिंह ने ही उठाया। मनीष ने उन्हें सारी समस्या बतायी। डॉ. शिवशंकर सिंह ने फोन प्राचार्य को देने को कहा। उन्होंने फोन पर ही प्राचार्य को बुरी तरह डाँटना शुरू कर दिया, ''जरा सी टाइपिंग मिस्टेक को आप तिल का ताड़ बना रहे हैं। आप उसको खुद नहीं ठीक कर सकते? कोई चीज सुलझाने के बजाय आप लोग नयी-नयी समस्या खड़ी करते रहते हैं।.........''

प्राचार्य डर के मारे काँपती आवाज में यस सर-नो सर कर रहे थे। फोन रखने के बाद वे पसीने से तर-बतर हो गये। उन्होंने मनीष को हाथ जोड़ा और बोले, ''आप लोग जाइए। आप लोगों का वेतन बन जाएगा।''

प्राचार्य के कमरे से निकलने के बाद मीनाक्षी बोलीं, ''मनीष जी, मुझे शुरू से ही संदेह था कि आप छुपे रुस्तम हैं। आज मेरा संदेह पुष्ट हो गया। हाथ मिलाइए!'' मनीष ने मीनाक्षी की तरफ हाथ बढ़ा दिया। पूरे महाविद्यालय में हवा बन गयी मनीष की। बहुत करीबी हैं निदेशक जी के। उनके कारण निदेशक जी ने प्राचार्य को बहुत डाँटा।

मनीष और मीनाक्षी में बहुत गहरी दोस्ती हो गयी। मीनाक्षी का बौद्धिक स्तर बहुत ऊँचा था। सीनियर प्राध्यापकों की सतही बातें सुनते-सुनते वे बोर हो गयी थीं। बात-चीत से मीनाक्षी ने भाँप लिया। मनीष बहुत प्रतिभासम्पन्न और योग्य हैं।

मनीष का मीनाक्षी से दोस्ती करना सकारण था। सीनियर लोग मीनाक्षी से दोस्ती गाँठने को बेताब थे। मीनाक्षी से दोस्ती करके वे सीनियरों को जलाना चाहते थे। मैदानी क्षेत्र के चार पुरुष थे। बड़ी पक्की दोस्ती थी उनमें। डां. मुनेश्वर, डॉ. पंकज, डॉ. मयंक और डॉ. संगम। चारों साथ ही रहते और हमेशा निहायत गंदी-संदी बातें करते रहते। अब एक नयी टीम बन गयी थी चार ही लोगों की। मनीष, रावत, मीनाक्षी और शिवा। डॉ. प्रताप सिंह जगवाण इनके गुरु थे।

जगवाण जी बहुत ही मस्त-मौला स्वभाव के थे और चारों को बड़े काम की सलाह देते थे, इसलिए चारों ने उनको अपना गुरु बना लिया।

अगस्त्यमुनि में या तो बहुत तेज धूप रहती या पानी बरसता था इसलिए प्रायः लोग छाता लिये रहते। एक दिन रावत पहले महाविद्यालय जा चुके थे। मनीष जाने के लिए सड़क पर उतरे तो पानी बरसने लगा। तब तक उन्हें मीनाक्षी दिख गयीं। हाथ में लिया हुआ छाता उन्होंने खोल लिया। मनीष ने आवाज दी। दोनों एक ही छाता लगाए कॉलेज तक पहुँच गये। दिलजलों के तन-बदन में आग लग गयी। डॉ. मुनेश्वर ने व्यंग्य किया, ''क्यों मनीष जी, आजकल तो आपकी चाँदी है। छत्रछाया में चल रहे हैं।'' जवाब मीनाक्षी ने दिया, ''आपको क्यों जलन हो रही है। आप भी किसी को खोज लीजिए, जिसकी छत्रछाया में आप चल सकें।'' मुनेश्वर खून का घूँट पीकर रह गये। मीनाक्षी ने अपना खुला हुआ छाता स्टॉफ-रूम के एक कोने में रख दिया। मीनाक्षी का रंगीन लेडीज छाता था। मुनेश्वर ने मीनाक्षी से कहा, ''देखिए, मेरा छाता छाता लग रहा है।'' ''और मेरा छाता क्या लग रहा है?'' मीनाक्षी ने पूछा। मुनेश्वर ने जवाब दिया, ''आपकी छाती लग रही है।'' वाक्य द्विअर्थी था। मीनाक्षी भड़क गयीं। दोनों में झगड़ा होने लगा। मीनाक्षी बोलीं, ''आपको महिलाओं से बात करने की तमीज नहीं है तो महिलाओं से मत बोला करिए। अध्यापक हो गये लेकिन मानसिकता एकदम गलीज़ है।'' मुनेश्वर भी जोर-जोर से चिल्लाने लगे। शोर सुनकर प्राचार्य भी दौड़े आये, बड़ी मुश्किल से उन्होंने दोनों का झगड़ा शान्त कराया।

कॉलेज से लौटते समय मनीष, रावत, शिवा और मीनाक्षी साथ थे। सबको पता था मीनाक्षी का मूड ऑफ है। मनीष ने मीनाक्षी को थोड़ा और भड़काना चाहा। वे शरारत से गुनगुनाये, ''वे दिन हवा हुए जब पसीना गुलाब था।'' ''अब तो इत्र से भी खुशबू नहीं आती।'' मीनाक्षी ने बड़े शांत भाव से अगली पंक्ति पूरी की।'' ''अरे तुम्हें दूसरी लाइन भी याद है। मुझे तो सिर्फ पहली लाइन आती है।'' मनीष मुस्कराये। ''आपको सब पता है। आप सिर्फ मज़ा ले रहे हैं। शर्म तो आती नहीं। झगड़े में मैं सही थी, लेकिन मेरी तरफ से एक शब्द नहीं बोले। मैं आपको अपना बेस्ट फ्रेंड मानती हूँ।'' मीनाक्षी ने घूरकर देखा। मनीष फिर मुस्कराये, ''सारी समस्या की जड़ ही यही है। तुम मुझे अपना मित्र मानना छोड़ दो, फिर देखो। सब तुम्हें सिर-आँखों पर रखेंगे। झगड़े के समय मैंने कुछ बोल दिया होता तो महाभारत मच जाता।'' रावत बिगड़ गये, ''मनीष जी आप बहुत खराब आदमी हैं। मीनाक्षी जी का कॉलेज में आज इतना पंगा हो गया और आप हैं कि जले पर

नमक छिड़क रहे हैं।'' ''जिसके इनके जैसे दोस्त हों उसे दुश्मनों की जरूरत नहीं है। रावत जी आप भी सावधान रहा करिए। आपके भी ये बड़े अच्छे दोस्त हैं।'' मीनाक्षी भन्नाती हुई बोलीं।

उस दिन सुबह सात से दस मनीष और मीनाक्षी की परीक्षा में ड्यूटी थी। संयोग से दोनों एक ही कमरे में पड़े थे। परीक्षा प्रभारी नेगी जी बोले, ''मनीष जी मैंने आपकी ड्यूटी मीनाक्षी जी के साथ लगायी है। कुछ खिलाना-पिलाना पड़ेगा।'' मनीष ने वैसा ही जवाब दिया, ''जो कहेंगे खिला दूँगा। मीनाक्षी किसी और के साथ ड्यूटी करती तो मुझे तकलीफ़ होती।'' मीनाक्षी मंद-मंद मुस्करा रही थीं। कॉपियाँ लेकर जब दोनों ऊपर कमरे में जाने लगे तो मीनाक्षी मुस्कराते हुए बोलीं, ''आप लोगों ने मुझे कॉलेज में तमाशा बना दिया है।'' ''तमाशा नहीं भाई! इस समय तुम कॉलेज की सबसे कीमती चीज़ हो। तुम्हारे साथ जिसकी ड्यूटी लगती है, वह धन्य हो जाता है।'' मनीष ने शरारत से कहा। मीनाक्षी शरमा गयीं, ''चुप रहिए नहीं तो मैं आपका मुँह नोंच लूँगी।''

कॉपी-पेपर बँट गया। परीक्षा शुरू हो गयी। मनीष और मीनाक्षी चुपचाप बैठे थे। अचानक मनीष बोले, ''मैंने 'कम्युनिस्ट' शीर्षक से एक छोटी सी कविता लिखी है। सुनाऊँ?'' ''सुनाइए!'' मीनाक्षी उत्सुकता से बोलीं। मनीष सुनाने लगे—

सौ उद्धरण रटकर
उन उद्धरणों की ओट में
हजार तरह के कुकर्म करता
अपने को विशिष्ट समझने का दंभ पाले
अहंकार का पुतला

मनीष ने सोचा कि कविता सुनकर मीनाक्षी भड़केंगी। कम्युनिस्टों के खिलाफ़ वे कुछ भी सुनना पसंद नहीं करती थीं। उलटी प्रतिक्रिया हुई, ''बड़ी अच्छी कविता है। अपने ऊपर लिख है न! आप सचमुच ऐसे ही हैं।'' ''अपने ऊपर नहीं कम्युनिस्टों पर लिखी है।'' मनीष मुस्कराये। मीनाक्षी भी मुस्करायीं, ''कम्युनिस्टों पर नहीं अपने ऊपर लिखी है। भूल से उसका शीर्षक 'कम्युनिस्ट' हो गया। अचानक मीनाक्षी काफी गंभीर हो गयीं, ''अच्छा मजाक छोड़िए। मेरे सामने एक बहुत बड़ी समस्या है, जिसके कारण मैं परेशान हूँ। मुझे आपकी सलाह चाहिए। आपके अलावा इस विषय पर मैं किसी से बात नहीं कर सकती।'' ''बोलो, क्या बात है?'' मनीष ने पूछा। मीनाक्षी ने बताना शुरू किया, ''मेरे पति पौड़ी में अधिकारी हैं। शनिवार की शाम को वे यहाँ मेरे पास आते हैं और सोमवार की सुबह चले जाते हैं।

मेरे परिवार का माहौल काफी खुला हुआ था। इनके परिवार का माहौल काफी परंपरागत और रूढ़िवादी था। मैं इनके साथ ऐडजेस्ट करने की कोशिश करती हूँ लेकिन ये अपने को बिलकुल भी बदलना नहीं चाहते। हम दोनों में अक्सर झगड़ा हो जाता है। मैं हर बार सोचती हूँ कि अबकी बार ये आयेंगे तो हम दोनों अच्छे ढंग से मिलेंगे लेकिन इनके जाते-जाते कुछ न कुछ कहा-सुनी हो ही जाती है। मैं बहुत परेशान हूँ। समझ में नहीं आता कैसे हम दोनों के सम्बन्ध बहुत अच्छे रहें?'' मनीष बोले, ''देखो, हमारी तरफ एक कहावत है—मियाँ-बीवी के झगड़े में जो पड़ता है, उससे बड़ा बेवकूफ कोई नहीं होता इसलिए मैं इस मसले पर कोई सलाह नहीं दे पाऊँगा।''

मीनाक्षी रुआँसी हो उठीं, ''आप मेरे दोस्त हैं। मुझे आप पर बड़ा भरोसा रहता है। आप नहीं मदद करेंगे तो कौन मदद करेगा?'' ''देखो, सबसे पहले तो तुम अपनी कम्युनिस्टई छोड़ो। भगवान की सत्ता पर विश्वास करना सीखो। पूजा-पाठ किया करो। मैं दुनिया भर के कर्मकाण्ड करने के लिए नहीं कह रहा हूँ। ईश्वर पर दिल से सच्ची श्रद्धा रखो। अपनी सारी समस्याएँ ईश्वर पर छोड़ दो। ईश्वर अवश्य मदद करेगा। वैसे भी यदि पत्नी नास्तिक हो और पति आस्तिक हो तो कैसे निभ पायेगी?'' मनीष ने समझाया। ''ठीक है! जीवन में आज पहली बार मैं ईश्वर को प्रणाम करूँगी। आपके साथ। कॉलेज से लौटते समय रुद्राक्ष के पेड़ों के पास जो मन्दिर है, वहाँ ईश्वर को प्रणाम करते हुए घर चलेंगे।'' मीनाक्षी ने मनीष का सुझाव स्वीकार कर लिया।

परीक्षा समाप्त हो जाने के बाद दोनों थोड़ी देर तक रुके रहे। जिससे परीक्षा देने वाले लड़के और लड़कियाँ चले जायँ। दोनों जैसे ही महाविद्यालय के गेट के बाहर पहुँचे, सामने से माया और शालिनी मैडम आते हुए दिखे। दोनों को नमस्कार करके मनीष बोले, ''माया मैडम, आज तो आप बहुत जम रही हैं।'' माया मैडम ने बुरा सा मुँह बनाते हुए कहा, ''अगर मैं जम रही होती तो आप मेरे साथ घूमते। औरों के साथ न घूमते।'' दोनों आगे बढ़ गयीं तो मनीष ने मीनाक्षी से कहा, ''देख रही हो! तुम्हारे कारण सारा जमाना मेरा दुश्मन बन गया है।'' ''मेरा भी तो जमाना दुश्मन बन गया है लेकिन मैं तो किसी की परवाह ही नहीं करती।'' मीनाक्षी ने जवाब दिया। मनीष बोले, ''मैं परवाह नहीं करता, बल्कि मुझे बहुत मज़ा आता है। जब कोई दिलजला कोई टिप्पणी करता है तो मन ही मन जोर-जोर से हँसता हूँ।''

मन्दिर के पास पहुँचकर मीनाक्षी बोलीं, ''मंदिर में पहले आप दर्शन करिए।'' ''ऐसे नहीं। पहले मंदाकिनी नदी में उतर कर हाथ-पैर धो लो।'' मनीष ने जवाब दिया।

वहाँ से मंदाकिनी नदी करीब बीस फीट नीचे थी। ढलान पर सँभल कर उतरते हुए दोनों मन्दाकिनी तक पहुँच गये। मनीष बोले, ''मुझे तो डर लग रहा है। कहीं तुम भगवान से मेरे साथ भागने-वागने के बारे में तो नहीं माँगोगी?'' ''बकवास बन्द करिए। आपको हर समय मजाक सूझता है।'' मीनाक्षी संजीदा थीं। अचानक मनीष चीख पड़े, ''मीनाक्षी! उधर देखो! नदी के उस पार! बाघ के बच्चे पानी पी रहे हैं।'' मीनाक्षी भी खुश हो गयीं, ''अरे हाँ! सचमुच! कितने प्यारे बच्चे हैं छोटे-छोटे। भगवान का दर्शन करने के पहले यह अच्छा शकुन है।'' ''तुम शकुन की बात करने लगी? लगता है, तुम्हारा कम्युनिस्टपन समाप्त हो रहा है।'' मनीष ने कहा और दोनों खिलखिलाकर हँस पड़े। नदी में अच्छी तरह हाथ-पैर और मुँह धोकर दोनों ने श्रद्धा से मन्दिर में जाकर भगवान की पूजा की।

गर्मी की छुट्टियों के बाद कॉलेज फिर खुला। पहले दिन सब एक-दूसरे से बड़ी गर्मजोशी से मिले। मीनाक्षी ने मनीष को देखा तो खिल पड़ीं, ''नमस्कार मनीष जी! मैंने आपको बहुत मिस किया। आपको मेरी याद आयी?'' ''मुझे पूरे कॉलेज की ही याद नहीं आयी। इतने दिनों बाद मैं अपने घर गया था। वहाँ मौज-मस्ती करता कि इस कॉलेज को याद करता? कुछ दिनों बाद तो फिर यहीं आना था।''

''आप मर्द लोग बहुत घटिया होते हैं। इलाहाबाद से मेरे लिए कुछ ले आये?''

''नहीं, कुछ नहीं!''

''तो ठीक है। मैं आपके लिए मिठाई ले आयी थी। मैं भी नहीं दूँगी।''

''ठीक है! खुद ही खा लेना। पहाड़ पर इलाहाबाद से अच्छी मिठाई नहीं मिलती।'' मीनाक्षी की आँखों में आँसू छलक आये, ''आप बहुत गन्दे हैं। आप एक बार यह नहीं कह सकते थे कि अगली बार मैं भी तुम्हारे लिए मिठाई ले आऊँगा। अपनी मिठाई दे दो।''

तब तक रावत वहाँ आ गये। मीनाक्षी की आँखों में आँसू देखकर बोले, ''मैडम, मैदान वालों के साथ भावुक मत हुआ करिए। मैदान के लोग बड़े बेरहम होते हैं। आपको पता है? आपके लिए मैं मिठाइयाँ ले आया हूँ।'' मीनाक्षी खुशी से चहक पड़ीं, ''धन्यवाद रावत जी! मैं भी आपके लिए मिठाइयाँ लाई हूँ।'' ''इनके झाँसे में मत आइयेगा रावत जी। वो मिठाइयाँ ये मेरे लिए लायी हैं।'' मनीष बोले। रावत मुस्कराये, ''मुझे मालूम है लेकिन मैं तब भी खा लूँगा।'' मीनाक्षी मनीष को मारने के लिए दौड़ीं। मनीष भागे। जगवाण जी ने दूर से ही जोर से हाँक लगायी, ''अरे भाई! सार्वजनिक रूप से प्रेम-प्रदर्शन दण्डनीय अपराध है।'' जो लोग देख रहे थे, हँसने लगे। मीनाक्षी झेंप गयीं।

उस दिन पन्द्रह अगस्त था। महाविद्यालय में स्वतंत्रता दिवस मनाया जा रहा था। ध्वजारोहण के बाद भाषणबाजी शुरू हुई। कार्यक्रम का संचालन जगवाण जी कर रहे थे। बहुत सारे वरिष्ठ अध्यापक बोल चुके थे। एकाएक जगवाण जी ने कहा, "अब आपके समक्ष हमारे महाविद्यालय के नये प्राध्यापक डॉ. मनीष जी स्वतंत्रता दिवस के बारे में अपने विचार रखेंगे।"मनीष एकदम से हड़बड़ा गये। वे मानसिक रूप से एकदम से तैयार नहीं थे। बोलने के बारे में पहले से उनसे कुछ नहीं कहा गया था। वे खड़े हुए और अपने को सँभालते हुए बोलने लगे, "आदरणीय प्राचार्य जी! महाविद्यालय के समस्त आदरणीय मित्रों! प्रिय छात्रों और छात्राओं। मेरे पूर्व महाविद्यालय के वरिष्ठ लोग स्वतंत्रता दिवस के बारे में सब कुछ कह चुके है। अब कुछ भी कहने को शेष नहीं बचा है। मैं अपने राष्ट्रध्वज को शत-शत प्रणाम करता हूँ। धन्यवाद!" मनीष इतना कहकर आकर बैठ गये। मीनाक्षी भी अपनी जगह से उठकर मनीष के पास आकर बैठ गयीं। वे फुसफुसाते हुए बार-बार उन्हें चिढ़ाने लगीं, "अब कुछ भी कहने को शेष नहीं बचा है। धन्यवाद!" मनीष बैठे-बैठे खिसिया रहे थे लेकिन सबके बैठे होने के कारण कुछ बोल नहीं पा रहे थे। एक-दो बार उन्होंने घूरकर मीनाक्षी को देखा। मीनाक्षी मुस्करा रही थीं।

समारोह की समाप्ति के बाद रावत, मनीष, शिवा और मीनाक्षी वापस लौट रहे थे। मीनाक्षी बोलीं, "रावत जी आपने वह भाषण सुना? अब कुछ भी कहने को शेष नहीं बचा है, धन्यवाद!" मनीष को छोड़ तीनों ठहाका मार कर हँसने लगे। मनीष खिसियाकर बोले "मैं तुम्हारा सर तोड़ दूँगा।" "इसके अलावा आप कर ही क्या सकते हैं।" मीनाक्षी ने मुस्कराते हुए जवाब दिया। शिवा ने अपने हाथ में लिया हुआ लड्डू मीनाक्षी के मुँह में ठूँस दिया और बोलीं, "मनीष जी, लीजिए मैंने इनका मुँह बन्द कर दिया। अब ये आपको नहीं चिढ़ा पायेंगी।" रावत ने मनीष के कंधे पर हाथ रखकर कहा, "वैसे मनीष भाई, आपने बड़ी बुद्धिमानी से बात को सँभाला। मैं होता तो खड़ा होकर हकलाने लगता। चलिए आज शाम को जगवाण जी के घर चला जायेगा। उन्होंने जानबूझकर बदमाशी की थी। इसके एवज में उनसे कुछ खाया-पिया जायेगा।"

एक दिन चारों ने तय किया कि पिकनिक मनायी जाये। अगस्त्यमुनि मैदान में। मंदाकिनी के किनारे बैठकर। छुट्टी थी उस दिन। शिवा का घर मैदान के पास था। उन्हीं की रसोई में तैयारी होने लगी। शिवा, मीनाक्षी और रावत खाने की चीजें बनाने में लगे थे। मीनाक्षी ने आदेश दिया, "मनीष जी चलिए आप भी मदद करिए।" "मुझे कुछ बनाना आता ही नहीं। मैं तो चाय भी नहीं बना पाता।"

"आइए मैं सिखाती हूँ। सब आ जाएगा।"

"इस शर्त पर मैं पिकनिक में शामिल नहीं होऊँगा। कहीं हाथ-वाथ जल गया तो अच्छी पिकनिक हो जाएगी।"

"कामचोर कहीं के! दाढ़ी भी बनानी नहीं आती न? ये दाढ़ी जंगल की तरह बढ़ा रखी है। आज सबेरे से दाढ़ी बनाने के लिए समय नहीं मिला?"

रावत ने चुटकी ली, 'मीनाक्षी जी आप तो मनीष जी पर इस तरह हुक्म चलाती हैं, जैसे आप इनकी बीवी हों। कभी इनकी बीवी से मुलाकात हो जाएगी तो आपको वे बहुत मारेंगी।"

"कुछ नहीं होगा। मैं उनको समझा लूँगी कि हमारे और इनके बीच क्या सम्बन्ध हैं!" मीनाक्षी ने जवाब दिया।

रावत ने फिर चुटकी ली, "काश, कभी मुलाकात हो जाती! फिर मैं देखता आप क्या समझाती हैं?"

सब लोग मंदाकिनी के किनारे ऊँचे-ऊँचे पहाड़ों के साये में खाने-पीने का सामान फैलाकर बैठ गये। मनीष बोले, "मैं मान लेता हूँ कि इतनी खूबसूरत जगह में मैं इलाहाबाद से पिकनिक मनाने आया हूँ।" शिवा ने कहा, "हाँ-हाँ, तब आपका खाने-पीने का मजा कई गुना बढ़ जाएगा।" मीनाक्षी ने एक कौर बनाया और मनीष के मुँह में डालते हुए कहा, "पहला कौर मैं आपको अपने हाथ से खिला दूँ!" रावत ने थोड़ा-सा रूठने का नाटक करते हुए कहा, "आप इस तरह मत किया करिए! मुझे बहुत जलन होती है।" मीनाक्षी मुस्करायीं, "लीजिए आपको भी अपने हाथ से मैं खिला देती हूँ।" रावत वैसे ही नाटक करते रहे, "नहीं खाना मुझे आपके हाथ से। दिल से तो आपने मनीष जी को ही खिलाया। मुझे तो सान्त्वना देने के लिए खिलायेंगी।" शिवा बोलीं, "वैसे एक चीज़ है। मनीष जी में कुछ बात तो है!" "अरे-अरे! शिवा जी आप दूसरा घर देखिए। मनीष जी पर मेरा कॉपीराइट है।" मीनाक्षी ने झूठ-मूठ में आँखें तरेरीं। "अच्छा कॉपीराइट की बच्ची। मैं कल ही मनीष जी की पत्नी को चिट्ठी लिखती हूँ।" शिवा ने कहा और सब हँसने लगे। पिकनिक बहुत जोरदार रही।

फरवरी का महीना था। अगस्त्यमुनि मैदान में तीन दिन का क्रीड़ा-समारोह चल रहा था। पूरा महाविद्यालय इस समय अगस्त्यमुनि मैदान में ही था। डॉ. पंकज महाविद्यालय के क्रीड़ा-प्रभारी थे। वही दौड़-दौड़कर सब देख रहे थे। बाकी अध्यापक पंडाल में बैठकर गप्पें लड़ा रहे थे। अचानक रावत पीछे से कैमरा लेकर आगे आ गये और मनीष की फोटो खींचने की कोशिश करने लगे। मनीष की छठीं इन्द्रिय

ने तुरंत काम किया। उन्होंने दन्न से कूदकर रावत की गर्दन पकड़ ली, ''रावत के बच्चे! मीनाक्षी के साथ मेरी फोटो खींचकर मुझे ब्लैक-मेल करने के चक्कर में हो।'' दोनों की धींगामुश्ती देखकर सब अध्यापक चिल्लाने लगे, ''हाँ रावत जी। मीनाक्षी जी के साथ इनकी फोटो खींचकर इलाहाबाद भाभी जी के पास भेजिए। आखिर उनको भी तो पता चले कि ये पहाड़ पर आकर क्या कर रहे हैं?'' खूब हल्ला-गुल्ला मचा हुआ था। मीनाक्षी एक तरफ बैठी मुस्करा रही थीं। आखिर में मनीष ने रावत के हाथ से कैमरा छीन ही लिया।

प्राचार्य भी मौज में आ गये, ''क्या बात है मनीष जी! हवा में आप और मीनाक्षी जी के रिश्तों के बड़े चर्चे हैं?'' ''कुछ नहीं सर! लोग बात का बतंगड़ बना रहे हैं।'' मनीष ने झेंपते हुए कहा। ''नहीं भाई! बिना आग के धुआँ नहीं होता।'' उन्होंने चुटकी ली। सारे अध्यापक हाँ सर! हाँ सर! चिल्लाने लगे। तभी क्रीड़ा समारोह के लिए नियुक्त फोटोग्राफर ने चुपके से मनीष और मीनाक्षी की फोटो खींच ली। जैसे ही कैमरे का फ्लैश चमका सारे अध्यापक तालियाँ बजाने लगे और फोटोग्राफर को बधाई देने लगे।

शाम को घर लौटते समय मनीष ने मीनाक्षी से कहा, ''यार, लगता है हम दोनों बदनाम हो जायेंगे।'' ''हाँ, हम दोनों की दोस्ती को कोई बर्दाश्त नहीं कर पा रहा है।'' मीनाक्षी ने समर्थन किया। ''उस दिन पिकनिक में रावत जी जो मजाक में कह रहे थे, मुझे तो लगता है, वह उनके दिल की आवाज थी। मुझे लगता है, कहीं न कहीं उन्हें भी जलन हो रही है। उनकी जगह मैं होता तो शायद मुझे भी उनसे जलन होती।'' मनीष जैसे अपने से ही बड़बड़ा रहे थे। ''जो भी हो, हम जानते हैं कि हमारे बीच में कुछ भी गलत नहीं है। लोग चाहे जो कहें, मैं आपसे अपनी दोस्ती किसी भी कीमत पर तोड़ूँगी नहीं।'' गीनाक्षी बोलीं।

चौदह फरवरी! वेलेंटाइन डे! अखबारों में तब तक थोड़ी बहुत खुसुर-पुसुर शुरू हो चुकी थी। क्या होता है वेलंटाइन डे! रावत और मनीष दस बजे महाविद्यालय पहुँचे तो देखा कि मीनाक्षी पहुँच चुकी हैं। मनीष बोले, ''हैप्पी वेलेन्टाइन डे!'' ''धत्!'' मीनाक्षी शरमा गयीं। रावत हँसने लगे। अचानक मीनाक्षी ने पलटकर कहा, ''सेम टू यू!'' अब बोर होने की बारी मनीष की थी। रावत ठहाका मारकर हँसने लगे। रावत बोले, ''मैडम आप बहुत कंजूस हैं। आज तक कभी हम लोगों को आपने खाना नहीं खिलाया। आज वेलेन्टाइन डे है। मनीष जी को अपने हाथ से बनाकर खिलाइए, साथ में मैं भी लग लूँगा।'' ''खाना तो आप लोगों को मैं खिला दूँगी, लेकिन वेलेन्टाइन डे के नाम पर नहीं खिलाऊँगी।'' मीनाक्षी बोलीं।

"जो भी हो, आज हम लोगों को आप दावत दे दीजिए।"

"ठीक है! रात में आठ बजे आ जाइएगा।"

रात में आठ बजे दोनों लोग मीनाक्षी के कमरे पर पहुँच गये। मीनाक्षी खाना बना रही थीं। रावत से बोलीं, "लाट साहब तो कुछ करेंगे नहीं। आप आइए रसोई में मेरी मदद करिए।" रावत खाना बनवाने में जुट गये। मनीष रेडियो पर गाना लगाकर सुनने लगे। धीरे-धीरे खाना बना। गप्पें मारते हुए सब खाने लगे।

दोनों लोग पहली बार रात में मीनाक्षी के कमरे पर आये थे। मीनाक्षी को थोड़ी-सी घबराहट हो रही थी। अगर किसी ने देख लिया होगा तो क्या कहेगा?

अगले दिन महाविद्यालय में पहुँचते ही मीनाक्षी ने कई महिलाओं से कहा, "कल रात में मनीष और रावत मेरे कमरे पर पहुँच गये। मेरी खाना बनाने की बिलकुल इच्छा नहीं थी। सोच रही थी ब्रेड खाकर सो जाऊँगी। इन लोगों ने जबर्दस्ती मुझसे खाना बनवाकर खाया। दोनों के ऊपर बहुत गुस्सा लग रहा है। दोनों से बात करने का मन नहीं हो रहा है।"

बात का बतंगड़ बनता गया। पूरे कॉलेज में लोग आपस में रावत और मनीष का मजाक उड़ाने लगे।

मनीष कमरे पर जल्दी चले आये थे। रावत काफी देर से आये। आते ही तैश में बोले, "पता है आज कॉलेज में लोग क्या कह रहे हैं?"

"क्या कह रहे हैं?"

"कह रहे हैं कि आप लोगों को कोई बुलाता नहीं, तब भी जबर्दस्ती उसके घर खाने पहुँच जाते हैं?"

"कौन कह रहा है?"

"कॉलेज में सब लोग कह रहे हैं। दरअसल मीनाक्षी सबसे कहती फिर रही है कि उसने हम लोगों को खाने पर नहीं बुलाया था। हम लोग जबर्दस्ती उसके घर खाने पहुँच गये। सब लोग हम दोनों का मजाक उड़ा रहे हैं।"

"जगवाण जी से बात की?"

"हाँ! उन्होंने कहा कि आप लोगों को ऐसा नहीं करना चाहिए था। मैंने उन्हें बहुत समझाने की कोशिश की कि हम लोग बुलाने पर गये थे।"

अगले दिन मनीष ने मीनाक्षी को पकड़ लिया, "तुम मेरी बेइज़्ज़ती करती फिर रही हो?"

"क्या हो गया?"

"इस तरह पूछ रही हो 'क्या हो गया' जैसे तुम कुछ जानती ही नहीं। इसी को कहते हैं त्रिया चरित्र!"

मीनाक्षी भी उखड़ गयीं, "मिस्टर मनीष! तमीज से बात करिए। मैं आपकी नौकरानी नहीं हूँ।"

मनीष गुस्से से फनफनाते हुए चले गये। दोनों में बोलचाल बन्द हो गयी।

धीरे-धीरे पूरा कॉलेज जान गया कि मनीष और मीनाक्षी में बोलचाल बन्द हो गयी है। पुरुष सदस्य अब फिर मीनाक्षी के चारों ओर मँडराने लगे। मीनाक्षी मनीष को दिखा-दिखाकर पुरुष सदस्यों के साथ हँसी-ठहाके के साथ बात करतीं। औरतें मनीष को समझाने में लगी थीं। एक दिन माया मैडम ने कहा, "हम लोगों को पता था कि एक दिन यही होगा लेकिन आपको कौन समझाता कि मीनाक्षी बहुत दुष्ट है। एक नम्बर की घमण्डी लड़की है। आपकी समझ में अब आ गया न! अब उसके चक्कर में मत पड़िएगा।" मनीष चुपचाप सबकी बात सुन लेते थे। कोई प्रतिक्रिया नहीं व्यक्त करते थे।

बातचीत बन्द हुए दो महीने से ऊपर हो गये। रावत, शिवा और जगवाण जी परेशान थे। वे पूरा प्रयास कर रहे थे कि दोनों में समझौता हो जाय लेकिन दोनों में से कोई झुकने को तैयार नहीं था। दोनों का अहं यहाँ आड़े आ रहा था कि पहले कौन बोले। मीनाक्षी कभी-कभी अकेले में रोने लगतीं। मनीष उनसे इतना नाराज हो जायेंगे, उन्होंने नहीं सोचा था। उनको लगता था कि उनकी दोस्ती को सबने नज़र लगा दी।

परीक्षाएँ अप्रैल के पहले हफ्ते से ही चल रही थीं। उस दिन भी परीक्षा चल रही थी। डाकिया प्राचार्य को एक पत्र दे गया। उच्च शिक्षा निदेशालय उत्तर प्रदेश, इलाहाबाद से आया था। प्राचार्य ने पत्र खोलकर पढ़ा। मनीष को बुलवाया। मनीष आ गये।

"बधाई हो मनीष जी!"

"किसलिए सर?"

"आपका स्थानान्तरण इलाहाबाद के पास हो गया है। उच्च शिक्षा निदेशालय से पत्र आया है।"

"धन्यवाद सर! बहुत-बहुत धन्यवाद!"

पूरे महाविद्यालय में खबर फैल गयी। सब मनीष को बधाई देने लगे। रावत और जगवाण जी ने उन्हें गले से लगा लिया।

मनीष अपने कमरे पर चले आये। अभी वे चारपाई पर बैठे ही थे कि मीनाक्षी आ गयीं। उनके बगल में बैठकर वे फूट-फूटकर रोने लगीं, "इतनी छोटी-सी गलती की आप मुझे इतनी बड़ी सजा नहीं दे सकते। मुझे पता होता कि आप इतने जिद्दी हैं तो आपका दो थप्पड़ खा लेती लेकिन आपसे झगड़ा न करती।"

"इसमें गलती या जिद की क्या बात है? तुम, रावत, शिवा, जगवाण जी, सब अपने घर के पास नौकरी कर रहे हैं। मैं भी अपने घर के पास नौकरी करना चाहता हूँ।"

"अभी नौकरी करते यहाँ कितने दिन हुए हैं? साल भर ही न! साल भर में भागने की क्या जल्दी पड़ी थी। सीधे क्यों नहीं कहते कि आपने गुस्सा होकर स्थानान्तरण करवाया है।"

"नहीं भाई! साल भर में जुगाड़ बैठ गया। दो-चार सात बाद परिस्थितियाँ अनुकूल रहें-न रहें!"

"ये नहीं सोचा कि आपके बिना मैं कितनी अकेली हो जाऊँगी। मैं कैसे रहूँगी अकेले?"

"ये रोना-धोना बन्द करो। तुम्हें अब मेरी कोई जरूरत नहीं है। अब तो तुम्हारे बहुत सारे दोस्त हैं। ढाई महीने से मेरे बिना ही तो रह रही हो!"

"आखिर दिल की बात जबान पर आ ही गयी न! मुझे मार लीजिए-पीट लीजिए लेकिन अपना स्थानान्तरण निरस्त करवाइए। मैं आपके बिना नहीं रह सकती।"

"देखो मीनाक्षी! ट्रेन के लम्बे सफर में कभी-कभी कोई ऐसा मिल जाता है, जिससे बहुत आत्मीयता हो जाती है लेकिन कुछ ही दिनों में हम उसे भूल जाते हैं। मुझे विश्वास है, थोड़े दिनों बाद तुम भी मुझे भूल जाओगी।"

"अरे-अरे! कितनी आसानी से आप भाषण झाड़े जा रहे हैं। सचमुच मर्दों की जात बड़ी निर्दयी होती है। जो कुछ मेरे ऊपर गुज़र रही है, वो आपके ऊपर गुज़र रही होती तो मुँह से इस तरह भाषण न निकलता।"

"मीनाक्षी तुम एक बहादुर लड़की हो। बड़ों-बड़ों से भिड़ जाती हो सही बात के लिए। तुम मेरे दृष्टिकोण से बात को देखने की कोशिश क्यों नहीं कर रही हो?"

"आप साथ हों तो मैं किसी से भी भिड़ सकती हूँ। आपके बिना मैं अकेली और असहाय हूँ। आप मेरे दृष्टिकोण से देखने की कोशिश क्यों नहीं करते? अगर आप मुझे छोड़कर गये तो मैं मंदाकिनी में छलांग लगाकर जान दे दूँगी।"

"इतनी कमजोर मत बनो मीनाक्षी। बहुत गलत बात है। इतने कमजोर लोगों को मैं अपना दोस्त नहीं बनाता।"

तब तक रावत भी आ गये। मीनाक्षी को रोता देखकर सारा माजरा समझ गये। वे भी समझाने लगे, "अरे मैडम, मनीष जी को उनके घर जाने दीजिए। हम सभी लोग हैं न आपके साथ। मनीष जी की चिट्ठी-पत्री आती रहेगी। कभी-कभार फोन से भी बात हो जाएगी।"

मनीष बोले, "मैं परसों सबेरे नौ बजे बस से जाऊँगा। छोड़ने जरूर आना।"

मीनाक्षी उठीं। बिना कुछ बोले चुपचाप उठकर चली गयीं।

बस का टाइम नौ बजे था। आठ बजे से ही सब सड़क पर खड़े थे। रावत, शिवा, जगवाण जी, कंडारी जी, मकान मालिक के लड़के। सारा सामान सड़क के किनारे रखा था। बाकी सामान मनीष ने रावत के हवाले कर दिया। ज्यादा सामान था भी नहीं। सब लोग मीनाक्षी का इंतजार कर रहे थे।

बस आ गयी। सब लोग जल्दी-जल्दी बस के ऊपर सामान चढ़वाने लगे। बस को जगवाण जी ने रोका हुआ था। सब सामान लद गया। मनीष भी बस पर चढ़ गये। बस चल पड़ी। मनीष ने खिड़की से हाथ हिलाया। नीचे खड़े सब लोग हाथ हिलाने लगे। मीनाक्षी नहीं आयीं।

पति, सेकेण्ड हैण्ड

कस्बे में बारह बजे दिन से ही हड़कंप मचा हुआ था। स्टेट बैंक के पचपन वर्षीय प्रबन्धक चटर्जी साहब की इक्कीस वर्षीया बेटी सोनाली घर से गायब थी। चटर्जी साहब की पत्नी रुचिरा का रो-रोकर बुरा हाल था। मुहल्ले की बहुत सारी औरतें उन्हें पकड़कर बैठी थीं और समझाने-बुझाने का प्रयास कर रही थीं। वे छाती पीट-पीटकर रो रही थीं। उनकी इकलौती सन्तान थी सोनाली।

रुचिरा भोर में चार बजे ही उठ जाती थीं। सोनाली के कमरे में जाकर वे उसी समय सोनाली को भी जगा देती और लालटेन जलाकर पढ़ने के लिए बैठा देती थीं। उस दिन जब वे सोनाली के कमरे में गयीं तो सोनाली बिस्तर पर नहीं थी। उन्होंने सोचा, शायद पेट में दर्द हुआ होगा और वह बाहर फारिग होने चली गयी होगी। उन्नीस सौ अस्सी की बात थी। गाँवों और कस्बों में शौचालय नहीं हुआ करते थे। लोग मल-मूत्र त्याग के लिए बाहर ही जाते थे।

सात बजे तक नहीं आयी सोनाली। रुचिरा घबरा गयीं। चटर्जी साहब नहाने जा रहे थे। वे घबराहट में उनके पास पहुँचीं, ''सुनते हो! मैं जबसे उठी हूँ, देख रही हूँ कि सोनाली अपने कमरे में नहीं है।'' हाथ में पकड़ा हुआ लोटा चटर्जी साहब के हाथ से छूटकर जमीन पर गिर गया, ''क्या?...और तुम मुझे अब बता रही हो?'' ''मैंने सोचा शायद बाहर कुल्ला होने गयी होगी इसलिए उसका इंतज़ार कर रही थी।'' रुचिरा हिचकते हुए बोलीं। चटर्जी साहब दौड़कर सोनाली के कमरे में गये। पीछे-पीछे रुचिरा भी पहुँचीं। सोनाली वहाँ नहीं थी। चटर्जी साहब अपना सिर पकड़कर पास रखी लकड़ी की कुर्सी पर बैठ गये, ''कहाँ चली गयी?'' ''लगता है, रात में बदमाशों ने उसका अपहरण कर लिया होगा। अपने से तो वह घर से भाग नहीं सकती। मेरी बेटी इतनी संस्कारी है।'' रुचिरा ने अपनी बात रखी। चटर्जी साहब बिगड़ गये, ''अगर अपहरण हुआ होता तो कुछ तो हल्ला-गुल्ला होता? कुछ तो खटपट होती? हम लोग भी घर में ही थे। हमें किसी तरह की कोई आवाज़ नहीं सुनायी पड़ी। अब मैं किससे पूछूँ? क्या पूछूँ? मैं तो किसी को मुँह दिखाने लायक

नहीं बचा। मेरी तो नाक कट गयी।'' ''अब कुछ तो करना ही पड़ेगा! लोगों को सारी रिश्तेदारियों में भेजिए। शायद किसी रिश्तेदार के यहाँ चली गयी हो। क्या पता, किसी बात पर हम लोगों से नाराज़ हो गयी हो।'' रुचिरा ने चटर्जी साहब को सम्हालने की कोशिश की। घबराहट में चटर्जी साहब सोनाली की चारपाई पर लेट गये। रुचिरा और परेशान हो गयीं, ''क्या हुआ? आप ठीक तो हैं?'' ''हाँ मैं ठीक हूँ।'' चटर्जी साहब एकदम से बुझे हुए स्वर में बोले, ''हमें सबसे पहले पुलिस को बताना होगा....पता नहीं कहाँ होगी? कैसी होगी?...लड़की जात....कुछ भी हो सकता है, उसके साथ.....।'' रुचिरा रोने लगीं, ''पता नहीं कहाँ होगी मेरी बेटी? किस हाल में होगी? हे भगवान! मेरी बेटी की रक्षा करना। हमारे साथ ही यह होना था? हमने तो कभी किसी का कुछ नहीं बिगाड़ा।''

अचानक चटर्जी साहब के दिमाग में एक बात आयी, ''जरा जाकर अपनी आलमारी देखो। तुम्हारे गहने वगैरह सही-सलामत हैं या नहीं?'' रुचिरा लगभग दौड़ते हुए अपने कमरे में गयीं। आलमारी का ताला खुला हुआ था। चाभी उसी में लटक रही थी। रुचिरा का कलेजा काँप गया। उन्होंने आलमारी खोली। सारे गहने गायब थे। आलमारी में जितनी नकदी रखी हुई थी, वह भी गायब थी। वे रोती और सिर पीटती हुई चटर्जी साहब के पास पहुँचीं, ''एक भी जेवर नहीं बचा। सब गायब है। आलमारी से सारे पैसे भी साफ हैं।'' ''इसका मतलब सोनाली खुद किसी के साथ भागकर चली गयी है।'' चटर्जी साहब रुआँसे होकर बोले, ''मैं थाने जा रहा हूँ। जब तक मैं वापस न आ जाऊँ, तुम किसी को कुछ मत बताना। दरवाजा अन्दर से बन्द करके अन्दर ही रहना।''

चटर्जी साहब कस्बे में ही स्थित थाने पर पहुँचे। वे कस्बे में स्थित इकलौते बैंक के प्रबन्धक थे इसलिए थानेदार से लेकर सिपाही तक सब उन्हें जानते थे। सबका काम उनसे पड़ता था। थाने में घुसते ही रामचन्दर सिपाही सामने पड़ा, ''नमस्कार मैनेजर साहब! आज थाने कैसे आना हो गया?'' चटर्जी साहब बुझी आवाज़ में बोले, ''रामचन्दर, जरा थानेदार साहब को बुलाओ। कुछ जरूरी बात करनी है।'' उनका चेहरा देखकर रामचन्दर को भाँपते देर नहीं लगी कि कोई गम्भीर, बहुत गम्भीर मामला है। उन्हें बैठाकर वह भागते हुए थानेदार साहब को बुलाने चला गया।

थानाध्यक्ष जयवीर सिंह अपने कमरे में तैयार हो रहे थे। खाना-पीना खा चुके थे। इस समय वर्दी पहन रहे थे। रामचन्दर पहुँच गया, ''जय हिन्द साहब!''

''जय हिन्द रामचन्दर! क्या बात है?''

''साहब बैंक के मैनेजर चटर्जी साहब आये हुए हैं। बहुत परेशान लग रहे हैं।''

“क्या बात है, कुछ बताया?”

“नहीं साहब! मुझे कुछ नहीं बताया। वे आपको बुला रहे हैं। आपसे ही बात करना चाह रहे हैं।”

जयवीर सिंह रामचन्दर के साथ चल दिये। नमस्कार-प्रणाम के बाद उन्होंने पूछा, “हाँ बताइए चटर्जी साहब, क्या समस्या है?” चटर्जी साहब सिर झुकाये बैठे रहे। जयवीर सिंह बोले, “ऐसी क्या बात हो गयी चटर्जी साहब जिसे मुझे बताने में आप झिझक रहे हैं?” “ऐसा है थानेदार साहब! मेरी बेटी सोनाली घर से गायब है।” सिर झुकाये-झुकाये ही चटर्जी साहब ने बताया। “क्या?” जयवीर सिंह के मुँह से चीख निकल गयी, “कब से गायब है?” “मेरी पत्नी चार बजे से जगी हुई हैं। तब से वह घर में नहीं दिखी।” चटर्जी साहब ने बताया। “घर से और कुछ भी गायब है?” जयवीर सिंह ने पूछा। “हाँ! मेरी पत्नी की आलमारी से सारे जेवर और नकदी भी गायब हैं।” चटर्जी साहब ने बताया। “उसकी कोई फोटो आपके पास है?” जयवीर सिंह ने पूछा। “हाँ, उसकी एक फोटो मैं अपने साथ लेकर आया हूँ।” चटर्जी साहब ने अपनी जेब से सोनाली की एक फोटो निकाली और उसे जयवीर सिंह को दे दी।

जयवीर सिंह ने थाने के सारे सिपाहियों को तलब कर लिया। सिपाहियों को सोनाली की फोटो दिखाते हुए बोले, “चटर्जी साहब की बेटी रात से ही घर से गायब है। यह है उसकी फोटो। सब लोग ध्यान से फोटो देख लो। थाने में जिसका रहना बहुत जरूरी हो, वही थाने में रहेगा। बाकी लोग सारा कस्बा और आस-पास के गाँवों को छान मारो। वायरलेस से आस-पास के सारे थानों में खबर कर दो। मैं तफ्तीश के लिए चटर्जी साहब के साथ इनके घर जा रहा हूँ।”

जयवीर सिंह चटर्जी साहब के साथ उनके घर पहुँच गये। घर में एक-एक तथ्य की गहराई से छानबीन करने लगे। उधर कस्बे में चारों तरफ पुलिस दौड़ने लगी। धीरे-धीरे पूरे कस्बे में यह बात जंगल की आग की तरह फैल गयी कि चटर्जी साहब की इकलौती बेटी घर से गायब है। कस्बे में चटर्जी साहब का बड़ा दबदबा और सम्मान था। उनके बैंक में ज्यादातर लोगों का खाता था। छोटे-मोटे कामों से लेकर बैंक से कर्ज लेने तक, सबका पाला चटर्जी साहब से पड़ता रहता था इसलिए ज्यादातर लोग उनकी खुशामद करते रहते थे। धीरे-धीरे कस्बे के लोग चटर्जी साहब के घर पर इकट्ठा होने लगे। बहुत सारी औरतें भी इकट्ठा हो गयीं। औरतों को देखकर रुचिरा फूट-फूटकर रोने लगीं।

थोड़ी देर में दो पुलिसवाले चटर्जी साहब के घर पहुँचे। वे जयवीर सिंह को एक तरफ ले गये। उनमें से एक जयवीर सिंह के कान में फुसफुसा कर बताने लगा, ''साहब, कस्बे के डिग्री कॉलेज में साइंस पढ़ाने वाले मास्टर साहब डॉ. लालजी भी रात से ही अपने घर से गायब हैं। उनके भी बीवी-बच्चे परेशान हैं।''

''लालजी की उम्र क्या है?'' जयवीर सिंह ने भी फुसफुसाकर पूछा।

''साहब, छियालिस साल।''

''उनके कितने बच्चे हैं?''

''दो बेटियाँ ही हैं साहब! बड़ी बेटी पन्द्रह साल की है और छोटी बारह साल की। एक बात और पता चला है साहब! लालजी रोज चटर्जी साहब के घर आकर उनकी बेटी को ट्यूशन पढ़ाया करते थे। मुझे तो लगता है साहब कि वही चटर्जी साहब की बेटी को भगाकर कहीं ले गये हैं।''

जयवीर सिंह चटर्जी साहब की ओर मुड़े, ''चटर्जी साहब आपको किसी पर शक है? साफ-साफ बताइए। आपकी बेटी किसी से प्रेम तो नहीं करती थी?'' ''मुझे किसी पर शक नहीं है थानेदार साहब! मेरी बेटी लाखों में एक है। वह पढ़नेवाली लड़की है। वह प्रेम-मुहब्बत के लफड़े में नहीं पड़ने वाली।'' चटर्जी साहब बोले।

''आप डिग्री कॉलेज के साइंस के मास्टर साहब डॉ. लालजी को जानते हैं?''

''हाँ-हाँ क्यों नहीं। वे रोज मेरी बेटी को साइंस का ट्यूशन पढ़ाने आते हैं। मेरी बेटी उन्हीं के कॉलेज में बी.एस.सी. अन्तिम वर्ष की छात्रा है।''

''डॉ. लालजी कैसे आदमी हैं?''

''बहुत ही भले आदमी हैं। मेरी बेटी को दो साल से ट्यूशन पढ़ा रहे हैं। इधर छः महीने से तो उन्होंने फीस लेना भी बन्द कर दिया है।''

''चटर्जी साहब! आज के जमाने में कोई व्यक्ति बिना स्वार्थ के अपना एक रुपया भी किसी से नहीं छोड़ता। लालजी छः महीने से ट्यूशन पढ़ाने की फीस नहीं ले रहे हैं और आपको वे धर्मात्मा नज़र आ रहे हैं?''

तब तक डॉ. लालजी की पत्नी चटर्जी साहब के घर में आ गयी और लगी रुचिरा को गालियाँ देने, ''क्यों रे बंगालिन! तूने मेरे पति पर कर दिया न काला जादू? मैं उन्हें कब से मना कर रही थी कि मुन्नी के पापा, उन लोगों के यहाँ मत जाया करो। बंगाली औरतें काला जादू जानती हैं। अगर उसने तुम्हारे ऊपर काला जादू कर दिया तो कहीं के नहीं रहोगे लेकिन उन्होंने मेरी एक नहीं सुनी। तूने उन पर काला जादू कर दिया और अपनी बेटी के साथ कहीं भेज दिया। बता तूने मेरे पति को कहाँ छुपाया है? वे आदमी के रूप में ही हैं या उन्हें जानवर बना दिया?

बोल चुड़ैल! रो-रोकर मुहल्ले की औरतों को अपना नाटक दिखा रही है? जिससे सब समझें कि तू बड़ी भोली-भाली है!''

एक सिपाही जयवीर सिंह के कान में फुसफुसाया, ''लालजी की बीवी है साहब!'' जयवीर सिंह ने उसे डाँटा, ''क्यों रे? तेरा पति चटर्जी साहब की बेटी को भगा ले गया और तू आयी है उनकी पत्नी से झगड़ा करने? शर्म नहीं आती तुझे?'' लालजी की औरत चिल्लायी, ''अरे साहब इस डायन के काले जादू के कारण हुआ है सब! मुन्नी के पापा ऐसे नहीं थे। इसने ऐसा जादू किया कि उन्होंने इस उमर में अपनी नाक कटवा ली और हम लोग सड़क पर आ गये। साहब, अब मेरे परिवार का भोजन-पानी कैसे चलेगा? मैं अपनी दोनों बेटियों को लेकर कहाँ जाऊँ? इन दोनों बंगालियों को लेकर जेल में डाल दीजिए....तभी मेरा कलेजा ठंडा होगा।'' जयवीर सिंह ने फिर उसे डाँटा, ''तुझे अपने पति की नीचता नहीं दिखायी दे रही है! इस उमर में अपनी बेटी जैसी एक लड़की को बहला-फुसलाकर भगा ले गया। ऊपर से उसकी तरफ से तू लड़ रही है। अरे तेरा पति अगर हम लोगों को कहीं मिल गया तो हम लोग मार-मारकर उसकी हड्डी-पसली तोड़ डालेंगे।'' लालजी की औरत जयवीर सिंह पर बिफर पड़ी, ''अरे मैं सब जानती हूँ। तुम लोग पुलिसवाले हो न! तुमको जो भी रोटी का टुकड़ा फेंक दे तुम उसी के हो जाते हो। चटर्जी पैसे वाला आदमी है। तुम लोगों को खिला-पिला दिया है इसीलिए तुम लोग इन बंगालियों की तरफ से लड़ रहे हो। तुम लोगों को मुझ असहाय औरत पर दया नहीं आती! मैं अब कहाँ जाऊँ बोलो?'' दोनों पुलिसवालों ने डंडा लेकर उसे दौड़ा लिया। उसे वे दोनों बहुत दूर खदेड़ आये।

''यह क्या कह रही थी थानेदार साहब?'' चटर्जी साहब ने हतप्रभ होकर पूछा।

''हाँ चटर्जी साहब! उसका पति भी रात से गायब है। वही आपकी बेटी को भगा ले गया है। लालजी ने जब आपसे ट्यूशन पढ़ाने का पैसा लेना बंद कर दिया, तभी आपको सावधान हो जाना चाहिए था।'' जयवीर सिंह बोले।

वहाँ पर उपस्थित सारे लागों का मुँह खुला का खुला रह गया। रुचिरा एकदम निढाल होकर रोने लगीं।

लालजी सोनाली को लेकर दिन में लगभग दस बजे तक इलाहाबाद पहुँच गये। वे रामबाग स्थित एक होटल में गये। वहाँ पर एक कमरा बुक किया। उन्होंने होटल में नाम-पता, सब गलत लिखवाया। सोनाली को उन्होंने अपनी बेटी बताया। कमरे में सामान रखकर लालजी ने दरवाजा अन्दर से बन्द कर लिया। दोनों बिस्तर पर

लेट गये। घबराहट के मारे न तो दोनों को नींद आ रही थी और न दोनों एक-दूसरे से कुछ कह पा रहे थे।

सोनाली डॉ. लालजी के ही महाविद्यालय में बी.एस.सी. की छात्रा थी। लालजी की कक्षा में पढ़ती थी वह। उसकी सुन्दरता पर लालजी मोहित हो गये थे। उन्होंने उससे उसके घर-परिवार के बारे में जानकारी ली और बैंक जाकर चटर्जी साहब से प्रयत्न पूर्वक सम्बन्ध बनाया। कुछ दिनों बाद उन्होंने चटर्जी साहब से बहुत कम पैसे में ट्यूशन पढ़ाने का प्रस्ताव रखा। चटर्जी साहब ने उनका प्रस्ताव सहर्ष स्वीकार कर लिया। अब लालजी का सोनाली के घर रोज आना-जाना हो गया। वे इतने कम पैसे में पढ़ाते थे कि धीरे-धीरे वे चटर्जी साहब के परिवार के एक सदस्य जैसे हो गये। चटर्जी साहब की पत्नी रुचिरा उनकी खूब आवाभगत करतीं। रोज तरह-तरह का नाश्ता बनाकर उन्हें खिलातीं। चटर्जी परिवार अपनी पारिवारिक समस्याओं पर उनसे सलाह-मशविरा भी करने लगा।

सोनाली को पढ़ाते समय डॉ. लालजी बड़ी प्यार भरी नज़रों से उसे देखते रहते। बीच-बीच में उससे हँसी-मजाक भी करते रहते। धीरे-धीरे सोनाली की समझ में आने लगा कि सर उसके प्रति चाहत का भाव रखते हैं। शुरू में उसने लालजी की इन सब हरकतों पर ध्यान नहीं दिया परन्तु कुछ दिनों बाद लालजी की यह चाहत उसे अच्छी लगने लगी।

एक दिन लालजी सोनाली को पढ़ाने उसके घर पहुँचे। चटर्जी साहब और रुचिरा कहीं गये हुए थे। सोनाली घर पर अकेली थी। लालजी अपनी कुर्सी पर बैठ गये। सोनाली भी किताब-कॉपी लेकर आयी और अपनी कुर्सी पर बैठ गयी। लालजी अचानक उठ खड़े हुए और सोनाली के पास आकर जबर्दस्ती उसे पकड़ लिया। छुड़ाते-छुड़ाते भी उन्होंने सोनाली के होठों को कसकर चूम लिया। सोनाली जोर-जोर से रोने लगी। लालजी एकदम से घबरा गये। वे कुछ देर तक वहीं खड़े रहे। फिर वापस अपने घर लौट गये।

लालजी तीन दिन तक सोनाली को पढ़ाने नहीं गये। उनका दिल हरदम जोर-जोर से धड़कता रहता था। सोनाली अपने माँ-बाप को मेरी हरकत बतायेगी फिर बहुत बेइज़्ज़त होना पड़ेगा। पता नहीं बात चटर्जी साहब के घर तक ही रहेगी या कॉलेज तक पहुँच जाएगी। तीसरे दिन शाम को उन्हें चटर्जी साहब अपने घर की तरफ आते दिखे। उनका कलेजा धक्क से हो गया। उनके पास पहुँचकर चटर्जी साहब बोले, ''क्यों डॉक्टर साहब? आप तीन दिन से सोनाली को पढ़ाने नहीं आ रहे हैं। तबीयत वगैरह खराब है क्या?'' लालजी की जान में जान आयी,

"अरे नहीं! बस जरा सा ऐसे ही कुछ काम पड़ गया था। आज अभी मैं आने की सोच ही रहा था।" "चलिए तब तो ठीक है। घर में सब परेशान हो गये थे। क्या बात हो गयी है? सर पढ़ाने नहीं आ रहे हैं। कपड़ा पहन लीजिए। चलिए मेरे साथ ही चले चलिए।" चटर्जी साहब बोले। "बस आप एक मिनट रुकिए। मैं तैयार होकर आता हूँ।" कहकर लालजी घर के अन्दर चले गये।

चटर्जी साहब के घर में सब कुछ सामान्य था। रुचिरा उनका हालचाल पूछने लगीं। सोनाली भी रोज की तरह सामान्य भाव से पढ़ने के लिए आ गयी। लालजी की दिल की धड़कन सामान्य हुई, 'चलो सब कुछ ठीक-ठाक है। कहीं कोई गड़बड़ नहीं हुई। सोनाली ने घर में किसी को कुछ नहीं बताया।' कुछ देर में रुचिरा उनके लिए नाश्ता लेकर आ गयीं।

अब लालजी का हाथ खुल गया। जरा-सा चटर्जी साहब और रुचिरा इधर-उधर होते तो वे सोनाली की नाक पकड़ लेते, गाल नोच लेते या उसे चूम लेते। एक दिन फिर ऐसा संयोग बना कि चटर्जी साहब और रुचिरा घर पर नहीं थे। लालजी ने सोनाली को अपनी बाँहों में भरकर उसके चेहरे पर चुम्बनों की बौछार कर दी। लालजी अपनी कुर्सी पर बैठ गये और सोनाली को अपनी गोद में बैठा लिया। वे उसे प्यार करने लगे। प्यार करते-करते उनका हाथ उसकी कमीज के अन्दर स्तनों की तरफ रेंग गया। सोनाली ने उनका हाथ पकड़ लिया, "नहीं! जो भी करना हो बाहर से....कपड़े के अंदर नहीं।" सोनाली द्वारा अपने मुँह से इतनी बड़ी स्वीकारोक्ति लालजी के लिए बड़ी भारी बात थी। उस दिन उन्होंने सोनाली को पढ़ाया नहीं। पहले उसे अपनी गोद में बैठाकर, फिर उसे बिस्तर पर लिटाकर दो घंटे तक चूमते-चाटते ही रहे।

सोनाली पर लालजी के प्यार का रंग चढ़ने लगा था। अब पढ़ने-लिखने में उसका मन कम लगता। वह हमेशा लालजी के बारे में ही सोचती रहती। कॉलेज में भी उसकी आँखें लालजी को ही खोजती रहतीं। जीवन में पहली बार प्यार का स्वाद मिला था। कॉलेज के लड़कों में उसकी कोई दिलचस्पी नहीं रह गयी थी। उसे लालजी दुनिया के सबसे खूबसूरत व्यक्ति लगते थे। उनका चलना, उनका बोलना, हँसना—सब उसे अलग ही लगता था। वह प्रायः अकेले रहने पर लालजी के बारे में सोचना पसंद करती थी और कल्पना की दुनिया में उसे लालजी की पत्नी बनकर रहना अच्छा लगता था। अब वह बड़े अधिकार से उनसे बात करती और लाड़ जताती थी। कॉलेज में उनके किसी और लड़की से बात करने पर वह गुस्सा हो जाती थी।

एक बार लालजी की पत्नी अपने बच्चों के साथ एक सप्ताह के लिए मायके चली गयीं। लालजी जब सोनाली को पढ़ाने गये तो उन्होंने उसे यह बात बतायी और बोले, "कल मैं कॉलेज नहीं जाऊँगा। घर पर ही रहूँगा। तुम कॉलेज से क्लास करके सीधे मेरे घर चली आना।" सोनाली तैयार हो गयी।

अगले दिन जब सोनाली लालजी के घर पहुँची तो लालजी बड़ी बेसब्री से उसका इंतजार ही कर रहे थे। उसके घर के अंदर घुसते ही उन्होंने दरवाजा अंदर से बंद कर लिया। उसे अपनी बाँहों में भरकर वे प्यार करने लगे। सोनाली भी ऐसा व्यवहार करने लगी मानो वह जन्म-जन्म की प्यासी हो। प्यार करते-करते लालजी के हाथ सोनाली के कपड़े के अन्दर सरक गये। आज सोनाली ने विरोध नहीं किया। लालजी का हौंसला बढ़ा। उन्होंने उसके कपड़े उतारने शुरू कर दिये। सोनाली ने कोई विरोध नहीं किया। लाजी की आँखों में चमक आ गयी। उन्होंने सोनाली के सारे कपड़े उतार डाले और उसे गोद में उठाकर ले जाकर अपनी पत्नी के बिस्तर पर लिटा दिया। सोनाली के गोरे-गोरे खूबसूरत शरीर को देखकर लालजी की आँखें चौंधिया गयीं।

लालजी तीन घंटे से सोनाली के साथ बिस्तर पर पड़े हुए थे। उसे अपने साथ हाथ और पैर से दबाकर लेटे हुए थे और उसे कपड़े नहीं पहनने दे रहे थे। सोनाली बार-बार उनसे अनुरोध कर रही थी कि अब जाने दीजिए। वे बार-बार मना कर दे रहे थे। वैसे सोनाली को भी घर जाने की जल्दी नहीं थी। वह झूठमूठ में बार-बार जानें के लिए कह रही थी। वह भी कुछ और देर....कुछ और देर लालजी के आगोश में पड़े रहना चाहती थी।

अब सोनाली को लालजी का सम्पूर्ण प्यार मिल चुका था। अब वह अपने को सचमुच में लालजी की पत्नी मानने लगी थी और उन्हें साधिकार हर चीज के लिए हुक्म देने लगी थी। लालजी को सोनाली की यह अदा बहुत भाती थी। सोनाली अब लालजी से कभी-कभी पूछ लेती थी, "मुझसे शादी कब करोगे?" लालजी इसे उसका बचपना समझकर हँसकर टरका देते थे।

धीरे-धीरे सोनाली लालजी के लिए एकदम व्यग्र और अधीर होने लगी। वह जल्दी से जल्दी लालजी से शादी करके उनके साथ रहना चाहती थी। वह मानसिक रूप से इस बात के लिए तैयार थी कि अग उसे लालजी की पत्नी के साथ रहना पड़ा तो वह उनके साथ भी रह लेगी। उसे पूरा विश्वास था कि लालजी सिर्फ उसे प्यार करते हैं। ऐसे में वह उनकी पहली पत्नी को किसी न किसी तरीके झेल लेने को तैयार थी। लालजी जहाँ प्यार का नाटक करके उसके शारीरिक शोषण तक

अपने को सीमित रखना चाहते थे, वहीं सोनाली सचमुच में पूरी तरह से उनको पाना चाहती थी। सोनाली देख रही थी कि लालजी उससे शादी करने के लिए बहुत गम्भीर नहीं हैं, इसलिए उसे उनके ऊपर गुस्सा भी आ रहा था।

एक दिन लालजी सोनाली को ट्यूशन पढ़ा रहे थे। अचानक सोनाली ने उनसे कहा, "मैं अपने मम्मी-पापा से अपनी शादी की बात करूँ?" लालजी एकदम से असहज हो गये, "अरे भाई, तुम्हारे अंदर अकल नाम की चीज है या नहीं? मेरे और तुम्हारे बीच उम्र का कितना अन्तर है, तुम्हें मालूम है? अगर हम दोनों शादी कर लेंगे तो समाज में मजाक के पात्र बन जायेंगे। इसलिए बेहतर यही है कि हम दोनों प्रेमी-प्रेमिका बने रहें। शादी की बात न सोचें। इसी में तुम्हारी भी भलाई है और मेरी भी।" सोनाली भड़क गयी, "जब प्यार करने चले थे, तब क्यों नहीं सोचा था कि मेरे और आपके बीच उम्र का फासला है? उम्र, जाति, धर्म यह सब नहीं देखता प्यार! मैं आपके प्यार में पागल हो गयी हूँ। आपके बिना मैं नहीं रह सकती। अगर आप मुझसे शादी नहीं करेंगे तो मैं जान दे दूँगी लेकिन एक चीज याद रखिएगा! मैं अकेले नहीं मरूँगी। आपको भी मेरे साथ मरना पड़ेगा। इस लोक में एक साथ न रह पाये तो न सही। परलोक में, भगवान के यहाँ तो हम साथ-साथ रहेंगे।" लालजी उस दिन बड़ी मुश्किल से सोनाली से जान छुड़ा पाये थे।

कुछ दिन बीत जाने पर सोनाली एक दिन फिर लालजी के पीछे पड़ गयी, "शादी के बारे में आपने क्या सोचा? मैं कुछ दिनों तक और इंतजार करूँगी। उसके बाद आपके घर चलकर मैं रहने लगूँगी फिर मेरा चाहे जो हो।" लालजी अपने बचाव में उतर आये, "अरे, हम दोनों पति-पत्नी तो हैं ही इसके लिए किसी सामाजिक ठप्पे की क्या जरूरत है? अगर समाज के सामने मैंने तुमसे शादी कर ली तो जानती हो क्या होगा? मेरी नौकरी चली जायेगी। फिर मेरे भूखों मरने की नौबत आ जाएगी। तुम्हारे परिवारवाले भी इस शादी के लिए तैयार नहीं होंगे। मैं पहले से ही शादीशुदा हूँ। ऊपर से मेरे दो-दो बच्चे भी हैं। मेरी उम्र तुम्हारे दुगुने से भी ज्यादा है। तुम अगर मेरे घर में रहने लगोगी तो मेरी पत्नी मार-मारकर तुम्हारा कचूमर निकाल देगी।" "ज्यादा बहानेबाजी मत करिए।" सोनाली तैश में आ गयी, "आपकी पहली बीवी मुझे क्या मारेगी? उल्टे मैं ही मार-मारकर उसका कचूमर निकाल दूँगी। वो कुतिया मुझसे ज्यादा ताकतवर है क्या? आपके बच्चों को मैं अपने बच्चों की तरह रखूँगी। मेरे माँ-बाप मेरी शादी के लिए तैयार हों या न तैयार हों। मैं बालिग हो चुकी हूँ। वे मुझे शादी करने से रोक नहीं सकते। आपकी पहली पत्नी भी जानती है कि अगर आपकी नौकरी चली गयी तो भोजन-पानी के

लाले पड़ जाएँगे। उसे भोजन-पानी, कपड़ा-जेवर वगैरह देते रहिएगा। वह इस हद तक बवाल नहीं मचायेगी कि आपकी नौकरी चली जाय।''

सोनाली ने डॉ. लालजी को इस हद तक मज़बूर कर दिया कि अन्ततः उन्हें घर से भागकर शादी करने की योजना बनानी पड़ी। दोनों ने तय किया कि घर से इतने पैसे और जेवर वगैरह लेकर भागा जाय कि कम से कम एकाध साल कट सके। सोनाली ने ही भागकर इलाहाबाद चलने का प्रस्ताव रखा। उसने बताया कि उसकी बुआ की लड़की पहले इलाहाबाद में रहती थी। वह बताती थी कि इलाहाबाद में बहुत कोचिंग चलती हैं। किसी भी कोचिंग में पढ़ाकर आराम से जिन्दगी कट सकती है। चल जाने पर अपनी निजी कोचिंग भी खोली जा सकती है।

रामबाग के होटल में रहते हुए दो हफ्ते हो गये। दोनों हरदम होटल में ही रहते थे। किसी अनहोनी या पुलिस के भय से दोनों बाहर नहीं निकलते थे। सोनाली बोली, ''किसी मन्दिर के पंडित से मिल लीजिए। हम दोनों की शादी हो जाय। किसी छोटे मन्दिर में जाइएगा। जहाँ कम लोग आते-जाते हों। किसी बड़े मन्दिर में शादी करने पर लफड़ा हो सकता है।'' लालजी ने एक छोटे से मंदिर के पंडित से बात की। दोनों की उम्र सुनकर पंडित शादी कराने के लिए तैयार नहीं हुआ। अंत में लालजी ने पैसों का लालच दिया। पंडित मान गया।

निर्धारित दिन दोनों की शादी होने लगी। पंडित विधि-विधान से दोनों की शादी कराने लगा। लालजी के कहने पर पंडित एक फोटोग्राफर को भी पकड़ लाया था। फोटोग्राफर धड़ाधड़ दोनों की शादी की फोटो खींच रहा था। कौतूहलवश कुछ लोग शादी देखने के लिए इकट्ठा हो गये। ऐसी बेमेल शादी देखकर लोग आपस में तरह-तरह की बातें करने लगे। तब तक पुलिस का एक मुखबिर भी वहाँ पहुँच गया। उसने तुरंत साइकिल उठायी और लपककर थाने की ओर चल दिया। इस बेमेल शादी की सूचना देने।

दोनों की शादी सम्पन्न हो गयी। पंडित को दक्षिणा देकर गले में माला पहने दोनों वहाँ से निकलने लगे। अचानक पुलिस की एक जीप वहाँ आकर रुकी। पुलिस को देखकर दोनों घबरा गये। पंडित ने पुलिस देखा तो चुपके से भाग निकला। सब-इंस्पेक्टर ने दोनों को डाँटकर कहा, ''तुम दोनों गाड़ी में बैठो?'' ''हम दोनों ने क्या गुनाह किया है?'' लालजी ने हिम्मत करके पूछा। ''चलो थाने। अभी पता चल जाएगा कि क्या गुनाह किया है।.....कहाँ से भगाकर लाया है लड़की? बुढ़ाई में अपनी बेटी की उमर की लड़की से शादी करने चला है.....चल थाने। वहीं पर दरोगा जी तेरी खबर लेंगे....लड़की को कहीं से भगाया है या खरीदा है?''

लालजी ने कोई उत्तर नहीं दिया। तमाशा देखनेवालों की भीड़ लग गयी। लालजी और सोनाली चुपचाप खड़े थे। सब-इंस्पेक्टर ने फिर घुड़का, "तुम दोनों गाड़ी पर बैठ रहे हो या लगाऊँ दो-दो डण्डा?" दोनों डर के मारे जीप पर बैठ गये। दोनों के बैठते ही ड्राइवर ने गाड़ी स्टार्ट कर दी।

थाने में दोनों थानाध्यक्ष के सामने पेश किये गये। चटपटा मामला देखकर और पुलिसवाले भी इकट्ठा हो गये। थानाध्यक्ष ने लालजी को डाँटते हुए कहा, "क्यो रे? इतनी कम उम्र की लड़की को भगाकर उससे शादी करते हुए तुझे शर्म नहीं आयी?" अचानक न जाने कहाँ से सोनाली के अन्दर ताकत आ गयी। दरअसल लालजी को इतना अपमानित होते देखकर उससे रहा नहीं गया। वह थानाध्यक्ष के ऊपर बरस पड़ी, "हम दोनों की उम्र कुछ भी हो। हम दोनों ही बालिग हैं। हम दोनों ने अपनी मर्जी से शादी की है। हमारी शादी हो चुकी है। आप लोगों को कोई अधिकार नहीं है हम दोनों को इस तरह ज़लील और अपमानित करने का। हम आप लोगों पर मानहानि का मुकदमा दायर करेंगे।...ये मेरे सर हैं और डिग्री कॉलेज में पढ़ाते हैं। मैं इनकी छात्रा हूँ और बी.एस.सी. अन्तिम वर्ष में पढ़ती हूँ। हम दोनों की शादी अभी तक नहीं हुई थी। हम दोनों को एक-दूसरे से प्यार हो गया। हम दोनों ने आपस में शादी करने का फैसला कर लिया। चूँकि मेरे माँ-बाप मेरी शादी इनसे करने के लिए तैयार नहीं थे, इसलिए हमने भागकर शादी करने का फैसला किया। मैं बालिग हूँ। मैं अपनी शादी का फैसला खुद कर सकती हूँ। मेरे माँ-बाप कौन होते हैं मुझे शादी करने से रोकने वाले। आप लोग मेरा मेडिकल चेक-अप कराकर देख लीजिए कि मैं बालिग हूँ या नहीं? आधा सच, आधा झूठ बोलकर सोनाली पुलिसवालों को अरदब में लेने की कोशिश करने लगी। एकबारगी थानाध्यक्ष सचमुच सकपका गये। कुछ देर चुप रहने के बाद थानाध्यक्ष बोले, "ठीक है! बताओ तुम दोनों कहाँ रुके हो? चलकर तफ्तीश करता हूँ। तुम दोनों की सारी असलियत सामने आ जाएगी।" लालजी घबरा गये। उन्हें पता था कि अगर पुलिस होटल पहुँच गयी तो वे फँस जाएँगे। होटल में उन्होंने अपना और सोनाली का सम्बन्ध बाप-बेटी का लिखा रखा था। इसके अलावा नाम-पता सब गलत था। उन्होंने थानाध्यक्ष से कहा, "सर, मैं एक मिनट अकेले में आपसे कुछ जरूरी बात करना चाहता हूँ।" "ठीक है!" थानाध्यक्ष ने कहा, "सब लोग बाहर जाओ।" सब लोग बाहर चले गये तो लालजी ने थानाध्यक्ष से धीरे से कहा, "सर क्यों हम लोगों को परेशान कर रहे हैं। मुझसे एक हजार रुपये ले लीजिए और हम लोगों को जाने दीजिए।"

"ठीक है, निकालो!" थानाध्यक्ष ने कहा। लालजी ने एक हजार रुपये निकालकर थानाध्यक्ष को दिये। थानाध्यक्ष रुपये जेब में रखते हुए बोले, "अब तुम दोनों चुपचाप खिसक जाओ यहाँ से।" लालजी और सोनाली वहाँ से चल दिये।

सब-इंस्पेक्टर ने अंदर आकर थानाध्यक्ष से कहा, "अरे सर, जाने क्यों दिया दोनों को? दोनों को दो-चार घण्टे परेशान करना था। फिर दोनों अच्छा पैसा देकर जाते।" "जाने दो यार!" थानाध्यक्ष ने कहा, "उस लड़की के तेवर देख रहे थे! वैसे ही हमारे थाने पर काम का इतना बोझ है। बिना मतलब और मुसीबत क्यों मोल ली जाय? लड़की हम लोगों पर बलात्कार का आरोप लगा देगी तो लेने के देने पड़ जाएँगे। क्या पता नौकरी ही चली जाय? पुलिसवाले वैसे ही बदनाम हैं।" सब-इंस्पेक्टर उनकी बात सुनकर चुप हो गया। थानाध्यक्ष प्रेम से सारा पैसा अकेले ही डकार गये।

होटल में रहना महँगा पड़ रहा था। लालजी और सोनाली ने सोचा कि कहीं किराये पर दो कमरा देखा जाय। ऐसे तो धीरे-धीरे सारा पैसा खर्च हो जायेगा। लालजी ने दौड़-धूप करनी शुरू कर दी। अंत में कीडगंज मुहल्ले में दो कमरे का एक फ्लैट मिल गया। किराया था पाँच सौ रुपये महीने। दोनों ने अपनी गृहस्थी वहीं शिफ्ट कर ली। दोनों ने थोड़े-बहुत नये सामान भी खरीद लिये। न्यूनतम! जितने में किसी तरीके से जिन्दा रहा जा सके। वहाँ भी दोनों ने मकान मालिक को अपना रिश्ता बाप-बेटी का बताया। हालाँकि दोनों ने अपना नाम सही-सही बता दिया। एक कोचिंग में बात करके लालजी ने पढ़ाना भी शुरू कर दिया।

एक दिन लालजी कोचिंग पढ़ाने गये हुए थे। मकान मालकिन सोनाली के पास आकर बैठ गयीं। सोनाली इस ढंग से रहती थी कि साफ-साफ शादीशुदा लगती थी। माँग में सिन्दूर। गले में मंगलसूत्र। माथे पर सुन्दर सी बिन्दी। मकान मालकिन ने पूछा, "क्यों बेटी? तुम्हारे पति क्या करते हैं?" "चाची वे सेना में हैं। इस समय उनकी पोस्टिंग जम्मू-कश्मीर में है। बेचारे सालों बाद घर आ पाते हैं।" "नाम क्या है उनका?" मकान मालकिन ने फिर पूछा। सोनाली इस प्रश्न के लिए तैयार नहीं थी। वह एकदम से हड़बड़ा गयी, "जी...जी उनका नाम सुभाष है।" उसने सेना में नौकरी करने वाले अपने एक रिश्तेदार का नाम बता दिया। उसका नाम बताने का तरीका मकान मालकिन को थोड़ा अज़ीब लगा।

"तुम्हारी ससुराल कहाँ है?"

"मेरी ससुराल मेरठ में है।" सोनाली ने सोचा कि इतनी दूर ससुराल बता दी जाय, जहाँ इनका कोई परिचित न हो। नहीं क्या पता खोजबीन करने लगें?

"तुम अपने पापा के साथ अकेली क्यों रहती हो? तुम्हारी माँ कहाँ रहती हैं?"

"ऐसा है चाची, चार साल पहले मेरी माँ का निधन हो गया था।"

"च्च....च्च...यह तो बड़ा अनर्थ हुआ। अभी तुम्हारे पापा की उम्र ही क्या है। तभी तो मैं कहूँ कि बेटी ससुराल में रहने के बजाय बाप के साथ क्यों रहती है? तुम्हारे और भाई-बहन नहीं हैं क्या?"

"नहीं चाची! मैं अकेली हूँ।"

"बेटी तुम कब तक अपने पापा के साथ रहोगी। अपने पापा से कह दो दूसरी शादी कर लें। कहो तो तुम्हारी बिरादरी में मैं कोई लड़की देखूँ?"

"नहीं चाची! पापा ने प्रतिज्ञा की है कि वे दूसरी शादी नहीं करेंगे। वे मम्मी से बहुत प्यार करते थे।"

"अरे बेटी, शुरू-शुरू में ऐसा ही लगता है। जब दूसरी शादी हो जाती है तो धीरे-धीरे सब कुछ पहले जैसा हो जाता है। ठीक है, मैं देखूँगी। कोई लड़की पता चलेगी तो मैं तुम्हारे पापा से बात करूँगी।"

सोनाली यह प्रकरण छिड़ जाने से परेशान हो गयी, "आप बैठिए चाची। मैं आपके लिए चाय बनाकर लाती हूँ।"

लालजी के आने पर सोनाली उन्हें मकान मालकिन की बातें बतानी लगी। उन्हें सावधान करते हुए बोली, "अब आगे मकान मालिक या मकान मालकिन से बातें करना तो ध्यान रखना। इन सब बातों का वही उत्तर देना जो मैंने दिया है। कुछ दूसरी बातें मत बताने लगना नहीं तो इन लोगों को हम पर शक हो जायेगा।" लालजी झुँझला गये, "कोई भी आदमी दूसरे के लिए नौकरी नहीं खोजता, लेकिन शादी के लिए लड़की सब खोजने लगते हैं।"

एक दिन रात में मकान मालकिन ने पनीर की विशेष सब्जी बनायी। उन्होंने सोचा कि एक कटोरा सब्जी सोनाली को भी दे आऊँ। बाप-बेटी दोनों के लिए हो जाएगी। उसे रात में सब्जी नहीं बनानी पड़ेगी। वे एक बड़े से कटोरे में सब्जी लेकर सोनाली को देने के लिए चल दीं। उन्होंने सोनाली के दरवाजे को धक्का दिया। दरवाजा अन्दर से बन्द नहीं था। खुल गया। मकान मालकिन ने ऐसा दृश्य देखा कि उनका कलेजा धक्क से हो गया। लालजी कुर्सी पर बैठे हुए थे। सोनाली उनकी गोद में बैठी हुई थी। लालजी ने सोनाली को अपनी बाँहों में भर रखा था। दोनों एक-दूसरे को चूम-चाट रहे थे। मकान मालकिन को देखकर दोनों हड़बड़ाकर खड़े हो गये। मकान मालकिन ने किसी तरह अपने को संयत करते हुए कहा, "बेटी, आज मैंने पनीर की सब्जी बनायी थी। सोचा, एक कटोरा सब्जी

तुम्हें भी दे दूँ। तुम्हें रात में सब्जी नहीं बनानी पड़ेगी। सोनाली ने भी अपने को किसी तरह संयत किया, "ठीक है चाची! आप मुझे कटोरा दे दीजिए। मैं बाद में इसे आपको दे दूँगी।"

मकान मालकिन ने यह बात जाकर अपने पति को बताना शुरू कर दिया, "सुनो जी, मुझे दाल में कुछ काला लग रहा है। हमारे किरायेदार बाप-बेटी नहीं हैं।" "क्यों? क्या हुआ?" मकान मालिक ने पूछा। मकान मालकिन उन्हें सारी बात बताने लगीं । वे बिगड़ गये, "बात का बतंगड़ बनाना तो कोई तुम औरतों से सीखे! बेचारे की इकलौती लाडली बेटी है। उसके सिवा उनका दुनिया में कोई नहीं है। अगर वे अपनी बेटी को प्यार कर रहे थे कौन सा गुनाह कर रहे थे। अरे किसी की बहन-बेटी तो नहीं देख रहे थे। बेचारे कितने सज्जन आदमी हैं। अपने काम से काम रखते हैं। न किसी के घर जाते हैं और न किसी को अपने घर बुलाते हैं। मुहल्ले में भी किसी से मतलब नहीं रखते। इतना अच्छा किरायेदार मिलेगा कहीं?" "लेकिन दोनों जिस तरह एक-दूसरे से लिपटकर चूमा-चाटी कर रहे थे, उस तरह बाप-बेटी नहीं करते।" मकान मालकिन ने अपना पक्ष रखा। मकान मालिक फिर उखड़े स्वर में बोले, "ये तुम्हारे बचपन का जमाना नहीं है, जब बाप बेटी को केवल मारते थे या उससे डाँटकर बात करते थे। अब जमाना बदल गया है। लोग अपने बच्चों को इसी तरीके से प्यार करते हैं। उनकी भावनाओं का ख्याल रखते हैं।" "ठीक है! किसी दिन कुछ ऊँच-नीच हो गयी तो मुझसे कुछ मत कहिएगा। किसी दिन पुलिस आयेगी और आपको भी पकड़ ले जाएगी। अब इस घर में यही होगा।" मकान मालकिन पैर पटकते हुए चली गयीं।

पाँच मिनट बाद ही सोनाली कटोरा वापस लौटाने आ गयी, "चाचीऽऽ चाचीऽऽ...।" सामने मकान मालिक मिल गये, "क्या हुआ बेटा?"

"चाचा जी, मैं कटोरा वापस करने आयी थी।" तब तक मकान मालकिन भी आ गयीं। "अरे चाचीऽ....बड़ा अच्छा हुआ जो आपने हमें सब्जी दे दी। नहीं तो आज शायद हमारे यहाँ चूल्हा ही न जलता।" "क्यों?" मकान मालकिन ने पूछा।

"पापा कब से मम्मी को याद करके रो रहे थे। मैं उन्हें पुचकार कर बड़ी देर से समझा रही थी। अब आपने सब्जी दे दी है तो चल रही हूँ रोटी भी बना लूँगी।"

"कोई दिक्कत हो तो बताओ बेटी? मैं रोटी भी बना दूँ।" मकान मालकिन बड़े प्यार से बोलीं।

"नही चाची। आप परेशान मत होइए। मैं बना लूँगी।" कहती हुई सोनाली चली गयी। मकान मालिक अपनी पत्नी को डाँटने लगे, "देखा! किसी का सुख-दुःख समझने की कोशिश नहीं करती हो और लगती हो बात का बतंगड़ बनाने।"

सोनाली ने अपने कमरे में जाकर दरवाजा अंदर से बंद कर लिया। लालजी की घिग्घी बँधी हुई थी। सोनाली जोर से साँस छोड़ती हुई बोली, "बाप रे! आज तो बाल-बाल बच गये। नहीं तो क्या पता घर छोड़ने की नौबत आ जाती।" "सब ठीक तो हो गया न?" लालजी ने सहमते हुए पूछा। "हाँ, आज तो सब ठीक हो गया। लेकिन कितने दिन हम इस तरह रहेंगे?.....हम ऐसा न करें! घर वापस लौट चलें?" सोनाली ने कहा। सोनाली की बात सुनकर लालजी को ग्यारह हजार वोल्ट का करंट लगा, "घर? घर चलने पर क्या होगा, जानती हो? मेरी बीवी मुझे मार डालेगी!" "तुम्हारे घर चलने की बात कौन कर रहा है। मैं तो अपने घर चलने की बात कर रही हूँ। घर चलकर हम लोग साफ-साफ मम्मी-पापा को बता देंगे कि हमने शादी कर ली है। मैं अपनी मम्मी को जानती हूँ। वे कम से कम हमें घर में घुसने तो देंगी ही। मम्मी-पापा कुछ महीनों तक हमसे नाराज़ रहेंगे। फिर धीरे-धीरे मान जाएँगे। अभी तुम्हारी नौकरी भी सही-सलामत होगी। आराम से अपनी नौकरी करना।" "न बाबा न! लालजी बोले, "मैं कस्बे के लोगों को फेस नहीं कर पाऊँगा। यहाँ कम से कम यह अच्छा है कि मुझे कोई जानता नहीं। कॉलेज के लोगों को मैं क्या मुँह दिखाऊँगा? लड़के-लड़कियों में तो मैं एकदम से मजाक का पात्र बन जाऊँगा। लड़के तो मेरा पढ़ाना मुश्किल कर देंगे। मुझे लौटकर वहाँ नहीं जाना।" "जैसी आपकी मर्जी।" सोनाली ने लम्बी साँस छोड़ते हुए कहा।

मकान मालकिन अपने मन को बहुत समझाने की कोशिश कर रही थीं लेकिन उनके मन के किसी कोने में शंका बनी हुई थी, 'दोनों ने कसकर एक दूसरे को बाँहों में जकड़ रखा था। लालजी की आँखें बन्द थीं। सोनाली कितनी व्यग्रता से उनके निचले होंठ को अपने होठों से चूस रही थी। कहीं बाप-बेटी इस तरह एक-दूसरे को प्यार करते हैं?' उस दृश्य को याद करके उनके शरीर में भी कामोत्तेजना पैदा हो जाती थी। उन्होंने बहुत बारीकी से दोनों पर नज़र रखना चालू कर दिया था।

एक दिन मकान मालकिन बगल से गुजर रही थीं। उन्होंने देखा कि लालजी और रागिनी का दरवाजा अन्दर से बन्द है। वे दरवाजे से कान लगाकर अन्दर की बातें सुनने की कोशिश करने लगीं। रागिनी की खिलखिलाहट की आवाज़ सुनागी पड़ी। उस खिलखिलाहट में कामुकता थी। दोनों ऐसी बातें कर रहे थे, जैसे प्रेमी-प्रेमिका बातें करते हैं। वे दबे पाँव गयीं और अपने पति को बुला लायीं। दोनों दरवाजे पर कान लगाकर अन्दर कर बातें सुनने लगे। लालजी की आवाज़ आयी, "कोशिश करो कि अभी बच्चा न होने पाये। अभी तीन-चार साल तक हम लोगों को बच्चे के बारे में नहीं सोचना है। उसके बाद देखा जायेगा।" सोनाली की आवाज़,

"मैं अपनी तरफ से तो पूरी कोशिश कर रही हूँ कि बच्चा न हो। नियमित रूप से गर्भ निरोधक गोलियाँ लेती हूँ। वैसे अगर पेट में बच्चा आ ही गया तो मुझे डर नहीं है। मैं पाल लूँगी बच्चे को। आगे-पीछे तो बच्चा होना ही है।"

मकान मालकिन और उनके पति पैर दबाकर चलते हुए अपनी तरफ लौट आये। मकान मालकिन भड़क उठीं, "तुरंत भगाओ दोनों को घर से। मैं कह रही थी न....। बहुत सफाई दे रहे थे उन दोनों की तरफ से। अब बोलो? यह आदमी पता नहीं कहाँ से इस लड़की को भगाकर लाया है। क्या पता इसकी कोई रिश्तेदार ही हो? इससे पहले कोई लफड़ा खड़ा हो, भगाओ दोनों को।" "हाँ! मैं दोनों को भगाता हूँ लेकिन थोड़ा समझदारी से काम लो। अभी कल ही भगा देने पर पाँच सौ रुपये महीने किराये का नुकसान होगा। मैं दूसरा किरायेदार खोजता हूँ। जैसे ही दूसरा किरायेदार मिल जाएगा, इन दोनों से मकान खाली करा लेंगे।" मकान मालिक ने अपनी पत्नी को समझाया। "नहीं-नहीं....।" मकान मालकिन एकदम तैयार नहीं हुईं, "दोनों को तुरंत भगाओ। दूसरा किरायेदार मिलता रहेगा। तब तक हमारा मकान खाली रहेगा। होने दो पाँच सौ रुपये का नुकसान.....।" मकान मालिक ने उन्हें बहुत देर तक समझाया-बुझाया। अन्त में वे इस बात के लिए राजी हो गयीं कि नया किरायेदार मिलने तक दोनों को घर में रहने दिया जाय।

दरअसल मकान मालिक के दिमाग में एक विचार कौंध गया था। उन्होंने सोचा, 'लड़की बड़ी नमकीन है। बड़ा मस्त माल है। जब इससे उमर में इतना बड़ा लालजी इसे फँसा सकता है तो मैं क्यों नहीं इसे पटिया सकता। मैं भी इसे पटाता हूँ। नया किरायेदार न मिलने का बहाना बनाकर इसे काफी दिनों तक अपने घर में रखूँगा। लालजी के साथ मैं भी मौज काटूँगा। मैं भी भोग लगाऊँगा इसका। आखिर मैं मकान मालिक हूँ। मुझे तो खुश रखने की कोशिश करेगी ही यह।'

उधर पत्नी से रोज नया किरायेदार खोजने का नाटक करते हुए मकान मालिक सोनाली पर नज़रें गड़ाये हुए थे। एक दिन उन्हें मौका मिल गया। घर में कोई नहीं था। सिर्फ वे थे और सोनाली थी। उन्होंने जाकर सोनाली का दरवाजा खटखटाया। सोनाली ने दरवाजा खोल दिया, "क्या हुआ चाचा जी?" "कुछ नहीं सोनाली। घर में कोई नहीं था। मैंने सोचा दो मिनट तुम्हारे पास ही बैठूँ।" मकान मालिक ने कहा। "हाँ-हाँ आइए चाचा जी! मैं आपको चाय बनाकर पिलाती हूँ।" सोनाली खुश होते हुए बोली।

चाय पीते हुए मकान मालिक गपशप करने लगे, "सोनाली, तुम्हें किसी तरह की कोई परेशानी हुआ करे तो मुझे बता दिया करो। क्या है न, तुम्हारी चाची

थोड़ा पुराने विचारों की हैं! उनकी किसी बात का बुरा मत माना करो। मैं भले तुमसे और लाल जी से उम्र में बड़ा हूँ। लेकिन तुम मुझे अपना दोस्त समझो। मैं एकदम आधुनिक और खुले विचारों का आदमी हूँ।'' ''हँ चाचा जी! मैं आपकी बहुत इज़्ज़त करती हूँ। यहाँ परदेश में आप लोगों के सिवा हमारा है ही कौन? खासकर आपके। मेरे दिमाग में हमेशा ये बात रहती है कि अगर कोई समस्या हुई तो आप तो हैं ही।'' सोनाली बोली। मकान मालिक फूलकर कुप्पा हो गये लेकिन अचानक उनकी खुशी काफूर हो गयी। लालजी न जाने कहाँ से आज जल्दी टपक पड़े। अपनी अनुपस्थिति में अपने कमरे में मकान मालिक को बैठा देखकर लालजी को अच्छा नहीं लगा।

मकान मालिक हरदम मौका खोजते रहते थे। उन्हें जब भी सोनाली अकेले में दिखती, वे उसकी ओर देखकर मुस्करा पड़ते। सोनाली भी उन्हें नमस्ते करके हँस पड़ती थी। मकान मालिक को लगता था कि मामला रास्ते पर आ रहा है। वे उसे जल्दी से जल्दी पाने को उतावले हो रहे थे।

एक दिन मकान मालिक को फिर मौका मिला। उस दिन भी उनके और सोनाली के सिवा घर में कोई नहीं था। उन्होंने जाकर सोनाली का दरवाजा खटखटाया। दरवाजा खुला। उन्हें देखते ही सोनाली हँसने लगी, ''नमस्ते चाचा जी! आइए!'' मकान मालिक जाकर अन्दर बैठ गये। सोनाली उनके लिए चाय बनाने लगी। चाय पीते हुए वे बोले, ''सोनाली तुम बहुत सुन्दर हो।'' सोनाली शरमा गयी। उसने मुस्कराकर नज़रें नीचे झुका लीं। दोनों चाय पी चुके। दोनों सोनाली के बिस्तर पर ही बैठे हुए थे। अचानक मकान मालिक उठे और सोनाली को दबोचकर उसे बिस्तर पर गिरा लिया। सोनाली एकदम से घबरा गयी, ''यह क्या कर रहे हैं चाचा जीऽ...यह क्या कर रहे हैं....।'' वे उसके गाल और होठों को चूमने लगे। सोनाली पूरी ताकत से अपना बचाव करने लगी, ''छोड़ दीजिए चाचा जी! नहीं तो अभी मैं चिल्ला दूँगी। सारा मुहल्ला इकट्ठा हो जाएगा....।'' उन्होंने उसे इतनी कस कर दबोच रखा था कि वह उठ नहीं पा रही थी। वे उसका ब्लाउज फाड़ने लगे, ''देख, मैं जानता हूँ कि लालजी तेरा बाप नहीं है। जैसे उसको सब कुछ देती है, वैसे मुझको भी सब कुछ दे। नहीं तो तुझे मैं अपने घर से निकल दूँगा।'' अचानक सोनाली ने अपने को छुड़ा लिया। उसने धक्का मारकर मकान मालिक को कमरे के बाहर किया और कमरे का दरवाजा अन्दर से बन्द कर लिया। वह फूट-फूटकर रोने लगी।

सोनाली ने कपड़ा नहीं बदला। वेसे ही फटा हुआ ब्लाउज पहने बैठी रही। लालजी आ गये। उन्होंने आवाज़ दी। सोनाली ने दरवाजा खोल दिया। सोनाली की हालत देखकर वे घबरा गये, "ये सब क्या है?" सोनाली फिर फूट-फूटकर रोने लगी, "मकान मालिक मेरे कमरे में घुस आया था। वह मेरे साथ जबर्दस्ती करना चाह रहा था। मैंने बड़ी मुश्किल से अपनी इज़्ज़त बचायी।" लालजी एकदम से आग-बबूला हो गये, "उसकी साले की ऐसी की तैसी। मैं अभी उसको बताता हूँ।" सोनाली ने उनका हाथ पकड़ लिया, "कुछ करने की जरूरत नहीं है। उसे पता चल चुका है कि हम दोनों बाप-बेटी नहीं हैं तुरंत यह घर छोड़ने की व्यवस्था करो नहीं तो कोई आरोप लगाकर वही हमें जेल भिजवा देगा।"

लालजी और सोनाली दोनों रातभर विचार-विमर्श करते रहे कि कहाँ चला जाय। लालजी इस पर जोर दे रहे थे कि किराये पर दूसरा घर देखा जाय। सोनाली जिद कर रही थी कि घर वापस लौट चला जाय। उसका कहना था कि इस तरह दुर्दशा झेलने से अच्छा है कि माँ-बाप की ही डाँट खा ली जाय। उसे इस बात का पूरा भरोसा था कि वह अपने माँ-बाप को समझा लेगी।

अगले दिन दोपहर में दोनों ने अपना सामान बाँध लिया। केवल जरूरी-जरूरी सामान रखा। चारपाई, स्टोव आदि वहीं छोड़ दिया। कमरे में बाहर से ताला बन्द करके दोनों मकान मालकिन के पास गये। मकान मालिक उस समय घर पर नहीं थे। लालजी बोले, "बहन जी! हम लोग एक हफ्ते के लिए घर जा रहे हैं। ताले की चाभी आपको दे रहे हैं। लौटकर आयेंगे तो आपसे चाभी ले लेंगे।" मकान मालकिन बोलीं, "नहीं-नहीं! चाभी आप लोग अपने पास ही रखिए। मान लीजिए कोई सामान इधर-उधर हो गया तो मेरे लिए समस्या हो जाएगी।" "हमारे पास ऐसा कोई सामान है ही नहीं जो इधर-उधर हो जाय।" लालजी बोले, "आपने तो हमारी सारी गृहस्थी देखी ही है।" मकान मालकिन ने चाभी रख ली। लालजी ने चाभी इसलिए दे दी कि उन्हें लौटकर वापस आना नहीं था।

रात के दस बज रहे थे। चटर्जी साहब और रुचिरा अभी जाग रहे थे। दोनों चिन्ता और दुःख में बहुत रात तक जागते रहते थे। किसी ने दवाजा खटखटाया। दोनों ने ध्यान नहीं दिया। दरवाजा फिर खटखटाया गया। "सुनती हो रुचिरा!" चटर्जी साहब बोले, "कोई हमारा दरवाजा खटखटा रहा है।" "हाँ!" रुचिरा ने उत्तर दिया, "इतनी रात गये कौन हो सकता है?" "मैं जाकर देखता हूँ।" चटर्जी साहब बोले। रुचिरा भी बिस्तर से उठकर बैठ गयीं, "चलो मैं भी चलकर देखती हूँ। कौन है इस समय?" दोनों टार्च लेकर दरवाजे पर आये। उन लोगों

ने दो-तीन बार पूछा, "कौन?" बाहर से कोई जवाब नहीं मिला। चटर्जी साहब ने दरवाजा खोल दिया। सामने सोनाली और लालजी खड़े थे। चटर्जी साहब का पारा सातवें आसमान पर पहुँच गया। वे लगे लालजी को गालियाँ देने, "सालेऽ.... कमीनेऽ...कुत्तेऽ....हरामखोरऽ.....मैंने तुझ पर इतना विश्वास किया। उसका बदला तूने मुझे यह दिया। मुझे कहीं का नहीं रखा। मुझे कहीं मुँह दिखाने लायक नहीं छोड़ा। तेरी हिम्मत कैसे पड़ी मेरे घर आने की?" "पापा प्लीज! इन्हें गाली मत दीजिए!" सोनाली बोली, "अब ये आपके दामाद हैं। मैंने और इन्होंने शादी कर ली है।" "तो अपना काला मुँह लेकर यहाँ क्या करने आ गयी? हम लोगों की इतनी बेइज़्ज़ती कराके अभी तेरा पेट नहीं भरा था क्या जो फिर से हमारे मुँह पर कालिख पोतने आ गयी? कुतिया कहीं की!" चटर्जी साहब के सिर पर इतना गुस्सा सवार हो चुका था कि यदि इस समय उनके हाथ में बंदूक होती तो दोनों को गोली मार देते। अचानक सोनाली अपनी माँ का पैर पकड़कर दहाड़ मारकर रो पड़ी, "मऽम्ऽमीऽऽ....!" रुचिरा कुछ देर तक तो अपने पर नियंत्रण रखे रहीं, फिर उन्होंने सोनाली को उठाकर सीने से लगा लिया। चटर्जी साहब ने सोनाली को रुचिरा से अलग कर दिया और उसे जोर से धक्का दिया, "भाग यहाँ से, भाग! डायन कहीं की। नाटक दिखा रही है। हमारी नाक कटाते वक्त कुछ नहीं सोचा था? यहाँ से भाग जा। मेरे घर में घुसने की कोशिश भी मत करना।" "ऐसा है....." रुचिरा ने कुछ सफाई देने की कोशिश की। "तुम चुप रहो!" चटर्जी साहब जोर से चिल्लाये, "इन दोनों को मैं अपने घर में घुसने नहीं दूँगा।" "पापा प्लीज!" सोनाली रोते हुए अत्यन्त कातर स्वर में बोली, "मैं आपकी बेटी हूँ। इतने कठोर न बनिए।" "मैं तुम दोनों को किसी भी कीमत पर अपने घर में नहीं घुसने दूँगा।" चटर्जी साहब उसी तरह चीखते हुए बोले, "तुम दोनों ने हमें मुँह दिखाने लायक नहीं छोड़ा।" "ठीक है मार डालो दोनों को!" अचानक रुचिरा चटर्जी साहब पर भड़क उठीं, "पता नहीं बेचारी कहाँ से चली आ रही है....पता नहीं कौन-कौन सी मुसीबतें उसने झेली हैं....अरे बच्ची है....गलती हो गयी। हर आदमी से गलती हो जाती है। इसका यह मतलब तो नहीं कि किसी की जान ले ली जाय.....।" इस अप्रत्याशित हमले से चटर्जी साहब भौंचक्के रह गये। "ठीक है! तुम्हारे जो जी में आये करो!" चटर्जी साहब गुस्से से चिल्लाये और पैर पटकते हुए अन्दर चले गये। रुचिरा भी सोनाली और लालजी को लेकर पीछे-पीछे चल दीं। वे सोनाली को समझाती जा रही थीं, "बेटी, तुझे शादी करनी थी तो मुझे बताती। हम कोई अच्छा सा लड़का खोजते। तुझे सेकेण्ड हैण्ड पति लाने की क्या जरूरत थी?"

अंबानी

उपाध्याय ने अंबानी को अपनी दुकान पर आते देखा तो खिसिया उठे।

''एक किलो चीनी दे दो!'' अंबानी ने साधिकार आदेश दिया।

''चीनी नहीं है।'' उपाध्याय ने उसी स्वर में उत्तर दिया।

''अच्छा आधा किलो गुड़ ही दे दो!''

''गुड़ भी नहीं है!''

''हटाओ, एक कट्टा बीड़ी ही दे दो।''

''बीड़ी भी नहीं है।''

''जाने दो! एक माचिस ही दे दो!''

''माचिस भी नहीं है!''

अंबानी गुस्सा दिखाते हुए बोला, ''झूठ बोलते हो। इतने बड़े दुकानदार हो, तुम्हारी दुकान पर माचिस नहीं है?''

''कह तो दिया न कि नहीं है।''

दुकान पर गाँव के ही एक मानिन्द व्यक्ति सुरेन्द्र प्रताप सिंह बैठे थे। उन्होंने धिक्कार भरे स्वर में कहा, ''क्या अंबानी! इससे अच्छा होता क़ि तुम भीख माँगते।''

''भीख तुम माँगो। तुम्हारे बच्चे माँगे। मैं ठाकुर हूँ। ठाकुर का काम है टैक्स वसूलना। मैं तो अपना टैक्स माँग रहा हूँ।'' बकते हुए अंबानी वहाँ से चला गया।

अंबानी वहाँ से चला तो आगे रास्ते में छंगू मिल गया। ''क्यों छंगू? बड़ा उदास दिख रहा है?'' अंबानी ने उसे रोक लिया। ''क्या बताऊँ! मेरा एक आम का पेड़ गिर पड़ा है। मेरा भाई मुझसे झगड़ा कर रहा है। कह रहा है कि यह पेड़ उसके हिस्से में है। पेड़ की लकड़ी मुझे नहीं काटने दे रहा है।'' छंगू ने अपना दुखड़ा बताया। अंबानी बोला, ''आरा और कुल्हाड़ी लेकर दस आदमी कल सबेरे पेड़ के पास भेज दे। एक ट्रैक्टर भी भेज दे। शाम तक सारी लकड़ी तेरे दरवाजे पर पहुँच जायेगी। वहाँ तू मत आना नहीं तो तेरा भाई तुझसे झगड़ा करेगा। घर पर लकड़ी पहुँच जाने के बाद यदि तेरा भाई तुझसे कुछ कहे तो मुझे बताना।

मैं देख लूँगा साले को।'' छंगू बड़ा खुश हुआ, ''ठीक है अंबानी! जैसा कह रहे हो वैसा ही करूँगा।''

''तेरे पास बीस रुपये हों तो मुझे दे?'' अंबानी मतलब की बात पर आ गया। ''बीस तो नहीं हैं दस हैं।'' छंगू बोला। ''अच्छा दस ही निकाल।'' अंबानी ने बेसब्री से हाथ आगे बढ़ाया। छंगू ने धोती की टेंट से दस रुपये निकाल कर दे दिये। दस रुपये लेकर अंबानी हवा की गति से बबऊ के घर की ओर चल दिया।

बबऊ घर पर महुए की शराब बनाता था। गाँव में सबसे ज्यादा शराब उसी के घर बनती थी। बीच-बीच में बबऊ जेल भी जाता रहता था लेकिन उसके धंधे पर कोई फर्क नहीं पड़ता था। तब शराब बनाने की जिम्मेदारी उसकी बीवी अपने ऊपर ले लेती थी। अंबानी रोज बबऊ के यहाँ जाता था। इस समय शराब दस रुपये बोतल थी। दिन भर में अंबानी दस रुपये का जुगाड़ कहीं न कहीं से कर लेता था। एकाध दिन अगर पैसे का जुगाड़ नहीं हो पाता तो अंबानी जबर्दस्ती पी लेता था। बबऊ के घर पहुँचकर अंबानी ने उसे दस रुपये का नोट पकड़ाया और बोला, ''जल्दी ले आ!'' बबऊ ने तुरंत एक बोतल शराब और एक गिलास लाकर अंबानी के आगे रख दिया।

अगले दिन सबेरे ही अंबानी छंगू के बाग में पहुँच गया। छंगू ने भी दस लकड़ी काटने वालों को एक ट्रैक्टर के साथ भेज दिया। लकड़ी कट-कट कर ट्रैक्टर में लदने लगी। छंगू के भाई को पता चला तो वह चिल्लाते हुए बाग में पहुँचा। अंबानी ने उसे घरघोटते हुए कहा, ''यहाँ से भाग रहा है या घर से लड़कों को बुलवाऊँ?'' छंगू का भाई मन मसोसकर गुस्साते हुए छंगू के घर पहुँचा और उससे झगड़ा करने लगा। उधर शाम तक सारी लकड़ी कट कर अंबानी के दरवाजे पर गिर गयी।

छंगू को जैसे ही यह बात पता चली, वह अपना सिर पीटता हुआ अंबानी के घर पहुँचा और रोने-कलपने लगा। अंबानी आँख दिखाते हुए बोला, ''नौटंकी क्यों कर रहा है बे? तूने कल ही सारी लकड़ी तीन सौ में मेरे हाथ बेच दी थी। इसलिए लकड़ी मैं अपने घर उठवा लाया। तीन सौ तो तुझे मैंने कल ही दे दिया था।'' अंबानी के परिवार के सरदार थे ठाकुर पहलवान सिंह। छंगू पहलवान सिंह के पास पहुँचा और रो-रोकर उन्हें अपनी सारी कहानी बताने लगा। पहलवान सिंह बिगड़ गये, ''गाँव के सारे लोग जानते हैं कि वह कितना नीच आदमी है फिर भी तुम लोग उसके चक्कर में फँस जाते हो। रोते हए अन्त में मेरे पास आते हो।'' उन्होंने एक लड़के से अंबानी को बुलवाया। अंबानी इस बात पर एकदम से अड़ गया कि उसने तीन सौ रुपये में सारी लकड़ी छंगू से खरीदी है। पहलवान सिंह ने

उसे बहुत समझाया लेकिन वह टस से मस नहीं हुआ। पहलवान सिंह खीझते हुए अन्त में छंगू पर ही बरस पड़े, ''जा तूने जो किया है, वो भोग साले। अब मैं कर ही क्या सकता हूँ? इससे तो भगवान भी नहीं जीत सकता। इस घटना से कुछ तो गाँव वालों को सबक मिलेगा?''

रात में अंबानी अड्डे पर पहुँचा। बबऊ के घर। वहाँ पाँच लोग पहले से बैठे हुए थे। ''आओ अंबानी आओ! बस तुम्हारी ही कमी थी।'' सिंगारे बोला। महफिल जम गयी। सब पीने लगे। गपियाने भी लगे। सिंगारे अपनी ससुराल से लौटा था। एक हफ्ते रहकर। भाई की लड़की की शादी पड़ी थी। वह अपनी ससुराल के एक पचपन वर्षीय विधुर की कहानी सुनाने लगा। खूब रस ले-लेकर! तीस साल में ही वह विधुर हो गया था। कोई बच्चा-कच्चा नहीं है। कैसे गाँववाले उसकी शादी फिर से करवाने के नाम पर खूब मजे लेते हैं। अंबानी एकदम से सतर्क हो गया। शादी को उत्सुक अधेड़ और बूढ़े उसके प्रिय शिकार थे। अंबानी औरत का वेश धारण करने में बहुत माहिर था। उसने बातें करने में घुमा-फिरा कर सिंगारे के ससुराल और उस आदमी के घर का पता खूब अच्छी तरह से समझ लिया। जिले में ही चालीस किलोमीटर दूर सिंगारे की ससुराल थी। उस गाँव को अंबानी जानता था।

अगले दिन एक झोले में अपनी पत्नी का एक सेट कपड़ा और कुछ शृंगार का सामान लेकर अंबानी उस गाँव को चल दिया। दाढ़ी-मूँछ एकदम सफाचट थी। वहाँ पहुँचकर वह गाँव के बाहर एक खेत में छुप गया और अँधेरा होने का इंतज़ार करने लगा। अँधेरा हो जाने पर उसने औरत का वेश धारण किया और अपने कपड़े झोले में डालकर, घूँघट निकालकर चल दिया। अंदाजा लगाते हुए वह उस आदमी के दरवाजे पर पहुँच गया। उसने दरवाजा खटखटाया। आदमी ने दरवाजा खोला। सामने घूँघट निकाले एक औरत को देखकर चौंक गया। अंबानी की आवाज़ वैसे ही थोड़ी पतली थी। आवाज़ को और सुरीली बनाकर वह बोला, ''मैं बड़ी मुसीबत की मारी हुई हूँ। क्या रात भर आपके घर में रुक सकती हूँ?'' आदमी कुछ बोलता उसके पहले ही वह घर में घुस गया। आदमी बड़े असमंजस से बोला, ''क्या नाम है तुम्हारा? कहाँ से आ रही हो?'' ''मेरा नाम राधा है।'' फिर एक गाँव का नाम बताकर बोला, ''मैं जखिनी से आ रही हूँ। यही पड़ोस के गाँव का बताकर एक आदमी ने मुझसे शादी का वादा किया था। उस गाँव में मैं पहुँची तो पता चला उस नाम का वहाँ कोई आदमी ही नहीं है। मैं बहुत परेशान हूँ।'' ''अच्छा ठीक है। रात में यहीं रुक जाओ।'' आदमी संकोच में एक औरत

को देखकर मना नहीं कर पाया, ''मैं अपने लिए खाना बनाने जा रहा हूँ। तुम्हारे लिए भी बना देता हूँ।'' ''क्यों आप खाना बना रहे हैं? आपकी मेहरारू कहाँ है?''

''मेहरारू पचीस साल पहले ही मर गयी। मैं अकेले ही रहता हूँ।''

''तो आप ही मुझसे शादी कर लीजिए न! मैं आपकी बहुत सेवा करूँगी।''

उसने जरा सा घूँघट हटाकर उस आदमी का मुँह चूम लिया। आदमी के शरीर में झुरझुरी सी दौड़ गयी। थोड़ी देर में वह संयम खो बैठा और अंबानी को पकड़कर लिपटाने-चिपटाने लगा। अंबानी ने कोई विरोध नहीं किया। उसने अपने सीने पर दोनों तरफ रबर की गेंदें लगा रखी थीं।

थोड़ी देर में उसने आदमी से कहा, ''लाइए मुझे सब सामान दीजिए। मैं खाना बनाती हूँ।'' आदमी खुशी-खुशी उसके साथ खाना बनवाने लगा। खाना-पीना खा लेने के बाद दोनों एक ही चारपाई पर लेट गये। आदमी सब कुछ करने पर उतारू था। अंबानी औरत की आवाज में बहुत प्यार से बोला, ''आज नहीं! अभी मेरी माहवारी चल रही है। फिर कभी कर लीजिएगा। अब तो मैं हमेशा आपके साथ रहूँगी।'' आदमी ने उसे भींचकर अपने सीने से लगा लिया। ''आप मुझे खिला-पिला तो सकेंगे न? मुझे पहनाने के लिए आपके पास गहने हैं?'' अंबानी ने लाड़ से पूछा। आदमी उठा। ढिबरी उठाकर संदूक के पास गया। संदूक से सारे गहने निकाल लाया, ''लो! दस तोले सोने और आधा किलो चाँदी के जेवर हैं। आज से ये सब तुम्हारे हैं।'' अंबानी ने सारे गहने अपने झोले में डाल लिये, फिर उसे पुचकारते हुए कहा, ''अब सो जाइये! रात हो रही है।''

अंबानी सोच रहा था कि आदमी किसी तरह सो जाय। आदमी को मारे खुशी और उत्तेजना के नींद नहीं आ रही थी। अंबानी परेशान! किसी तरह आदमी को थोड़ी-थोड़ी झपकी आने लगी। अंबानी उठ खड़ा हुआ। ''क्या है?'' आदमी ने पूछा ''पेट में दर्द हो रहा है। फारिग होने जा रही हूँ।'' अंबानी बोला। ''ठीक है! ज्यादा दूर मत जाना।'' आदमी ने कहा और ऊँघने लगा। ढिबरी बुझ चुकी थी। घुप अँधेरा था। अंबानी ने लोटे में पानी भरा, धीरे से झोला उठाया। उसके बाद अंबानी को कौन पा सकता था!

दस साल पहले अंबानी उत्तर प्रदेश पुलिस का इंस्पेक्टर था। गाँव में तब उसकी तूती बोलती थी। गाँव भर के पियक्कड़ों का वह माई-बाप था। जब भी वह गाँव आता तो गाँव भर के शराबी उसके यहाँ जुट जाते थे। 'भइया-साहब-सरकार-मालिक' आदि शब्द उसके चारों तरफ तैर रहे होते। गाँव भर के शराबी मिलकर एक एवरेस्ट के रूप में तब्दील हो जाते और उस एवरेस्ट पर वह ध्वज

फहरा रहा होता। रात-रात भर मुजरे का दौर चलता। दूर-दूर से नाचनेवाली औरतें बुलायी जातीं। उसके पढ़े-लिखे गाँव के पियक्कड़ दोस्तों ने तभी से उसे चापलूसी में धीरूभाई अंबानी कहना शुरू कर दिया। उसका नाम राज प्रताप सिंह था। अब राज प्रताप कहकर कौन बुलाये? दोस्तों ने गाँव में धीरूभाई अंबानी कहना शुरू कर दिया। यह नाम ऐसा चिपका कि गाँव के लोग उसे अंबानी ही कहने लगे। आस-पास के गाँवों में भी वह अंबानी हो गया।

पुलिस की नौकरी में होकर भी वह अक्सर न जाने कैसे गाँव पहुँचा करता। पूरी दरियादिली से वह पीता-पिलाता था। कभी-कभी गाँव और आस-पास के गाँवों की सारी दारू खत्म हो जाती। नौकरी वह दोनों हाथों से खूब लूट-खसोट करके कर रहा था। तीन-चार बार निलम्बित हो चुका था। उसकी सेहत पर इससे कोई फर्क नहीं था।

गाँव के एक ग़रीब की अत्यन्त सुन्दर लड़की थी—मालती। गाँव में किसी ग़रीब के यहाँ सुन्दर लड़की एक अभिशाप होती है। मालती के माँ-बाप को पैसों के बोझ तले लादकर उसने उसको अपनी रखैल बना लिया। धीरे-धीरे मालती भी अंबानी की दीवानी होती चली गयी। गाँव का कोई और व्यक्ति मालती पर बुरी नज़र डालने की कोशिश करता तो वह बिफर पड़ती, "मैं अंबानी की पत्नी हूँ समझे! मेरी तरफ देखने की कोशिश की तो आँखें निकलवा लूँगी।" घर के लोग जब भी उसकी शादी की बात करते तो वह साफ मना कर देती, "मैं अंबानी की पत्नी हूँ और जीवनभर उन्हीं की रहूँगी। किसी और से शादी करने का सवाल ही पैदा नहीं होता।" अंबानी की पत्नी को भी इस बात की जानकारी थी और कभी-कभी वह उससे झगड़ा भी करती थी। अंबानी की सेहत पर कोई फर्क नहीं पड़ता था।

एक बार मालती गर्भवती हो गयी। अंबानी ने उसे गर्भपात के लिए राजी करने की बड़ी कोशिश की। मालती नहीं तैयार हुई, "मैं आपकी पत्नी हूँ तो मेरे पास इसकी निशानी भी होनी चाहिए। मैं इसे मरने नहीं दूँगी।" थक-हारकर अंबानी उसे शहर घुमाने के बहाने कार में बैठाकर ले गया और एक जंगल में मारकर फेंक आया। गाँव में बहुत दिनों तक जब मालती का कोई अता-पता नहीं चला तो धीरे-धीरे खुसुर-पुसुर शुरू हो गयी। पाँच-छः महीने बाद मालती की हत्या के बारे में लोग जान गये। अंबानी ने गाँव के अपने दो-चार खास दोस्तों को यह बात स्वयं बतायी। किसी को मत बताना की तर्ज पर पूरे गाँव को खबर हो गयी। अंबानी के विरुद्ध थाने जाने की मालती के माँ-बाप की न तो हिम्मत थी और न इच्छा। उनकी इतनी बदनामी और जलालत हो चुकी थी कि वे स्वयं मालती से मुक्ति चाहते थे।

अपनी पुलिसिया पहुँच के बल पर अंबानी मालती का खून पचा गया। एक सत्ता ईश्वर भी होती है। साल भर के अन्दर अंबानी भ्रष्टाचार के एक मामले में पहले निलम्बित हुआ, फिर पदमुक्त हो गया। उसने इतना पैसा लुटाया था कि उसके पास अब कुछ भी नहीं था। सिवाय गाँव में एक पुराने घर को छोड़कर। खेत भी नहीं था कि ऐसे वक्त में उसी से कुछ सहारा मिलता।

अपनी हरकतों के कारण अंबानी अब पूरे गाँव में बड़ी हेय दृष्टि से देखा जाता था। इसके बावजूद उसके ऊपर कोई हाथ उठाने का साहस नहीं कर पाता था। उसका खानदान बहुत लम्बा-चौड़ा था, जिसमें लगभग दो सौ सदस्य थे। खानदान के लोग भी उसे अच्छी निगाह से नहीं देखते थे। लेकिन अंबानी पर कोई हाथ उठा देता! खानदान की इज़्ज़त का प्रश्न आ जाता था।

एक बार ननकू सिंह ने अंबानी पर हाथ उठा दिया था। अंबानी उनके खलिहान से दो किलो जौ जबर्दस्ती लेकर जाने लगा था। अंबानी ने जाकर अपने खानदान वालों को बताया कि ननकू सिंह ने मुझे बहुत मारा है। फिर क्या था! उसके खानदान के पचीसों लड़कों ने धावा बोलकर ननकू सिंह को अधमरा कर दिया। उसके बाद से गाँव में अंबानी के ऊपर हाथ उठाने की किसी की हिम्मत नहीं पड़ी।

उस दिन घर में खाने के लिए कुछ नहीं था। पत्नी ने लाचारी बतायी। आज खाना नहीं बन पायेगा। उसने पत्नी को आश्वस्त किया, "तू चिन्ता मत कर! मैं अभी कोई व्यवस्था करता हूँ।" उसने घर में खोजा। थोड़ी सी दारू मिल गयी। उसे पीकर वह चल दिया। मुँह से शराब की बदबू आने लगी थी।

गाँव के दुःखभंजन मिश्र और रामबरन मिश्र में भयंकर दुश्मनी थी। अंबानी दुःखभंजन के घर पहुँचा। दुःखभंजन ने उसे कोई भाव नहीं दिया। अंबानी जबर्दस्ती दुःखभंजन को बताने लगा, "अरे दुःखभंजन पता है, कल रात में रामबरनवा साला आपके ऊपर झूठा इल्जाम लगा रहा था। कह रहा था कि दुःखभंजन रात में दूसरे के खेत से हरी फसल काट लाता है और जानवरों को खिलाता है। दूसरों के खेत से हरी फसल काटना महापाप है। साला नरक में जाएगा।" दुःखभंजन का खून गरम हो गया, "किससे कह रहा था?" "मुझसे कह रहा था। वहाँ पर गाँव के तीन-चार लोग और थे।" अंबानी ने आग में थोड़ा-सा घी डाला। "ठीक है! साले कुत्ते को किसी दिन बताऊँगा।" दुःखभंजन गुर्राये। अंबानी ने दुःखभंजन का हाथ पकड़ लिया, "तुमको कुछ करने की जरूरत नहीं है। मुझे दस रुपये दो। मैं रामबरन के दरवाजे पर चढ़कर उसे खूब माँ-बहन की गालियाँ सुनाता हूँ।" दुःखभंजन को बात जँच गयी। उन्होंने दस रुपये निकालकर अंबानी को दे दिया।

रामबरन का घर दुःखभंजन के घर से थोड़ी ही दूरी पर था। अंबानी रामबरन के दरवाजे पर पहुँचा और लगा जोर-जोर से गालियाँ देने। रामबरन के घर में सब लोग भौंचक्के रह गये। किसी की कुछ समझ में नहीं आया। कुछ देर गालियाँ सुनने के बाद रामबरन के अट्ठारह साल के बेटे को ताव आ गया। वह लाठी लेकर बाहर निकलने लगा। रामबरन ने उसकी लाठी पकड़ ली, ''बेटा लड़ाई लाठी से नहीं जीती जाती। लड़ाई बुद्धि से जीती जाती है।'' गालियाँ दुःखभंजन के कानों तक भी पहुँच रही थीं। पूरे परिवार के कानों तक पहुँच रही थीं। पूरा परिवार परम प्रसन्न था। सब एकदम चुप थे। गाली का कोई शब्द अनसुना न रह जाय। सब ध्यानमग्न थे। गाली को भागवत की कथ की तरह सुन रहे थे।

रामबरन घर से निकलकर अंबानी के पास सीधे पहुँच गये, ''बोलो अंबानी, मुझे गाली देने के लिए दुःखभंजन ने तुम्हें कितने पैसे दिये हैं?'' रामबरन सारा माजरा समझ चुके थे। अंबानी चुप हो गया। ''बताओ-बताओ संकोच मत करो।'' राबरन ने फिर पूछा। अंबानी भी रामबरन का इरादा भाँप चुका था। वह तुरंत बोला, ''बीस रुपये!'' ''ठीक है! तुम मुझसे पचीस रुपये ले लो और जाओ दुःखभंजन को गाली दो!'' अंबानी तैयार हो गया। रामबरन ने घर से पचीस रुपये लाकर अंबानी को दे दिये। अब दुःखभंजन के पुरखों के तरने की बारी थी। अंबानी दुःखभंजन के दरवाजे पर चढ़कर दुःखभंजन को गालियाँ देने लगा। दुःखभंजन के परिवारवालों के हाथ के तोते उड़ गये। दुःखभंजन समझ रहे थे कि अंबानी जैसे शराबी से कुछ कहने-सुनने का कोई अर्थ नहीं है। उसके दिमाग पर चढ़ जाय तो वह हवा को भी गाली देने लगेगा। अब रामबरन का परिवार गालियाँ सुनकर रससिक्त हो रहा था। रामबरन तो जैसे रामकथा सुनकर भावविभोर हो रहे थे। जिन यह कथा सुनी नहिं काना, श्रवनरंध्र (कान के छेद) अहिभवन (साँप के बिल) समाना।

अंबानी ने पचीस रुपये ले जाकर पत्नी को दिये, ''ले रख ले! तेरे तीन दिन के खर्चे-पानी के लिए बहुत है।'' दस रुपये उसने अपनी जब में रख लिये। आज के एक बोतल का इंतजाम हो गया था।

शाम को अँधेरा होते ही अंबानी बबऊ के घर पहुँच गया। वहाँ से दस रुपये की एक बोतल दारू लेकर वह बब्बन सिंह के यहाँ पहुँच गया। बब्बन ने अंबानी के हाथ में बोतल देखी तो उसकी लार टपकने लगी। उस समय बब्बन खाना बनाने का उपक्रम कर रहा था। अंबानी बोला, ''यार बब्बन! मेरे लिए भी बना लेना।'' बब्बन ने थोड़ा सशंकित होकर पूछा, ''मुझे भी थोड़ा सा पिलायेगा?'' आधी बोतल तू पीना, आधी मैं पिऊँगा। तू थोड़ी सी की बात करता है?

अंबानी यारों का यार है। तू जानता नहीं?'' अंबानी ने शान से जवाब दिया। बब्बन खुश होकर खाना बनाने लगा।

अचानक अंबानी बोल पड़ा, ''यार बब्बन! तू ठाकुर है। राजा की तरह रहा कर! कंगालों की तरह क्यों रहता है?''

''ले देकर कुल दो बीघे खेत हैं! कैसे रहूँ राजा की तरह?''

''कौन तेरे पीछे रोने के लिए बीवी-बच्चे बैठे हैं? खेत बेच दे। कुछ दिन राजा की तरह ऐश कर ले।''

''खेत बेच दूँगा तो जिऊँगा कैसे? आमदनी का कोई और जरिया तो है नहीं।''

''मैं जी रहा हूँ कि नहीं। बीवी-बच्चे भी पाल रहा हूँ। है कोई कमाई का जरिया? सब ऊपर वाला देता है। तुम्हारी किस्मत में जितना लिखा है, उतना तुम्हें मिलेगा ही। खेत रहे चाहे न रहे इसलिए मेरी बात मान ले। खेत बेच दे। कुछ दिन राजा की तरह ऐश कर ले। खूब छककर पी ले। मरकर ऊपर जाएगा तो ऊपर वाला पूछेगा कि तूने धरती पर ठीक से पिया था या नहीं? क्या जवाब देगा? तुझे शहर लिवा चलूँगा। वहाँ कोठे पर एक इतनी सुन्दर औरत रहती है कि पूछ मत! तू भी क्या याद करेगा कि तेरा यार तुझे कहाँ लिवाकर गया था!''

औरत के नाम पर बब्बन का मन डोल गया। मन के एक कोने में यह ख्वाहिश भी कब से दबी थी कि एक बार महीनों खूब जमकर पिया जाय। वह अपना दोनों बीघे खेत बेचने के लिए तैयार हो गया। दोनों ने खाना खाया। आधी-आधी बोतल शराब पी। वहीं सो गये।

अगले दिन अंबानी जमुना यादव के घर पहुँचा। गाँव के नवधनाढ्य थे जमुना यादव। उनके चार बेटे सरकारी नौकरी कर रहे थे। पहले तो जमुना यादव ने अंबानी को टरकाना चाहा। वह फितरत का मूर्तिमान स्वरूप जो था। उसको देखकर हर आदमी के दिमाग में पहली बात यही आती थी कि जरूर यह किसी न किसी नाटक की भूमिका रचने आया है लेकिन जब अंबानी ने बब्बन सिंह के दो बीघे जमीन बेचने की बात शुरू की तो जमुना यादव की बाँछें खिल गयीं। जमुना यादव गाँव में सामाजिक प्रतिष्ठा बढ़ाने के लिए अधिक से अधिक जमीन खरीद रहे थे। जमुना यादव बोले, ''मैं बब्बन सिंह के जमीन की इतनी कीमत लगा दे रहा हूँ, जितनी गाँव में कोई नहीं देगा। दो बीघे का एक लाख रुपये दूँगा। गाँव में अस्सी हजार से ज्यादा कोई नहीं देगा।'' यह सोचकर कि बीच में कहीं कोई गड़बड़ न कर दे, जमुना यादव अंबानी के साथ बब्बन सिंह के घर चल दिये। जमीन का सौदा पक्का करने के लिए।

बब्बन के घर जमुना, अंबानी और बब्बन बैठे थे। अंबानी दाम बढ़वाना चाह रहा था। जमुना यादव टस से मस नहीं हुए। उन्होंने साफ कह दिया, "गाँव में अगर कोई नब्बे हजार देने को तैयार हो जाय तो मुझसे एक लाख दस हजार ले लो।" आखिर एक लाख में ही बात तय हो गयी। एक हफ्ते बाद रजिस्ट्री की तारीख रखी गयी। जमुना यादव के उठते-उठते अंबानी बोल पड़ा, "अपने कहे से एक पैसे दाम नहीं बढ़ाया। कम से कम आज के दारू-मुर्गे का तो इंतजाम करते जाओ!" जमुना यादव ने अपने कुर्ते की जेब से सौ रुपये का नोट निकाल कर अंबानी को पकड़ा दिया। "वाह जमुना! क्या बड़ा दिल पाया है!" अंबानी चहक उठा।

रात में अंबानी और बब्बन ने जमकर दारू और मुर्गा उड़ाया। आधी रात को अंबानी बब्बन के घर से अपने घर जाने लगा। रास्ते में बँसवारी पड़ती थी। बाँसों के झुण्ड में फँसकर वह वहीं गिर गया और सो गया। उसके बीवी-बच्चों को कभी उसका इंतज़ार नहीं रहता था। सुबह जब लोगों ने उसे बाँसों के बीच सोते देखा तो जगाकर घर पहुँचाया। घर पहुँचकर वह फिर सो गया।

बब्बन की जमीन बिक गयी। बबऊ के यहाँ से शराब की बोतलें खरीद-खरीदकर बब्बन के यहाँ पहुँचने लगीं तो शराबियों का झुण्ड बब्बन के घर के पास मँडराने लगा। अंबानी ने दो पियक्कड़ों को सेवा करने के लिए रख लिया। बाकी किसी को पास नहीं फटकने दिया। वह किसी की लल्लो-चप्पो या चापलूसी में नहीं फँस रहा था। पैसा बब्बन का था। पैसे का मालिक अंबानी था। आजकल अंबानी के घर में भी घी के दिये जल रहे थे। अंबानी, बब्बन और दोनों पियक्कड़ सेवक बब्बन के घर में ही रह रहे थे। दरवाजा प्रायः अन्दर से बन्द रहता। इस भय से कि कुछ और पियक्कड़ घर के अन्दर न घुस आयें। सारा गाँव जान रहा था कि आजकल बब्बन सिंह और अंबानी दारू-मुर्गे में गले तक डूबे हैं।

एक दिन अंबानी ने पैसा गिना। साठ हजार बचे थे। यानी चालीस हजार खर्च हो चुके थे। अंबानी को चिन्ता होने लगी। ये साठ हजार भी खर्च हो जाएँगे तो फिर वही हालत। अंबानी ने दोनों सेवकों को भगा दिया। दोनों सेवक चले गये तो दोनों यार की बचे। दो ही रह गये तो एक दिन बब्बन ने पूछा, "तुमने शहर चलने के लिए कहा था। वो सुन्दर औरत वाली बात?" अंबानी ने सान्त्वना दी, "घबराओ नहीं! जल्दी ही किसी दिन चलेंगे।"

अगले दिन अंबानी घर से भरपूर मात्रा में शीशा पीसकर लाया। रात में जब बब्बन नशे में हो गया तो अंबानी शराब में शीशे का चूरा मिला-मिलाकर उसे पिलाने लगा। उसको इतना शीशा पिला दिया कि उसकी जान चली गयी।

अंबानी ने पैसे गिने। अठावन हजार थे। सारा पैसा ले जाकर वह अपने घर रख आया। लौटकर उसने दरवाजा बन्द किया और बब्बन की लाश के बगल में सो गया।

सुबह उठकर उसने जो नाटक शुरू किया। लगा गला फाड़-फाड़कर रोने और बब्बन की लाश पर गिरने। गाँव के बहुत सारे लोग जुट गये। जंगल की आग की तरह खबर फैल गयी। बब्बन सिंह मर गया। लोग आपस में गालियाँ देने लगे, "दिन-रात शराब पियेंगे तो मरेंगे नहीं और क्या होगा? अंबानी तो मरा ही नहीं। उसको भी मर जाना चाहिए था।" अंबानी डर रहा था कि कहीं पुलिस न आ जाय! लफड़ा हो जाएगा! उसने जल्दी-जल्दी अर्थी और चिता के लिए लकड़ी की व्यवस्था की। बब्बन सिंह के पट्टीदारों ने सोचा कि अगर इसका ढंग से क्रिया-कर्म न होगा तो बदनामी होगी। एक पट्टीदार ने कपाल क्रिया की और ढंग से उसका क्रिया-कर्म हुआ। अठावन हजार रुपये अंबानी ने दबा लिये। किसी को भनक भी नहीं लग पायी कि बब्बन सिंह कैसे मरा!

अंबानी ने एक नया धंधा शुरू किया। गाँव से काफी दूर एक तालाब था। तालाब के पास रात को जुआ खेलवाने लगा। पहले तीन-चार लोगों को जुआ खेलने के लिए उसने खुद प्रयास करके इकट्ठा किया। जब रोज रात में जुआ होने लगा तो लोगों को खबर होने लगी। धीरे-धीरे और जुआड़ी इकट्ठा होने लगे। कुछ दिनों में जुआड़ियों का जमघट लगने लगा। अच्छा खासा। अंबानी की चाँदी हो गयी। उसको रोजगार मिल गया। वह खुद नहीं खेलता था। केवल चिरागी वसूलता था। चिरागी यानी चिराग का पैसा। रात भर ढिबरियाँ उसकी जलती थीं। ताश की गड्डियाँ उसकी रहती थीं। सारे जुआ खेलने वालों को इसके एवज में शुल्क देना होता था। अंबानी पहले चिरागी ले लेता, उसके बाद जुआ शुरू होता था।

अंबानी पुलिस का मुखबिर भी था। यह बात गाँव के लोग नहीं जानते थे। वह जानता था कि एक न एक दिन पुलिस को जुए की भनक लग जायेगी। इससे अच्छा यह है कि मैं खुद ही सूचना दे आऊँ! अंबानी थाने पहुँच गया। सलाम ठोंका थानेदार को। "कहो अंबानी? क्या सूचना लेकर आये हो?" थानेदार ने पूछा। "साहब! गाँव में बहुत जोरदार जुआ चल रहा है।" अंबानी ने जवाब दिया। "कहाँ पर?" थानेदार ने फिर पूछा। "गाँव के बाहर तालाब पर। बारह बजे रात से शुरू होता है साहब! तीन बजे रात तक चलता है।"

"ठीक है! किसी रात छापा मारता हूँ।"

"सो तो ठीक है साहब, पर..."

"पर क्या?"

"इधर बहुत दिनों से थाने से कुछ मिला नहीं!"

"चिन्ता मत करो! सारा हिसाब एक साथ हो जायेगा। जुए में किसी दिन तगड़ी रकम पकड़वाओ!"

"हो जायेगा साहब! लेकिन उसमें से मुझे भी हिस्सा चाहिए।"

"पुलिस वालों पर ही पुलिसिया दाँव मारते हो? कभी इंसपेक्टर रहे हो न! ठीक है! पचास हजार पकड़वाओ! दस हजार तुम्हारा।"

"ठीक है साहब! मैं जिस दिन कहूँ, उसी दिन छापा मारिएगा।"

अंबानी अच्छी तरह जान रहा था। थानेदार दस हजार का लालच दिखा रहा है, पर देगा नहीं। उसने तय कर लिया। कम से कम पाँच हजार तो मैं लूँगा ही।

अंबानी ने जुआड़ियों पर मायाजाल फैलाया, "एक दिन जमकर वारा-न्यारा हो जाय! उस दिन जो जीते, रईस ही बन जाय। देखते हैं किसकी किस्मत साथ देती है!" सारे जुआड़ी सहमत हो गये। एक दिन में रईस बनने का सपना काफी हसीन था। दिन निर्धारित कर लिया गया। बात तय हो गयी। उस दिन छोटी-छोटी रकम दाँव पर नहीं लगेगी।

उस रात जुआड़ियों में ग़जब का उत्साह था। कुछ नये लोग भी आ गये थे। अंबानी पहले से ही थाने पर खबर कर आया था। जुआड़ी जम गये। जुआ शुरू हो गया। रईस बनने की जंग चालू!

अचानक पुलिस का छापा पड़ा। सारे लोग दबोच लिए गए। जो थोड़ा सा सम्मानित व्यक्ति था, उसे पुलिस ने छोड़ दिया। बाकियों को थाने लाया गया। सारा पैसा भी पुलिस वाले बटोर लाये थे। थाने में गिना गया। कुल चौरासी हजार था। थानेदार की बाँछें खिल गयीं। चार हजार की बरामदगी दिखायी गयी। अस्सी हजार रख लिया गया।

पन्द्रह-बीस दिन बाद अंबानी थानेदार के पास पहुँच गया, "साहब, मेरा दस हजार?" "देखो अंबानी, हम दस हजार नहीं दे पायेंगे। पाँच हजार ले लो। हमें जो कुछ मिला है, उसी में ऊपर तक पहुँचाना है।" अंबानी मन ही मन बड़ा प्रसन्न हुआ। उसने सोचा था कि पाँच हजार पाने के लिए बहुत मोल-भाव करना पड़ेगा। फिर भी ऊपर से निराशा दिखाता हुआ वह बोला, "साहब इतना पैसा पकड़वाने के लिए मैंने कितना पापड़ बेला है, मैं ही जानता हूँ। आपने दस हजार का वादा न किया होता तो मैं इस लफड़े में न पड़ता।" "देखो, तब की परिस्थिति कुछ और थी। इस समय परिस्थिति कुछ और है। लो पाँच हजार पकड़ो और यहाँ से

फूट लो। पाँच हजार कम नहीं होते। बहुत होते हैं। मुझे तुरंत शहर पहुँचना है। कप्तान साहब ने बुलाया है।'' थानेदार ने पाँच हजार रुपये अंबानी को पकड़ा दिये।

अंबानी को उसके दो मित्रों ने बताया कि आजमगढ़ के एक गाँव में एक बनिया है। उसकी उम्र पचास साल है। उसकी शादी अभी तक नहीं हुई है। वह शादी करने के लिए परेशान है। पैसा भी खर्च करने के लिए तैयार है। अंबानी ने अपने उन दोनों मित्रों के साथ एक योजना बनायी। गाँव के एक दारूबाज बनिया को पकड़ा गया। उसे लड़की का बाप बनाया गया। उसे ठीक से समझाया गया कि कुल-गोत्र वगैरह की बात ठीक से करना। कहीं कुछ गड़बड़ न मालूम पड़े। दो गाँव बगल एक बनिया की शादी योग्य लड़की थी। तय हुआ कि उसी का नाम-पता दिया जाएगा।

पूरी योजना बनाकर चारों आजमगढ़ चल दिये। खोजते-खोजते चारों उस बनिया के यहाँ पहुँच गये। बनिया का नाम था कृपाल। उसने जब सुना कि चारों शादी के लिए आये हैं तो उसकी खुशी का ठिकाना न रहा। उसने उनकी खूब आवभगत की। अंबानी बोला, ''आप एक बार चलकर लड़की देख लें तो बातचीत आगे बढ़ायी जाय।'' कृपाल ने कहा, ''अरे लड़कियाँ उन्नीस-बीस सब एक जैसी ही होती हैं। लड़की क्या देखना है? लड़की मुझे पसन्द है।'' ''जैसी आप की मर्जी। देखिए एक बात मैं साफ कर दूँ!'' अंबानी बोला, ''हमारे महाजन पहले गाँव के सबसे बड़े सेठ थे। इनके भाई ने इनका सब कुछ हड़प लिया। इनकी माली हालत इस समय ठीक नहीं है। अपनी लड़की की शादी में ये कुछ दे नहीं पायेंगे।'' कृपाल एकदम उतावला था, ''कोई बात नहीं! कोई बात नहीं! लड़की सुशील होनी चाहिए। अपना घर-बार सम्हाल सके। मुझे कुछ भी नहीं चाहिए। दहेज से किसी का खर्च चलता है क्या?'' अंबानी बड़ी सावधानी से अपने पत्ते चल रहा था, ''धन्य भाग-धन्य भाग! हमारी लड़की की तो किस्मत खुल गयी। आप जैसा वर पाकर! आप जैसे लोग तो लाखों में एक होते हैं।'' कृपाल फूलकर कुप्पा हो गया। अंबानी ने अगला पत्ता चला, ''वैसे सेठ जी आपके घर शादी करने की हमारी हिम्मत नहीं पड़ रही है!'' ''क्यों?'' कृपाल घबरा गया। ''अरे लड़की को विदा करते समय आपकी इज़्ज़त के अनुरूप उसे गहने पहनाने पड़ेंगे। उसे साड़ियाँ और अन्य सामान देने पड़ेंगे। आपकी बारात का स्वागत-सत्कार करना पड़ेगा। हमारे महाजन कहाँ से करेंगे यह सब?'' कृपाल सोच में पड़ गया। उसे लगा, बना-बनाया खेल बिगड़ रहा है। कुछ देर में बोला, ''कुल कितना खर्च आयेगा?'' ''अरे यही कोई एक लाख रुपये खर्च होंगे। एक लाख की व्यवस्था हो जाती तो खूब धूमधाम से शादी होती।''

अंबानी बड़ी सोचपूर्ण मुद्रा में बोला। "इसमें आपके महाजन कितनी व्यवस्था कर पायेंगे?" कृपाल ने पूछा। अंबानी एकदम मायूस चेहरा बनाकर बोला, "हमारे महाजन तो इस समय एक पैसे की व्यवस्था कर पाने में असमर्थ हैं।" कृपाल सोच में पड़ गया। थोड़ी देर बाद वह बोला, "ठीक है! आपके महाजन को मैं ही एक लाख रुपये दे दूँगा।" "जय हो! जय हो! सेठ जी आपकी जय हो। आप तो पूरे भामाशाह हैं। ऐसा दरियादिल सेठ तो मैंने अपने पूरे जीवन में नहीं देखा। आपने हमारे गरीब महाजन का उद्धार कर दिया। इनकी सात पीढ़ियाँ आपसे उऋण नहीं हो सकेंगी। इनकी बेटी तो आपका पैर धोकर पियेगी।" अंबानी सेठ का गुणगान करने लगा। कृपाल को अपनी तारीफ़ सुनकर अब उतनी खुशी नहीं हो रही थी। एक लाख रुपये काफी ज्यादा थे।

कृपाल को शादी की जल्दी थी। कहीं कोई और समस्या आकर न खड़ी हो जाय, वह सोच रहा था। बोला, "ऐसा है, शादी जितनी जल्दी हो जाय, उतना अच्छा। मैं अपने पंडित को बुलवाता हूँ। देखता हूँ इधर लगन है कि नहीं।" "यह बात तो आपने सोलह आने सही कही। कन्या विदा होकर अपने घर चली जाएगी तो हमारे महाजन के सिर से भी एक बड़ा बोझ उतर जायेगा। फिर आप जैसा देवता दामाद इस कलियुग में इन्हें कहाँ मिलेगा?" अंबानी ने कृपाल की हाँ में हाँ मिलायी। पंडित को बुलवाया गया। पंडित जी ने पत्रा देखकर कहा, "एक महीने दस दिन बाद शादी के लिए अच्छा मुहूर्त है।" "अच्छा मुहूर्त लेकर क्या होगा? देखिए इधर जल्दी कोई मुहूर्त है? कामचलाऊ मुहूर्त हो तो भी चलेगा।" कृपाल पंडित के ऊपर थोड़ा खीझते हुए बोला। पंडित जी सब समझ गये। उन्हें क्या! वर मरे चाहे कन्या। उन्हें तो दक्षिणा से काम था। वे फिर पत्रा उलटने-पुलटने लगे। थोड़ी देर में बोले, "पन्द्रह दिन बाद भी एक कामचलाऊ मुहूर्त है।" "बस-बस" कृपाल अधीरता से बोला, "यही ठीक रहेगा। पंडित जी इसी को पक्का करिए और आज ही सब तय-तमाम कर दीजिए।"

शादी को पक्का मानकर पन्द्रह दिन वाली तारीख के हिसाब से बातचीत होने लगी। अंबानी ने पूछा, "कुल कितने बाराती आयेंगे?" कृपाल ने जवाब दिया, "कम से कम सौ बाराती तो आयेंगे ही बल्कि मानकर चलिए कि ठीक सौ बाराती आएँगे। हाँ, स्वागत-सत्कार जरा ढंग से होना चाहिए।" अंबानी ने बात को लपक लिया, "आप चिन्ता मत करिए सेठ जी। आपकी इज़्ज़त पर हम लोग जरा सी भी आँच नहीं आने देंगे। जो स्वागत करेंगे कि देखिएगा।" सारी बातों को अन्तिम रूप दे दिया गया। कैसे-कैसे क्या-क्या होगा। अगले दिन सवेरे कृपाल ने

एक लाख रुपये देकर चारों को विदा किया। पैसा अंबानी ने अपने पास रख लिया। सारा पता-ठिकाना पास के गाँव के उस बनिये का दे दिया गया, जिसकी शादी योग्य लड़की थी।

चारों गाँव लौट आये। एक लाख में से तीनों अपना-अपना हिस्सा माँगने लगे। इस समस्या से निबटने के लिए अंबानी पूरी तरह से तैयार था। त्योरियाँ चढ़ाते हुए बोला, "आने-जाने का किराया मैंने दिया। सेठ का इतना स्वागत-सत्कार दिलाया सो अलग। और तुम लोगों को क्या चाहिए। जाओ अपने-अपने घर!" तीनों मन-मसोसकर अपने-अपने घर चले गये। उन्हें ये आशंका थी कि अंबानी कुछ न कुछ बदमाशी करेगा लेकिन किसी ने यह नहीं सोचा था कि वह किसी को एक पैसे नहीं देगा।

निर्धारित तिथि को कृपाल बारात लेकर आया। पूछते-पाछते सब उस बनिया के दरवाजे पहुँच गये, जिसका पता दिया गया था। वहाँ शादी की कोई तैयारी ही नहीं थी। तू-तू मैं-मैं शुरू हो गयी। पूरा गाँव जुट गया। अधेड़ दूल्हा देखकर बनिया आग-बबूला हो गया, "तेरे जैसे बूढ़े से मैं अपनी बेटी की शादी करूँगा? तेरा दिमाग तो नहीं खराब है?" कृपाल भी भड़क गया, "तुम्हारे ही नाम पर तो लोग मुझसे एक लाख लेकर आये हैं।" "अच्छा, तो पैसा देकर लड़की खरीदने चला है!" गाँव वाले आपे से बाहर हो गये। उन्होंने दूल्हे और बारातियों को खदेड़ लिया। सब अपनी-अपनी जान बचाकर भागे।

इधर अंबानी बीमार रहने लगा था। गाँव के डॉक्टरों को दिखाने से कोई फायदा नहीं हो रहा था। वह शहर गया। एक अच्छे डॉक्टर को दिखाया। उन्हें साफ-साफ बता दिया कि मैं बहुत शराब पीता हूँ। डॉक्टर को कैंसर की आशंका हुई। उन्होंने कुछ जाँच कराने को लिखा।

डॉक्टर की आशंका सच साबित हुई। अंबानी को कैंसर हो रहा था। डॉक्टर ने बताया कि ऑपरेशन कराना पड़ेगा। बहुत खर्च आयेगा। अंबानी सोच में पड़ गया। कहाँ से हो पैसे का इंतज़ाम? उसने गाँव के अपने बैंक खाते में पता किया। कुल बीस हजार रुपये थे।

बीस हजार रुपये लेकर वह शहर के सबसे अच्छे प्राइवेट अस्पताल में पहुँचा। वहाँ कैंसर के इलाज की विशेष सुविधा थी। अपनी सारी रिपोर्ट लेकर वह सीधे अस्पताल के मालिक से मिला। अस्पताल के मालिक बहुत अच्छे डॉक्टर थे। उसने अस्पताल के मालिक से कहा, "डॉक्टर साहब मैं अपने गाँव में अकेला रहता हूँ। मेरे दो बेटे हैं दोनों अमेरिका में इंजीनियर हैं। भारत में मेरा कोई रिश्तेदार नहीं है।

कुछ रिश्तेदार हैं। वे भी विदेश में हैं। मुझे कैंसर हो गया है। मैं बीस हजार एडवांस दे रहा हूँ! इसे रख लीजिए और मेरा इलाज शुरू करवा दीजिए। मैंने बेटों को खबर करवा दी है। मेरे दोनों बेटे बेचारे मेरे लिए प्राण देते हैं लेकिन विदेश का मामला है। वे अभी बहुत व्यस्त हैं। समय मिलते ही वे जल्दी से जल्दी आयेंगे। वे आपके अस्पताल का पूरा भुगतान कर देंगे।'' अपनी लच्छेदार बातों से उसने अस्पताल के मालिक को प्रभावित कर लिया। उन्होंने पूछा, ''यहाँ अस्पताल में आपकी देखभाल कौन करेगा?'' ''डॉक्टर साहब, अपने अस्पताल के किसी कर्मचारी को कह दीजिए। मेरे बेटे उसका भी पेमेन्ट कर देंगे।'' अंबानी ने कहा। ''ठीक है! मैं समझता हूँ। आप बिल्कुल भी चिन्ता मत करिए। हमारा स्टाफ आपकी अच्छी तरह देखभाल करेगा।'' अस्पताल-मालिक डॉक्टर ने अंबानी को आश्वस्त किया। उन्होंने घंटी बजायी। एक आदमी आया। उन्होंने उसे आदेश दिया, ''जाओ डॉ. अशोक मित्तल को बुला लाओ।'' आदमी चला गया। थोड़ी देर बाद वह किसी को लिवा कर आया। उन्होंने कहा, ''डॉ. अशोक मित्तल! ये हमारे एक वी.आई.पी. पेशेन्ट हैं। इनका केस आप स्वयं देखिए। इनकी देखभाल हमारे हॉस्पिटल का स्टाफ ही करेगा। आप इनको लिवा जाइए और एडमिट करवा दीजिए।'' डॉ. अशोक मित्तल अंबानी को लिवाकर चले गये। मालिक ने बीस हजार रुपये अपने पास रख लिये।

अंबानी अस्पताल में भर्ती हो गया। डॉक्टरों ने उसका इलाज शुरू कर दिया। उसकी देखभाल के लिए एक नर्स को विशेष रूप से लगा दिया गया। उसके कैंसर का ऑपरेशन हो गया। चूँकि कैंसर अभी गंभीर अवस्था में नहीं पहुँचा था, अतः उसके पूरी तरह से ठीक होने की काफी उम्मीद थी। अंबानी के ऊपर जितना खर्च आ रहा था, उसे अस्पताल ही वहन कर रहा था। विशेष रूप से सेवा और देखभाल हो रही थी सो अलग।

डॉक्टरों का मानना था कि अब मरीज घर जाने लायक हो गया है। इसे डिस्चार्ज किया जा सकता है। डॉ. अशोक मित्तल ने मालिक से बात की। अस्पताल के मालिक ने आकर अंबानी से कहा, ''अब आप घर जाने लायक हो गये हैं। आपको डिस्चार्ज किया जा सकता है। आपके बेटे अभी तक नहीं आये!'' ''कोई बहुत विशेष बात फँस गयी होगी डॉक्टर साहब! वे आ ही रहे होंगे। दो-चार दिन और इंतजार कर लीजिए।'' अंबानी ने बहुत आत्मविश्वास के साथ समझाया। अस्पताल के मालिक चले गये।

अंबानी के सेवा के लिए एक नर्स विशेष रूप से लगी थी। रात में अंबानी उससे बोला, ''नर्स, तुम मेरे पास आकर लेट जाओ।'' नर्स ने कहा, ये आप क्या

कह रहे हैं सर! आपको अभी महीनों आराम करने की जरूरत है। कोई इधर-उधर की बात दिमाग में मत लाइए।'' ''मैं तुम्हारे साथ कुछ करूँगा नहीं। मुझे बहुत अकेलापन महसूस हो रहा है। इसलिए तुम मेरे पास आकर लेट जाओ।'' नर्स तैयार नहीं हुई। अंबानी ने मालिक से उसके बारे में शिकायत कर देने की धमकी दी। नर्स डर के मारे उसके पास लेट गयी। अंबानी उसे पकड़कर चूमने-चाटने लगा। नर्स चुपचाप लेटी रही। एक घंटे बाद अंबानी बोला, ''अब तुम मेरे पास से उठ सकती हो।'' नर्स उसके पास से उठी तो कमरे से ही भाग खड़ी हुई। अंबानी यही चाहता था। काफी सन्नाटा था। अंबानी अपने बिस्तर से उठा। अपने कमरे से बाहर निकला। लोगों की नज़रों से बचते-बचाते अस्पताल से नौ-दो ग्यारह हो गया। उसने अस्पताल में अपना नाम-पता सब गलत लिखवाया था।

अंबानी अपने गाँव पहुँच गया। उसे कमजोरी लग रही थी। कुछ दिनों तक उसे आराम की सख्त जरूरत थी। लेकिन वह दारू के लिए परेशान था। उसकी एक बेटी थी। खानदानवालों ने मिलजुलकर उसकी शादी कर दी थी। तीन बेटे थे। अपने और माँ के खर्च-पानी भर को कमा लेते थे। घर में किसी को उसकी परवाह नहीं थी। बाहरवालों को तो पहले से ही उसकी परवाह नहीं थी। अंबानी फिर गाँव में टहल-टहलकर अपनी फितरतबाजी करने लगा। फिर पीने लगा। कुछ ही महीनों के भीतर उसने चारपाई पकड़ ली। उसकी हालत खराब होने लगी। खानदानवालों ने उसके बड़े बेटे से कहा, ''इसका इलाज करवाओ। देख रहे हो, बिना इलाज के हालत खराब होती जा रही है।'' बड़े बेटे ने साफ-साफ जवाब दे दिया, ''हम तीनों भाइयों के पास इतने पैसे नहीं हैं कि हम इनका इलाज करवा सकें। अभी हम तीनों का शादी-ब्याह होना बाकी है। हम लोग बीवी-बच्चों का खर्च भी उठाने लायक नहीं हैं। इनकी अगर आप लोगों को बहुत चिन्ता हो तो आप लोग ही ले जाकर इनका इलाज करवा दीजिए।'' खानदान के लोग चुप हो गये। जब बेटों को कोई चिन्ता नहीं थी तो दूसरे को क्या पड़ी थी।

चारपाई पर पड़े-पड़े एक दिन अंबानी की जीवनलीला समाप्त हो गयी। गाँव के लोग इकट्ठा हो गये। चारों तरफ खबर फैल गयी कि अंबानी नहीं रहा। उसके मरने पर कोई नहीं रो रहा था। यहाँ तक कि उसकी पत्नी भी नहीं। गाँव के मानिन्द लोगों ने उनके खानदानवालों को सलाह दी कि अंबानी के बेटे उसका क्रिया-कर्म करने में समर्थ नहीं हैं। आप लोग सामूहिक रूप से उसका क्रिया-कर्म कर दीजिए। खानदान के लोग सहमत हो गये।

गाँव से गंगा नदी तीन किलोमीटर दूर थीं। अंबानी की अर्थी उठी। लोग 'राम नाम सत्य है' करते हुए चल दिये।

लोग गंगा जी की तरफ बढ़ रहे थे। गप्पें भी लगाते चल रहे थे। पंडित चन्द्र किशोर शास्त्री लोगों से कहने लगे, "जैसे प्रधानमंत्री का पद होता है, उस पर अलग-अलग लोग बैठते रहते हैं, वैसे ही हमारे यहाँ देवताओं का पद होता है। इन्द्र-वरुण आदि देवताओं के पद हैं, नाम नहीं। जब भी धरती से कोई बहुत बड़ी आत्मा जाती है, वह किसी न किसी देवता को पदच्युत करके उस पद पर बैठ जाती है। हमारा अंबानी भी इस समय ईश्वर के समक्ष पहुँच गया होगा। उसने ईश्वर के सामने अब तक राहु या केतु पद के लिए अपनी दावेदारी प्रस्तुत कर दी होगी।" जो लोग पीछे पंडित चन्द्र किशोर शास्त्री के साथ चल रहे थे, मुँह दबाकर ही-ही करके हँसने लगे।

ताबड़तोड़ तेल मालिश

दोस्ती समानधर्मा लोगों में ही होती है। दोनों में एक गुण जबर्दस्त रूप में समान था। दोनों ताबड़तोड़ तेल मालिश के विशेषज्ञ थे। डॉ. सदाकान्त विश्वविद्यालय की राष्ट्रीय सेवा योजना के समन्वयक थे, जबकि प्रकाश चन्द्रा अपने महाविद्यालय की राष्ट्रीय सेवा योजना के प्रभारी कार्यक्रम अधिकारी थे। प्रकाश चन्द्रा के महाविद्यालय में राष्ट्रीय सेवा योजना की चार इकाइयाँ थीं। दो इकाइयाँ छात्रों की और दो इकाइयाँ छात्राओं की। प्रत्येक इकाई में सौ सदस्य थे।

डॉ. वीरेन्द्र इत्तफाकवश दोनों के घनिष्ठ सम्पर्क में आ गये थे। डॉ. वीरेन्द्र की नौकरी लगी तो उन्हें डॉ. प्रकाश चन्द्रा के महाविद्यालय में नियुक्ति मिली। इतिहास विषय में। डॉ. प्रकाश चन्द्रा समाजशास्त्र में थे। डॉ. वीरेन्द्र ने जैसे ही कार्यभार ग्रहण किया, महाविद्यालय के एक कार्यक्रम अधिकारी ने इस्तीफा दे दिया। महाविद्यालय के प्राचार्य ने डॉ. वीरेन्द्र को उनकी जगह राष्ट्रीय सेवा योजना का कार्यक्रम अधिकरी बना दिया। डॉ. वीरेन्द्र ने राष्ट्रीय सेवा योजना का नाम तो सुन रखा था, लेकिन राष्ट्रीय सेवा योजना के बारे में उन्हें कुछ पता नहीं था। उन्होंने प्राचार्य से बहुत ना-नुकुर की, लेकिन प्राचार्य ने उनकी एक नहीं सुनी। डॉ. प्रकाश चन्द्रा ने उन्हें समझाया, ''राष्ट्रीय सेवा योजना में तुम्हें कोई दिक्कत नहीं आयेगी। मैं हूँ न! महाविद्यालय का प्रभारी तो मैं हूँ। सब कुछ मुझे देखना रहता है। तुम लोग बस मेरे साथ लगे रहो.....। बाई गॉड, माई डियर राष्ट्रीय सेवा योजना में बहुत मज़ा आयेगा। खूब इन्ज्वाय करोगे।''

डॉ. वीरेन्द्र महाविद्यालय में नौकरी शुरू करने के साथ राष्ट्रीय सेवा योजना के कार्यक्रम अधिकारी भी बन गये। साथ ही डॉ. प्रकाश चन्द्रा के शागिर्द भी बन गये। डॉ. प्रकाश चन्द्रा की विनम्रता, शालीनता और अहंकार-रहित व्यक्तित्व ने उन्हें बहुत प्रभावित किया। तब वे नहीं समझ पाये कि शालीनता के इस मुखौटे के पीछे कितना धूर्त, मक्कार, स्वार्थी और चार सौ बीस व्यक्तित्व छुपा हुआ है। डॉ. चन्द्रा को तेल लगाने में महारत हासिल थी। उन्हें जो भी मिल जाता वे उसे ही तेल

लगाने लगते। अध्यापक, बाबू, चपरासी यहाँ तक कि छात्रों को भी तेल लगाने से बाज नहीं आते थे। अगर कोई व्यक्ति दस रुपये में लौकी बेच रहा है तो लौकी को नौ रुपये में लेने के लिए वे सब्जी वाले को तीन घंटे तेल लगा सकते थे। तेल लगाने में वे 'बाई गॉड, माई डियर' तकिया कलाम का भरपूर इस्तेमाल करते थे।

डॉ. सदाकान्त विश्वविद्यालय और उससे सम्बद्ध सारे महाविद्यालयों की राष्ट्रीय सेवा योजना की समस्त इकाइयों के समन्वयक थे। यानी विश्वविद्यालय की राष्ट्रीय सेवा योजना के आला मालिक। विश्वविद्यालय में वे जिस विषय में अध्यापक थे, वहाँ उनकी कोई पूछ नहीं थी। उन्हें कुछ आता-जाता नहीं था। पढ़ने-पढ़ाने से वे हमेशा भागते थे। विभाग में वे उपहास के पात्र थे इसलिए विभाग में वे लगभग जाते ही नहीं थे। जब भी विश्वविद्यालय आते, राष्ट्रीय सेवा योजना के ऑफिस में बैठे रहते।

डॉ. सदाकान्त एक खूबसूरत व्यक्ति थे और महिलाओं से घिरे रहना उन्हें बहुत अच्छा लगता था। लड़कियों के कुछ ऐसे कॉलेज थे, जहाँ सदाकान्त को जरूरत से ज्यादा महत्व मिलता था। उन्हीं कुछ महाविद्यालयों में साल भर खूब राष्ट्रीय सेवा योजना होती थी, जिसके कारण डॉ. सदाकान्त की विश्वविद्यालय और उसके बाहर नाक ऊँची रहती थी। वे महिला कॉलेज इतनी राष्ट्रीय सेवा योजना करते थे कि पढ़ाई के मामले में एकदम फिसड्डी हो चुके थे।

अच्छे कॉलेजों के राष्ट्रीय सेवा योजना के कार्यक्रम अधिकारी डॉ. सदाकान्त को ज्यादा भाव नहीं देते थे। नतीजन राष्ट्रीय सेवा योजना के हर बड़े कार्यक्रम में डॉ. सदाकान्त उन्हीं कुछ महिला महाविद्यालयों की नुमाइश करते थे। विश्वविद्यालय में तो ये स्थिति थी कि जिस-तिस जूनियर अध्यापक से हाथ जोड़ते रहते थे कि आप राष्ट्रीय सेवा योजना के कार्यक्रम अधिकारी बन जाइए। विश्वविद्यालय के मुख्य परिसर में राष्ट्रीय सेवा योजना के नाम पर बमुश्किल खानापूर्ति हो पाती थी।

डॉ. सदाकान्त किसी न किसी बहाने राष्ट्रीय सेवा योजना के ऑफिस में कार्यक्रम अधिकारियों की अक्सर बैठक करते थे। इन बैठकों में पुरुष सदस्य तो चार-छः ही आते थे, लेकिन महिलाएँ काफी आ जाती थीं। हाँ, डॉ. प्रकाश चन्द्रा अवश्य हर बैठक में उपस्थित रहते थे। सदाकान्त चाय-नाश्ता कराते हुए चार-पाँच घंटे बैठक चलाते थे। बैठक में नाममात्र को कोई एजेंडा स्वीकृत हो जाता। उसके बाद डॉ. सदाकान्त हँसी-मजाक करते, चुहलबाजी करते, अपनी खूब-खूब तारीफ़ सुनते औरतों के साथ समय बिताते। साथ-साथ डॉ. प्रकाश चन्द्रा डॉ. सदाकान्त को ताबड़तोड़ तेल मालिश करते रहते।

डॉ. सदाकान्त अक्सर डॉ. प्रकाश चन्द्रा के घर जाते थे। वहाँ पर कई-कई घंटे बैठकबाजी होती थी। प्रकाश चन्द्रा इसे अपनी व्यवहार कुशलता की सफलता मानते थे जो सदाकान्त उनके घर आते-जाते थे। उन्हें यह नहीं पता था कि डॉ. सदाकान्त उनके सामने उनके घर जितना आते-जाते थे, उससे ज्यादा वे उनके न रहने पर आते-जाते थे। उनकी पत्नी और डॉ. सदाकान्त के बीच बहुत अंतरंग सम्बन्ध बन गये थे। डॉ. प्रकाश चन्द्रा को इसकी भनक तक नहीं थी। वैसे अगर भनक होती तब भी वे कुछ नहीं कर सकते थे। पत्नी जब उन्हें गालियाँ देना शुरू करती तो वे उसकी भी ताबड़तोड़ तेल मालिश करने लगते।

डॉ. वीरेन्द्र ने डॉ. सदाकान्त को पहली बार विश्वविद्यालय में आयोजित राष्ट्रीय सेवा योजना के एक कार्यक्रम में देखा। कार्यक्रम एक बड़े सभागार में आयोजित था। कार्यक्रम के मुख्य अतिथि चूँकि विश्वविद्यालय के कुलपति थे, इसलिए विश्वविद्यालय और महाविद्यालयों के लगभग सारे कार्यक्रम अधिकारी उपस्थित थे। कार्यक्रम में डॉ. प्रकाश चन्द्रा और उनकी पत्नी सबसे आगे बैठे हुए थे। बड़े कॉलेजों के लगभग सारे कार्यक्रम अधिकारी एकदम पीछे बैठे हुए थे। डॉ. वीरेन्द्र भी संकोचवश पीछे ही बैठे। वहीं बैठे कार्यक्रम अधिकारी आपस में बतिया रहे थे। एक ने कहा, "सदाकान्तवा कुलपति को तेल लगाने के लिए यह कार्यक्रम करवा रहा है। उसे अपने बेटे की नियुक्ति विश्वविद्यालय में करवानी है न! अभी देखना! टनों तेल कुलपति के ऊपर उलट देगा।" सभी ठहाका मारकर हँसने लगे।

कुलपति आ गये। माँ सरस्वती के चित्र पर माल्यार्पण हुआ। दीप प्रज्वलन हुआ। कार्यक्रम शुरू हो गया। सदाकान्त ने बुके और फूल-मालाओं से कुलपति को लदवा दिया। महिलाएँ माला पहना रही थीं, बुके दे रही थीं, बैज लगा रही थीं। कुलपति को भी अच्छा लग रहा था। महिला कॉलेजों की छात्राओं ने सरस्वती वन्दना प्रस्तुत की, कुलपति के स्वागत में गीत गाया, कई मनोहारी नृत्य और गीत प्रस्तुत किये। उसके बाद अच्छा काम करने वाले कार्यक्रम अधिकारियों को प्रमाण-पत्र देकर सम्मानित किया जाने लगा। सबसे पहले डॉ. प्रकाश चन्द्रा को सम्मानित किया गया। उसके बाद प्रकाश चन्द्रा की पत्नी को इसलिए सम्मानित किया गया, क्योंकि उन्हीं के कारण वे अच्छा काम कर पाये थे। डॉ. वीरेन्द्र के बगल में बैठे एक कार्यक्रम अधिकारी ने चुटकी ली, "देखो, बीवी दान करके प्रकाश चन्द्रवा साला क्या प्रसन्न हो रहा है!" वीरेन्द्र को उनकी बात अच्छी नहीं लगी। उसके पश्चात् अन्य कार्यक्रम अधिकारियों को सम्मानित किया गया।

सिर्फ महिलाएँ और महिलाएँ। एक पुरुष कार्यक्रम अधिकारी ने चुटकी ली, ''वाह कन्हैया वाह! कमाल कर दिया।''

संचालन खुद सदाकान्त ही कर रहे थे। उन्होंने कुलपति को तेल लगाना शुरू किया, ''हमारे परम आदरणीय, प्रातः स्मरणीय, पूज्यपाद, विद्वद्वरेण्य कुलपति जी ने जब इस विश्वविद्यालय में कार्यभार सँभाला था, तब इस विश्वविद्यालय में पठन-पाठन का माहौल समाप्त हो चुका था, विश्वविद्यालय आन्दोलनों से त्रस्त था, अनुशासन की स्थिति ध्वस्त हो चुकी थी, सरेआम छात्राओं के दुपट्टे खींच लिये जाते थे.....।'' एक अध्यापक ने टिप्पणी की, ''सरऊ, तुम्हीं तो खींचते थे।'' ''....अध्यापकों और कर्मचारियों को समय से वेतन नहीं मिल पा रहा था, विश्वविद्यालय में भ्रष्टाचार चरम सीमा पर था....।'' एक कार्यक्रम अधिकारी ने चुटकी ली, ''राष्ट्रीय सेवा योजना का सारा पैसा खाकर साला भ्रष्टाचार पर भाषण दे रहा है।'' ''....छात्रों को छात्रवृत्ति नहीं मिल पा रही थी, पुस्तकालय में पुस्तकें नहीं थीं, विश्वविद्यालय रसातल में चला जा रहा था.....ऐसे में इस विश्वविद्यालय में हमारे कुलपति महोदय ईश्वर की भाँति अवतरित हुए....।'' एक अन्य कार्यक्रम अधिकारी की टिप्पणी, ''अबे साले तू तो उनसे पहले ही कृष्ण-कन्हैया के रूप में इस विश्वविद्यालय में अवतरित हो चुका था।'' ''....उन्होंने जैसे ही अपने कमलवत् हाथों से विश्वविद्यालय का स्पर्श किया, चमत्कार हो गया। विश्वविद्यालय की सारी समस्याएँ छूमंतर हो गयीं....।'' एक अन्य कार्यक्रम अधिकारी की टिप्पणी, ''हाँ सदाकान्तवा! आज इस पृथ्वी पर एक बूँद भी तेल शेष न रह जाय!'' ''...... विश्वविद्यालय एकदम से पटरी पर आ गया। आज विश्वविद्यालय में सुचारू रूप से पठन-पाठन हो रहा है। अनुशासन पूरी सख़्ती से लागू है। छात्राओं और महिलाओं से कोई बदसलूकी नहीं कर सकता....।'' एक अन्य कार्यक्रम अधिकारी, ''तुम क्या कर रहे हो सरऊ?''

सदाकान्त कुलपति के ऊपर तेल पर तेल उड़ेले जा रहे थे। कुलपति गम्भीर मुद्रा बनाये गद्‌गद भाव से बैठे थे।

सब भाषण दे चुके तो अन्त में सदाकान्त ने प्रकाश चन्द्रा को धन्यवाद ज्ञापन के लिए बुलाया। प्रकाश चन्द्रा आते ही शुरू हो गये। डॉ. वीरेन्द्र के आस-पास बैठे कार्यक्रम अधिकारियों की टिप्पणियाँ भी शुरू हो गयीं। डॉ. प्रकाश चन्द्रा बोल रहे थे, ''पहले इस विश्वविद्यालय के राष्ट्रीय सेवा योजना को कोई नहीं जानता था। आज भारत ही नहीं बल्कि पूरे विश्व में इस विश्वविद्यालय की राष्ट्रीय सेवा योजना की अपनी एक पहचान है। इसका केवल और केवल श्रेय जाता है

हमारे विश्वविद्यालय के महान, कर्मठ और जुझारू राष्ट्रीय सेवा योजना समन्वयक डॉ. सदाकान्त जी को.....।'' आगे बैठी महिला कार्यक्रम अधिकारियों ने ताली बजायी। पीछे बैठे लोग फिस्स्-फिस्स् करके हँस रहे थे।एक अध्यापक ने टिप्पणी दी, ''राम मिलायी जोड़ी, एक अन्धा एक कोढ़ी।'' ''.....डॉ. सदाकान्त जी ने इस विश्वविद्यालय में राष्ट्रीय सेवा योजना को जमीन से आसमान पर ले जाने का जो भगीरथ प्रयत्न किया है, उसके लिए इनका नाम इस विश्वविद्यालय के इतिहास में स्वर्णाक्षरों में लिखा जायेगा....।'' फिर महिला कार्यक्रम अधिकारियों की ताली। एक कार्यक्रम अधिकारी ने चुटकी ली, ''साले कभी अपनी पत्नी के अंगों को ध्यान से देखा है। उन पर भी सदाकान्त जी का नाम स्वर्णाक्षरों में लिखा है।'' इस टिप्पणी पर पीछे इतनी जोरदार ठहाका लगा कि कुछ देर के लिए सभा की कार्यवाही अस्त-व्यस्त हो गयी। कुलपति को स्वयं खड़े होकर सबसे शान्त रहने का अनुरोध करना पड़ा। आगे बैठे लोगों में यह जिज्ञासा थी कि आखिर पीछे हुआ क्या? प्रकाश चन्द्रा फिर शुरू हो गये, ''डॉ. सदाकान्त जी इस विश्वविद्यालय के सबसे मजबूत स्तंभ हैं। इन्हीं के कन्धों पर यह विश्वविद्यालय टिका हुआ है। ऐसे महापुरुष इस धरती पर कभी-कभी पैदा होते हैं—

''हजारों साल नरगिस अपनी बेनूरी पे रोती है।
बड़ी मुश्किल से होता है चमन में दीदावर पैदा।।''

एक अध्यापक बोले, ''जब इस धरती पर धर्म की हानि होती है, तब-तब भगवान या तो स्वयं पैदा होते हैं या इस सदाकान्तवा साले को भेज देते हैं।''

समारोह समाप्त हो जाने के बाद प्रकाश चन्द्रा ने डॉ. सदाकान्त से डॉ. वीरेन्द्र का परिचय कराया। सदाकान्त ने बड़ी गर्मजोशी से वीरेन्द्र से हाथ मिलाया। हाथ मिलाते हुए उन्होंने वीरेन्द्र पर एक चम्मच तेल डाल ही दिया, ''भाई वाह! आप तो बड़े स्मार्ट व्यक्ति हैं!''

सदाकान्त को ताबड़तोड़ तेल मालिश करते रहना प्रकाश चन्द्रा की मजबूरी थी। पढ़ने-पढ़ाने में उनकी भी स्थिति निल बटे सन्नाटा ही थी। अपने महाविद्यालय में उनकी जो भी उपस्थिति थी, वह राष्ट्रीय सेवा योजना के प्रभारी कार्यक्रम अधिकारी की हैसियत से ही थी। इसके अतिरिक्त राष्ट्रीय सेवा योजना के विभिन्न मंचों पर सदाकान्त उन्हें उछालते रहते थे। इससे यह था कि समाज में कुछ लोग उन्हें भी जानते थे इसलिए सदाकान्त ही उनके माई-बाप थे।

जाड़े में राष्ट्रीय सेवा योजना का दस दिन का विशेष शिविर लगना था। प्रकाश चन्द्रा ने कॉलेज से पर्याप्त दूर एक गाँव में शिविर लगाने का निर्णय लिया।

उन्होंने उस गाँव में स्थित इंटर कॉलेज के प्रधानाचार्य से बात की। उन्होंने प्रधानाचार्य को इस बात के लिए तैयार कर लिया कि इंटर कॉलेज में दस दिन की छुट्टी करके कॉलेज का भवन महाविद्यालय की राष्ट्रीय सेवा योजना को दे दिया जाय। महाविद्यालय में कुल चार कार्यक्रम अधिकारी थे—डॉ. प्रकाश चन्द्रा, डॉ. वीरेन्द्र, डॉ. लता और डॉ. पद्मजा। तय हुआ कि लड़कियाँ शाम को अपने घर चली जाएँगी। दोनों महिला कार्यक्रम अधिकारी भी चली जाएँगी। जो लड़के शाम को घर जाना चाहेंगे, उन्हें भी चुपचाप भगा दिया जाएगा। दोनों पुरुष कार्यक्रम अधिकारी और बचे हुए लड़के इण्टर कॉलेज में रहेंगे।

दस दिवसीय विशेष कार्यक्रम का उद्घाटन बहुत फीके ढंग से हुआ। पाँच-छः कुर्सियाँ रख दी गयीं। तीन-चार दरी बिछा दी गयी। कुर्सियों पर कार्यक्रम अधिकारी और महाविद्यालय के प्राचार्य बैठ गये। दरियों पर राष्ट्रीय सेवा योजना के स्वयंसेवी छात्र-छात्राएँ बैठ गये। डॉ. प्रकाश चन्द्रा ने प्राचार्य को तेल लगाया। प्राचार्य ने छात्र-छात्राओं को भाषण पिलाया। मिठाई बटी। दस दिवसीय विशेष शिविर का उद्घाटन हो गया।

इंटर कॉलेज के प्राचार्य ने एक कमरे में लकड़ी के दो तख्त डलवा दिये थे। कार्यक्रम अधिकारियों के सोने के लिए। उससे सटे कमरे में भी एक तख्त डलवा दिया था, महाविद्यालय के चपरासी लालता के सोने के लिए। पर्याप्त दूरी पर कई कमरों में पुआल बिछा दिये गये थे। छात्रों के सोने के लिए। छात्र-छात्राओं को अपना खाना स्वयं बनाना था। तय हुआ कि रात का खाना रुकने वाले छात्र बनायेंगे। दिन का खाना छात्र-छात्राएँ मिलकर बनाएँगे। चपरासी लालता खाना बनवाने में छात्र-छात्राओं की मदद करेगा। बाजार से सामान डॉ. प्रकाश चन्द्रा मँगवायेंगे। बर्तन छात्र-छात्राएँ ही साफ करेंगे। इण्टर कॉलेजों में चार-पाँच हैण्डपम्प थे। पानी की व्यवस्था के लिए पर्याप्त थे।

शाम को सारी छात्राएँ चली गयीं। दोनों महिला कार्यक्रम अधिकारी भी चली गयीं। प्रकाश चन्द्रा, वीरेन्द्र और लालता अपने बिस्तर साथ लाये थे। थाड़ी-सी रात हुई तो डॉ. प्रकाश चन्द्रा ने पेट्रोमैक्स और लालटेनें जलवा दीं। फिर वीरेन्द्र से बाले, "ऐसा है, रात में हर साल सारी व्यवस्था लालता ही देखता है। उसे सब पता है कि कैसे क्या होता है। वैसे भी बीस-पचीस लड़के ही तो रुके हैं। ऐसा है कि मैं घर जा रहा हूँ। तुम किसी भी प्रकार की चिन्ता मत करना। लालता सब सँभाल लेगा। किसी प्रकार की कोई समस्या होगी तो मुझे फोन कर लेना। वैसे भी दिन में सारे कार्यक्रम अधिकारी और सारे छात्र-छात्राएँ आ जाएँगे। श्रमदान इत्यादि

का काम तो दिन में ही होना है। अभी तो लड़के खाना बनाकर, खा-पीकर सो जायेंगे।" "ठीक है सर, आप जाइए। मैं सब सँभाल लूँगा।" वीरेन्द्र ने कहा। डॉ. प्रकाश चन्द्रा ने अपनी मोटर साइकिल उठायी और घर चले गये।

लालता ने लड़कों को खाना बनाने में लगा दिया। खाना बनने लगा तो वह कमरे में आकर डॉ. वीरेन्द्र के पास बैठ गया। उसने वीरेन्द्र से पूछा, "साहब आपका तो पहला साल है। कैसा लग रहा है?" "बहुत अच्छा लग रहा है लालता। लग रहा है, जैसे दस दिन के लिए तफरीह करने आया हूँ।" वीरेन्द्र ने चहकते हुए कहा। लालता हँसा, "हाँ साहब! आप तफरीह करिए और चन्द्रा साहब पैसा खाएँ।"

"क्या मतलब?"

"अरे साहब! राष्ट्रीय सेवा योजना में बहुत पैसा आता है। थोड़ा-बहुत खर्च करके बाकी सारा पैसा चन्द्रा साहब हजम कर जाते हैं और डकार भी नहीं लेते। उसमें प्रिंसिपल साहब का भी हिस्सा लगता है या नहीं, मुझे पता नहीं। देखिएगा! हम लोग यहीं रात में लड़कों से आलू छिलवाते रहेंगे। चन्द्रा साहब एक भी रात यहाँ नहीं रुकेंगे।"

जिन चन्द्रा साहब को डॉ. वीरेन्द्र देवता समझते थे, उनके इस रूप के बारे में सुनकर वे सनाका खा गये। वे थोड़ी देर चुप रहे। फिर बोले, "बच्चों का पैसा खाने में इन्हें जरा भी संकोच नहीं होता?"

"संकोच काहे का साहब? सरकार की सारी योजनाएँ लोगों के खाने-पीने के लिए ही तो बनती हैं।"

"तेलू साला।" डॉ. वीरेन्द्र के मुँह से निकला। उन्हें प्रकाश चन्द्रा से घृणा होने लगी।

लड़के खा-पीकर और बर्तन साफ करके सोने चले गये। लड़कों द्वारा बनाया गया खाना ही वीरेन्द्र और लालता ने भी खाया। वीरेन्द्र और लालता कुछ गपशप करके अपने-अपने कमरे में सोने चले गये। तभी तीन-चार लड़कों ने धीरे से डॉ. वीरेन्द्र का दरवाजा खटखटाया। वीरेन्द्र ने दरवाजा खोल दिया। एक लड़का घबरायी हुई आवाज़ में बोला, "सर, सुधीर ने एक कमरा अपने अकेले के लिए ले लिया है। उसके कमरे में एक लड़की भी है। वह बहुत बड़े बदमाश रज्जन का भाई है। सर, सारे लड़के घबराये हुए हैं। कुछ कीजिए।" डॉ. वीरेन्द्र भी घबरा गये। उन्होंने डॉ. प्रकाश चन्द्रा के सेल फोन पर फोन किया। रमेश चन्द्रा का सेल फोन स्विच ऑफ बता रहा था। डॉ. वीरेन्द्र ने मन ही मन उन्हें भद्दी सी गाली दी। उन्होंने टार्च लिया और लड़कों के साथ चल दिये। लड़के सुधीर का कमरा

दिखाकर अपने-अपने कमरे में घुस गये। डॉ. वीरेन्द्र ने दरवाजा खटखटाया। कोई उत्तर नहीं मिला। थोड़ी देर बाद उन्होंने फिर दरवाजा खटखटाया। न तो कोई उत्तर मिल रहा था और न दरवाजा खुल रहा था। वीरेन्द्र जोर-जोर से दरवाजा पीटने लगे। दरवाजा फिर भी नहीं खुला। न ही कोई आवाज़ आयी।

एक घण्टा बीत गया। वीरेन्द्र जोर से चिल्लाये, ''सुधीर! दरवाजा खोल दो, नहीं तो मैं दरवाजा तोड़ दूँगा।'' कोई प्रतिक्रिया नहीं हुई। वीरेन्द्र लौटकर गये ओर लालता को भी बुला लाये। लालता ने जब सुना कि सुधीर रज्जन का भाई है तो उसकी घिग्घी बँध गयी। उसने वीरेन्द्र के कान में धीरे से कहा, ''साहब, जब तीन कार्यक्रम अधिकारी ठाठ से अपने-अपने घर में सो रहे हैं तो आप ही क्यों मुसीबत मोल ले रहे हैं। आप भी कमरे में चलिए।'' डॉ. वीरेन्द्र पैर पटकते हुए लालता के साथ लौट आये। उन्होंने डॉ. प्रकाश चन्द्रा को फिर फोन मिलाया। उनका मोबाइल अभी भी स्विच ऑफ बता रहा था। डॉ. वीरेन्द्र और लालता रात भर डॉ. वीरेन्द्र के कमरे में बैठे रहे। इस भय से कि कहीं कोई अनहोनी न हो जाय। डॉ. वीरेन्द्र ने पूरी तरह से तय कर लिया कि वे राष्ट्रीय सेवा योजना छोड़ देंगे।

सुबह साढ़े सात बजे दोनों महिला कार्यक्रम अधिकारी आ गयीं। डॉ. वीरेन्द्र ने उन्हें सारी बातें बतायीं। दोनों महिला कार्यक्रम अधिकारी वीरेन्द्र के साथ छात्रों के कमरों की तरफ गयीं। सुधीर के कमरे का दरवाजा खुला था। लड़कों ने बताया कि सुधीर लड़की के साथ चला गया। अपना सब सामान भी ले गया। आठ बजे डॉ. प्रकाश चन्द्रा भी आ गये। उन्हें देखते ही डॉ. वीरेन्द्र का खून खौल उठा, ''आपने मुझसे कहा था कि कोई समस्या हो तो मुझे फोन कर लीजिएगा। उधर आप मोबाइल का स्विच ऑफ करके बैठे हुए थे।'' प्रकाश चन्द्रा ने खीसें निपोरते हुए वीरेन्द्र के दोनों कन्धे पकड़ लिये, ''बाई गॉड, माई डियर; मेरा मोबाइल डिस्चार्ज हो गया था। रात में तीन बजे लाइट आयी तो मैंने उसे चार्जिंग में लगाया। वैसे मैं जानता था कि तुम्हारे जैसे पराक्रमी व्यक्ति के होते कोई समस्या नहीं आयेगी।'' वीरेन्द्र ने तैश में कहा, ''प्राचार्य से कहकर पुलिस की व्यवस्था कराइए, नहीं तो मैं शिविर छोड़कर जा रहा हूँ।'' ''तुम्हारे जैसे नौजवान लोग अगर मैदान छोड़कर भागने लगेंगे तो इस भारत-भूमि को कौन सम्हालेगा? आखिर बात क्या हुई?'' प्रकाश चन्द्रा ने तेल मालिश का प्रयास किया। डॉ. पद्मजा बोल पड़ीं, ''अरे सर, ये पूछिए कि क्या नहीं हुआ?'' डॉ. वीरेन्द्र ने रात की पूरी घटना विस्तार से उन्हें बता दी। प्रकाश चन्द्रा बोले, ''अरे भाई इसमें परेशान होने की क्या बात है? ये तो उम्र का तकाज़ा है। इस उम्र में बच्चे ये सब तो करेंगे ही।'' ''तो ठीक है सर!

आप विशेष शिविर में यही सब कराइए। रात में मैं घर चला जाया करूँगा। आप रुका करिए।'' वीरेन्द्र गुस्से में बोले। ''यार तुम खामखा गुस्सा हो रहे हो। तुम हमारे महाविद्यालय के भविष्य हो। देख लेना। भविष्य में हमारे महाविद्यालय की यही पहचान होगी कि डॉ. वीरेन्द्र वहाँ पढ़ाते हैं।'' रमेश चन्द्रा ने फिर तेल लगाने की कोशिश की। ''सर, सुधीर के साथ जो लड़की थी, अगर वह आपकी बेटी होती, तब भी आपका रवैया यही होता?'' डॉ. प्रकाश चन्द्रा का मुँह बन गया। एकाएक वे गम्भीर हो गये। उन्होंने प्राचार्य को फोन किया। सारी घटना बताकर उनसे पुलिस की व्यवस्था करने का अनुरोध किया।

लड़के-लड़कियाँ भी आ गये। महाविद्यालय और राष्ट्रीय सेवा योजना का बैनर लेकर छात्र-छात्राओं की एक जन-जागरण रैली निकाली गयी। पन्द्रह छात्रों और पन्द्रह छात्राओं को दोपहर का खाना बनाने के लिए लगा दिया गया। लालता खाना बनवाने लगा। चारों कार्यक्रम अधिकारी छात्र-छात्राओं के साथ जन-जागरण रैली में चले गये। छात्र-छात्राओं ने खुर्पी, फावड़ा, झाड़ू, तसला इत्यादि भी ले रखा था। रास्ते में जगह-जगह श्रमदान भी करना था।

एक बजे तक जन-जागरण रैली वापस आ गयी। खाना बन चुका था। हैण्डपम्पों पर हाथ-पैर धोकर छात्र-छात्राएँ खाना खाने लगे। कार्यक्रम अधिकारियों और लालता ने भी खाना खाया।

यह तय किया गया कि दोपहर तक रोज श्रमदान हुआ करेगा और दोपहर में खाने-पीने के बाद दो या तीन बजे से एक गोष्ठी हुआ करेगी, जिसें छात्र-छात्राओं की कोई न कोई प्रतियोगिता हुआ करेगी। विजेताओं को दसवें दिन समापन समारोह में प्रमाण-पत्र देकर सम्मानित किया जाएगा।

ढाई बजे से गोष्ठी शुरू हुई। आज भाषण प्रतियोगिता थी। अचानक अपनी कार से सदाकान्त भी आ धमके। दरअसल वे डॉ. प्रकाश चन्द्रा के महाविद्यालय में राष्ट्रीय सेवा योजना के कार्यक्रमों में अक्सर आया करते थे। कारण थीं—कार्यक्रम अधिकारी डॉ. पद्मजा। डॉ. पद्मजा काफी सुन्दर थीं। सदाकान्त उनसे मिलने और उनसे बात करने के लिए हमेशा मौका तलाशते रहते थे। वे उन्हें बराबर लाइन मार रहे थे लेकिन डॉ. पद्मजा थीं कि उन्हें घास नहीं डाल रही थीं। नमस्कार-प्रणाम के बाद डॉ. सदाकान्त ने डॉ. पद्मजा के बगल वाली कुर्सी पर बैठने की कोशिश की। डॉ. प्रकाश चन्द्रा ने उन्हें जबर्दस्ती सबसे बीच वाली कुर्सी पर बैठा दिया। सदाकान्त मन मसोरकर रह गये। सदाकान्त ने प्रकाश चन्द्रा से कहा, ''समापन समारोह में मुझे ही मुख्य अतिथि बनाइयेगा।'' ''हें...हें...हें....यह भी कोई कहने वाली बात है सर?

इसके लिए आपसे उपयुक्त व्यक्ति भला इस शहर में कौन हो सकता है? बल्कि पूरे प्रदेश में इसके लिए आपसे उपयुक्त व्यक्ति कोई नहीं हो सकता। आपने राष्ट्रीय सेवा योजना के लिए जो कुर्बानियाँ दी हैं, उन्हें तो केवल मैं जानता हूँ न!'' प्रकाश चन्द्रा ने सदाकान्त पर तेल का लेप लगा दिया। दरी बिछाकर छात्र-छात्राएँ भी बैठ गये। प्रतियोगिता का निर्णायक डॉ. सदाकान्त को बना दिया गया।

राम-राम करते दस दिवसीय विशेष शिविर समाप्त हो गया। 'सुधीर के साथ जो लड़की थी, अगर वह आपकी बेटी होती' वाक्य डॉ. प्रकाश चन्द्रा के दिल में काफी गहराई तक गड़ गया था। इसके अलावा डॉ. वीरेन्द्र छात्र-छात्राओं में काफी लोकप्रिय होने लगे थे। प्रकाश चन्द्रा को वीरेन्द्र अखरने लगे।

महाविद्यालय में परीक्षाएँ शुरू हो गयीं। राष्ट्रीय सेवा योजना का साल भर का कार्यक्रम समाप्त हो गया। साल में राष्ट्रीय सेवा योजना के एक-एक दिन के दस सामान्य शिविर लगते हैं। उसमें स्वयंसेवी छात्र-छात्राओं को ठीक से नाश्ता-पानी कराना पड़ता है। प्रकाश चन्द्रा ने सिर्फ चार एक दिवसीय सामान्य शिविर लगाये थे। बाकी छः शिविर कागजों में ही हो गये। प्रकाश चन्द्रा ने सारे कार्यक्रम अधिकारियों से बहुत सारे वित्तीय और गैर-वित्तीय कागजों पर हस्ताक्षर कराये। राष्ट्रीय सेवा योजना का सत्र सम्पन्न हो गया।

दस दिवसीय विशेष शिविर की समाप्ति के बाद से ही डॉ. वीरेन्द्र ने प्राचार्य से कई बार कहा कि उन्हें राष्ट्रीय सेवा योजना से मुक्त कर दिया जाय। प्राचार्य ने हर बार उन्हें यह कहते हुए मना कर दिया कि कम से कम तीन साल तक राष्ट्रीय सेवा योजना का कार्यक्रम अधिकारी बने रहना पड़ता है।

अब डॉ. प्रकाश चन्द्रा प्राचार्य से डॉ. वीरेन्द्र की बहुत बुराई करने लगे थे, ''सर, ऐसा नकारा आदमी तो मैंने अपने जीवन में देखा ही नहीं। राष्ट्रीय सेवा योजना का एक काम भी नहीं छूता। साल भर इस व्यक्ति को मैंने कैसे झेला है मैं ही जानता हूँ। यहाँ से लेकर विश्वविद्यालय और उसके बाहर सारे कामों को सम्हालने के लिए मैं एक पैर पर खड़ा रहा। इस व्यक्ति ने कहीं कोई सहयोग नहीं किया। मैंने अपनी मेहनत से इस महाविद्यालय की जो इमेज विश्वविद्यालय में बनायी है, यह व्यक्ति उसे मिट्टी में मिला देगा। आप डॉ. सदाकान्त जी से पूछ लीजिए। बाहर हर जगह इसकी उपस्थिति नाममात्र को रहती है।'' प्राचार्य ने उन्हें बताया, ''इसने मुझसे कई बार राष्ट्रीय सेवा योजना से त्यागपत्र देने की पेशकश की है। कहिए तो इसका त्यागपत्र स्वीकार कर लूँ।'' ''कतई नहीं सर!'' प्रकाश चन्द्रा ने समझाया,

"इसे टाइट करिए और काम लीजिए। ऐसी ही हरामखोरी लोग करने लगेंगे तो कैसे काम चलेगा? आपके उत्कृष्ट प्रशासन का डंका चारों ओर बजता है। ऐसे लोगों को आप कसेंगे नहीं तो आपकी साख को बट्टा लगेगा।" प्राचार्य डॉ. प्रकाश चन्द्रा के ताबड़तोड़ तेल मालिश से बहुत प्रसन्न रहते थे। धीरे-धीरे उन्हें भी डॉ. वीरेन्द्र बुरे लगने लगे। प्राचार्य कक्ष में होनेवाली बातें छन-छनकर चपरासियों के माध्यम से वीरेन्द्र तक भी पहुँचती रहतीं। डॉ. प्रकाश चन्द्रा प्राचार्य से वीरेन्द्र के पढ़ाने-लिखाने की भी बुराई करते, "सर, ये क्लास के समय स्टाफ-रूम में बैठा रहता है और क्लास नहीं पढ़ाता। कभी घंटी बजेगी तो जाकर पुस्तकालय में बैठ जाएगा और लाइब्रेरियन से गप्पें लड़ायेगा। कॉलेज में रहता है लेकिन क्लास नहीं पढ़ाता। लड़के आकर मुझसे शिकायत करते हैं। मैं कहता हूँ, बेटा जाकर प्राचार्य से शिकायत करो। इसमें मैं क्या का सकता हूँ?"

वीरेन्द्र तक भी बातें पहुँच रही थीं। उनका भी पारा चढ़ रहा था।

गर्मी की छुट्टियाँ चल रही थीं। एक दिन डॉ. वीरेन्द्र कुछ सामान खरीदने बाज़ार गये हुए थे। उन्होंने देखा, एक जगह काफी भीड़ लगी हुई है। उत्सुकतावश वे भी वहाँ पहुँच गये। वहाँ पहुँचने पर उन्होंने जो दृश्य देखा कि भौंचक्के रह गये। प्रकाश चन्द्रा की पत्नी का बाल पकड़कर एक औरत उन्हें चप्पलों से पीट रही थी। गालियाँ भी बक रही थी, "....हरामजादी होटल में गुलछर्रे उड़ाने आयी है... रंडीबाजी कर रही है...मेरा ही पति तुझे मिला था.....बोल....बोल हरामजादी....।" दोनों औरतों के बगल में डॉ. सदाकान्त लज्जित से चुपचाप खड़े थे। वीरेन्द्र ने एक आदमी से पूछा, "क्या हुआ?" उस आदमी ने बताया, "जो औरत पीट रही है, वह बगल में खड़े आदमी की पत्नी है। वह इधर से गुजर रही थी तो होटल के पास उसे अपने पति की कार खड़ी दिखी। उसने रिक्शा रुकवाया और होटल के अन्दर गयी। अन्दर उसका पति मार खानेवाली औरत के साथ एक कमरा बुक करवा रहा था। इसकी पत्नी औरत को बाहर घसीट लायी और उसकी पिटाई कर रही है।" वीरेन्द्र ने बुदबुदाते हुए प्रकाश चन्द्रा को गाली दी, "साला अपनी पत्नी को सुधार नहीं पा रहा है और चला है मुझे सुधारने।" वे मुस्कराते हुए वहाँ से चल दिये।

नया सत्र शुरू हुए चार महीना बीत चुका था। नवम्बर का महीना था। उस दिन विश्वविद्यालय में सारे कार्यक्रम अधिकारियों की बैठक बुलायी गयी थी। इस बीच डॉ. वीरेन्द्र राष्ट्रीय सेवा योजना को छोड़ने का कई प्रयास कर चुके थे, लेकिन सफल नहीं हो पाये थे। डॉ. प्रकाश चन्द्रा के लगातार कान भरते रहने से प्राचार्य वीरेन्द्र के ऊपर नाराज़ रहने लगे थे।

विश्वविद्यालय की बैठक में प्रकाश चन्द्रा और वीरेन्द्र दोनों गये। दो-चार पुरुष और आये थे। बाकी वही पढ़ाई में फिसड्डी और राष्ट्रीय सेवा योजना में अव्वल महिला महाविद्यालयों की औरतें। डॉ. सदाकान्त ने बताया कि बीस नवम्बर को विश्वविद्यालय में राष्ट्रीय सेवा योजना की तरफ से सांस्कृतिक कार्यक्रम होंगे उसमें विश्वविद्यालय और सभी महाविद्यालयों की टीमें भाग लेंगी। सांस्कृतिक कार्यक्रमों का स्वरूप प्रतियोगितात्मक होगा। हर कार्यक्रम के विजेता को पुरस्कृत किया जाएगा। कार्यक्रम के मुख्य अतिथि कुलपति होंगे। सदाकान्त ने एक और प्रस्ताव रखा, "ऐसा है, आप लोग मुझे सम्मानित करिए। अरे भाई! मैं राष्ट्रीय सेवा योजना के लिए इतना काम कर रहा हूँ...। मैं दस हजार रुपये का एक शानदार प्रतीक चिन्ह लाऊँगा। कार्यक्रम के अन्त में धन्यवाद ज्ञापन के लिए मैं प्रकाश चन्द्रा जी को बुलाऊँगा। प्रकाश चन्द्रा जी ऐसी भूमिका बाँधेंगे जैसे सम्मानित किये जाने के बारे में मुझे कुछ पता ही नहीं है और मुझे एकदम से चौंका कर सम्मानित किया जा रहा है। मेरा यह सम्मान राष्ट्रीय सेवा योजना के समस्त कार्यक्रम अधिकारियों की तरफ़ से किया जायेगा...। कहिए कैसा आइडिया है?"

डॉ. प्रकाश चन्द्रा जोर-जोर से तालियाँ बजाने लगे। महिलाएँ भी तालियाँ बजाने लगीं। वीरेन्द्र ने ताली नहीं बजायी। दरअसल प्रकाश चन्द्रा अब डॉ. सदाकान्त से भी वीरेन्द्र की बुराई करने लगे थे। इससे सदाकान्त वीरेन्द्र से चिढ़ने लगे थे और हमेशा वीरेन्द्र को नीचा दिखाने की कोशिश करने लगे थे। प्रकाश चन्द्रा ने कहा, "सर! हम लोगों को सचमुच आपको सम्मानित करना चाहिए। आपको पैसा नहीं देना चाहिए बल्कि खुद हम लोगों को चन्दा करना चाहिए। इस समय राष्ट्रीय सेवा योजना का पूरे भारतवर्ष में आप जैसा समन्वयक नहीं है लेकिन आप तो जानते हैं यहाँ के कार्यक्रम अधिकारियों को। बहुत कम लोग पैसा देंगे।" "कोई बात नहीं, कोई बात नहीं! प्रतीक चिन्ह मैं खुद ही लाकर दूँगा। आप लोग बाकी प्लानिंग कर लीजिए।" डॉ. सदाकान्त बोल पड़े।

बीस नवबर को विश्वविद्यालय के एक बढ़े हाल में राष्ट्रीय सेवा योजना का कार्यक्रम शुरू हुआ। बड़े महाविद्यालयों के सारे कार्यक्रम अधिकारी एकदम पीछे बैठे। डॉ. वीरेन्द्र भी वहीं जाकर बैठे। वे समझ रहे थे तरह-तरह की टिप्पणियाँ होंगी मजा आयेगा। कार्यक्रम का संचालन डॉ. सदाकान्त कर रहे थे। कुलपति के ऊपर तेल पर तेल उड़ेले जा रहे थे। खूब दनादन मालिश हो रही थी। पीछे टिप्पणियों का सिलसिला भी जारी था। तरह-तरह के सांस्कृतिक कार्यक्रम हो रहे थे। सारे के सारे पुरस्कार वही चंद महिला महाविद्यालयों की छात्राएँ बटोर ले रही थीं।

सांस्कृतिक कार्यक्रमों के बाद कुलपति बोलने के लिए खड़े हुए, "...... डॉ. सदाकान्त जी बहुत ही बधाई के पात्र हैं। उन्होंने इस विश्वविद्यालय का सिर गर्व से ऊँचा कर दिया है।....अखबारों में रोज छपता है—छात्रों ने विश्वविद्यालय में तोड़-फोड़ की, कुलपति के खिलाफ छात्रों ने आन्दोलन किया, अध्यापकों ने कुलपति-कार्यालय के सामने धरना दिया, छात्रों ने एक छात्रा के साथ बदतमीजी की, विश्वविद्यालय के कर्मचारी ब्लैक में फॉर्म बेंच रहे हैं, विश्वविद्यालय में फर्जी मार्कशीट बन रही है, विश्वविद्यालय में घूस लेकर अपात्रों को प्रवेश दिया जा रहा है, छात्रों ने सड़क पर कुलपति का पुतला फूँका.....इत्यादि-इत्यादि। कहाँ हैं 'दैनिक जागरण' के पत्रकार? कहाँ हैं 'अमर उजाला' के पत्रकार? कहाँ हैं 'हिन्दुस्तान' के पत्रकार? क्या उनको सदाकान्त जी का यह कार्यक्रम दिख रहा है?..." पीछे बैठे एक अध्यापक ने टिप्पणी की, "करवा ले गये सदाकान्त.....करवा ले गये। विश्वविद्यालय में अपने बेटे की नियुक्ति करवा ले गये।" दूसरे अध्यापक ने टिप्पणी की, "सदाकान्त ने कुलपति को तेल से इतना तर-ब-तर कर दिया है कि कुलपति को इस सृष्टि में तेल के अतिरिक्त कहीं कुछ दिख ही नहीं रहा है।" ".....मेरी पत्रकारों से अपील है कि वे सदाकान्त जी के इन कार्यक्रमों को अपने अखबारों में पर्याप्त जगह दें। इससे छात्रों और अध्यापकों का मनोबल बढ़ेगा। हम लोगों का मनोबल बढ़ेगा......" एक अध्यापक ने चुटकी ली, "कुलपति जी आज आपने सदाकान्त और उनके खानदान का मनोबल बढ़ा दिया। परिवार के युवराज के विश्वविद्यालय में घुसने में कोई सन्देह नहीं रह गया।" "...मैं सदाकान्त जी का व्यक्तिगत रूप से आभारी हूँ क्योंकि वे विश्वविद्यालय में सकारात्मक काम कर रहे हैं, जिससे हमारे विश्वविद्यालय की एक अच्छी छवि उभर कर आ रही है......।"

कार्यक्रम के अन्त में धन्यवाद ज्ञापन के लिए डॉ. प्रकाश चन्द्रा खड़े हुए। माइक पकड़ते ही उन्होंने भूमिका बाँधनी शुरू कर दी, "धन्यवाद ज्ञापन के पूर्व अभी एक कार्यक्रम शेष रह गया है। इस कार्यक्रम के बारे में डॉ. सदाकान्त जी को हवा तक नहीं लगने दी गयी है। हम अच्छी तरह जानते थे कि यदि डॉ. सदाकान्त जी को इस कार्यक्रम की भनक लग गयी तो यह कार्यक्रम कदापि नहीं होने पायेगा। जैसा कि अभी कुलपति जी ने कहा, समाज में अच्छा काम करने वालों को सम्मानित किया जाना चाहिए।.....विश्वविद्यालय और महाविद्यालयों के समस्त कार्यक्रम अधिकारियों ने गुप्त रूप से यह निर्णय लिया था कि डॉ. सदाकान्त जी को उनकी उत्कृष्ट सेवाओं के लिए आज के दिन कुलपति महोदय से सम्मानित कराया जाय।...कार्यक्रम अधिकारियों ने निर्णय लिया था कि डॉ. सदाकान्त जी

को एक प्रतीक चिन्ह देकर सम्मानित किया जाय। मैं माननीय कुलपति जी से अनुरोध करूँगाा कि वह प्रतीक चिन्ह डॉ. सदाकान्त जी को देकर उन्हें सम्मानित करने का कष्ट करें....।'' अचानक एक लड़का एक प्रतीक चिन्ह लेकर बाहर से अन्दर घुसा और वह प्रतीक चिन्ह डॉ. प्रकाश चन्द्रा को दे दिया। प्रकाश चन्द्रा के हाथों से वह कुलपति के हाथों में गया। कुलपति ने मुस्कराते हुए वह प्रतीक चिन्ह डॉ. सदाकान्त को भेंट किया। कैमरे के फ्लैश चमक उठे। हॉल तालियों की गड़गड़ाहट से गूँज उठा।

उधर डॉ. प्रकाश चन्द्रा धन्यवाद ज्ञापन कर रहे थे और इतना भव्य प्रतीक चिन्ह देखकर इधर कार्यक्रम अधिकारियों में खुसुर-पुसुर जारी थी। किन कार्यक्रम अधिकारियों ने निर्णय लिया.....कब निर्णय लिया...किस-किस कार्यक्रम अधिकारी ने चंदा दिया....? कोई किसी को उत्तर नहीं दे पा रहा था। डॉ. वीरेन्द्र बोले, ''ऐसा है, डॉ. सदाकान्त ने खुद ही यह प्रतीक चिन्ह अपने पैसे से खरीदा है। इस सारी नाटकबाजी की भूमिका एक दिन मेरे सामने ही मीटिंग में बनी थी।'' ''अरे बाप रे!'' एक अध्यापक बोले, ''सदाकान्त खुद ही अपने को तेल मालिश कर ले रहा है। प्रकाश चन्द्रवा तो केवल तेल की शीशी लेकर खड़ा है।'' एक अन्य अध्यापक बोले, ''भाई जरा सम्हल कर बैठिएगा। आज तेल से होली खेली जा रही है। कहीं आप लोगों के कपड़ों पर तेल न आ गिरे।

डॉ. प्रकाश चन्द्रा, धन्यवाद ज्ञापन कर चुके तो डॉ. वीरेन्द्र ने जाकर माइक पकड़ लिया, ''आप लोग अचम्भित न हों। मैं बहुत ही संक्षेप में कुछ कहना चाह रहा हूँ। हमारे माननीय कुलपति जी के नेतृत्व में राष्ट्रीय सेवा योजना दिन दूनी-रात चौगुनी उन्नति कर रहा है। यह हमारे माननीय कुलपति जी के कुशल नेतृत्व का ही परिणाम है जो आपको ऐसी सकारात्मक गतिविधयाँ देखने को मिल रही हैं। माननीय कुलपति जी का यह विराट व्यक्तित्व ही है, जिसके कारण विश्वविद्यालय न केवल राष्ट्रीय सेवा योजना के क्षेत्र में, अपितु हर क्षेत्र में उन्नति के शिखर की ओर अग्रसर है लेकिन आज एक ऐसी चीज हुई जो नहीं होनी चाहिए थी। इससे कुलपति जी की गरिमा को ठेस पहुँचती है। डॉ. सदाकान्त जी ने अपने पैसे से ही प्रतीक चिन्ह खरीदकर अपने को दिलवा लिया। डॉ. प्रकाश चन्द्रा जी कृपया बताएँ कि इस प्रतीक चिन्ह को खरीदने में किन-किन कार्यक्रम अधिकारियों ने चन्दा दिया था?'' पीछे बैठे कार्यक्रम अधिकारियों ने जोरदार तालियाँ बजायीं। फिर क्या था? पूरा हाल तालियों की गड़गड़ाहट से गूँज उठा। लोग हँसने और ठहाके लगाने लगे।

कार्यक्रम में अफरा-तफरी मच गयी। कुलपति को तेल लगाते हुए सदाकान्त और प्रकाश चन्द्रा को डॉ. वीरेन्द्र ने धो दिया था।

अगले दिन डॉ. वीरेन्द्र जैसे ही महाविद्यालय पहुँचे, एक चपरासी ने उनसे कहा, "सर, प्राचार्य जी आपका इंतजार कर रहे हैं आप तुरंत उनसे मिल लीजिए।" डॉ. वीरेन्द्र प्राचार्य के कमरे में चले गये। उन्हें देखते ही प्राचार्य ने कहा, "वीरेन्द्र जी, आप राष्ट्रीय सेवा योजना से इस्तीफा दे दीजिए!" डॉ. वीरेन्द्र ने कहा, "धन्यवाद सर!" और इस्तीफा लिखने के लिए वे प्राचार्य के कमरे से बाहर निकल आये।

पप्पू रोता नहीं

डॉ. भवेश अपने कमरे में ताला बन्द करके बाहर सड़क पर आ गये। अभी रात के आठ ही बज रहे थे, फिर भी काफी सन्नाटा था। वे खाना खाने के लिए पप्पू के ढाबे की ओर चल दिये। पप्पू का ढाबा उनके कमरे से लगभग सौ मीटर दूर था। अगस्त का महीना था। कस्बे में बिजली नहीं थी। बिजली न होने से रात की चाँदनी बहुत सुहावनी लग रही थी। डॉ. भवेश रात में खाना खाने जाते समय टार्च जरूर ले लेते थे। रात में उनका खाना खाने का समय आठ से साढ़े आठ बजे के बीच रहता था।

डॉ. भवेश ढाबे के पास पहुँचे तो देखा कि सड़क के किनारे रखे पत्थर पर पप्पू लेटा हुआ था। ''क्यों पप्पू? तबीयत ठीक नहीं है क्या?'' डॉ. भवेश ने पूछा। ''नहीं सर! बुखार हो गया है!'' पप्पू ने जवाब दिया। डॉ. भवेश चिंतित हो गये, ''अरे डॉक्टर को दिखाया?'' ''हाँ! पाण्डेय जी के पास गया था शाम को। उन्होंने कुछ दवाएँ अपने पास से दी हैं खाने को। एक बार खा भी चुका हूँ।'' पप्पू थोड़ा सा कराहती आवाज़ में बोला। पप्पू के ढाबे के बगल ही कस्बे का सरकारी अस्पताल था। अस्पताल में डॉक्टरों के रहने के लिए आवास भी थे इसलिए अस्पताल का सारा स्टाफ अस्पताल में ही रहता था। डॉ. पाण्डेय अस्पताल के फिजीशियन थे। बहुत योग्य डॉक्टर थे वे। गरीब मरीजों को तो वे अपने पास से दवा दे दिया करते थे। डॉ. पाण्डेय का पूरा नाम था डॉ. एस. एस. पाण्डेय। पूरा कस्बा उनकी योग्यता और शराफ़त की तारीफ़ करता था। डॉ. भवेश और डॉ. एस. एस. पाण्डेय में अच्छी दोस्ती थी। डॉ. भवेश ने कहा, ''ठीक है पप्पू! तुम आराम करो। मैं दूसरी जगह जाकर खा लेता हूँ।'' ''नहीं सर! मैं सब्जी बना चुका हूँ। आटा गूँथकर रोटी भी बना लेता हूँ। आप खायेंगे तो उसी बहाने मैं भी खा लूँगा। नहीं तो रातभर मैं भूखा रह जाऊँगा।'' पप्पू बोला। ''ठीक है! अगर ऐसी बात है तो बनाओ रोटी। खा लेता हूँ।'' डॉ. भवेश ने कहा।

कस्बा गाज़ीपुर जिले की तहसील था। दिन में काफी चहल-पहल रहती थी। दिन में किसी न किसी काम से तहसील आने वाले काफी ग्रामीण पप्पू के ढाबे में खाना खाते थे। तहसील के बहुत नज़दीक था पप्पू का ढाबा। दिन में भी डॉ. भवेश पप्पू के ढाबे पर ही खाना खाते थे। रात के वे इकलौते स्थायी ग्राहक थे। अगर कुछ और लोग आ जाते तो पप्पू उसी हिसाब से ज्यादा खाना बना लेता। अन्यथा शाम को केवल दो लोगों का ही खाना बनता। डॉ. भवेश का और अपना।

डॉ. भवेश कस्बे में स्थित राजकीय महाविद्यालय में अध्यापक थे। वहीं कस्बे में ही स्थित डॉ. रामजी तिवारी के घर में वे किराये पर रहते थे। साल में डॉ. भवेश की पत्नी बमुश्किल तीन महीने ही उनके पास रहती थीं। डॉ. भवेश मूल रूप से इलाहाबाद के रहनेवाले थे। उनकी पत्नी ज्यादातर उनके माँ-बाप के पास इलाहाबाद में ही रहती थीं। डॉ. भवेश की अभी कुछ ही साल पहले शादी हुई थी। वे बराबर गाज़ीपुर से इलाहाबाद आते-जाते रहते थे। डॉ. भवेश जब अकेले रहते तो वे पप्पू के ढाबे पर ही खाना खाते। धीरे-धीरे उनके और पप्पू के बीच बहुत अच्छी समझ विकसित हो गयी थी। पप्पू डॉ. भवेश का बहुत सम्मान करता था। डॉ. भवेश भी पप्पू को बहुत स्नेह देते थे। डॉ. भवेश लगभग बत्तीस साल के थे, जबकि पप्पू छब्बीस साल के आस-पास का था।

'इस संसार में दुःखों के अतिरिक्त कुछ नहीं है'—पप्पू इस वाक्य का मूर्तिमान स्वरूप था। पप्पू के ढाबे का काम पहले उसके पिता जी देखते थे। उनका निधन हो चुका था। पप्पू की शादी हो चुकी थी, लेकिन शादी के चार दिन बाद ही पत्नी उसे छोड़कर चली गयी थी। उसके बड़े भाई की पत्नी गाज़ीपुर शहर में प्राइमरी स्कूल में अध्यापिका थी। उसका बड़ा भाई अपनी पत्नी के साथ गाज़ीपुर शहर में ही रहता था और परिवार से कोई सम्बन्ध नहीं रखता था। घर में पप्पू, उसकी माँ, बहन और दो छोटे भाई रहते थे। घर में ही एक तरफ पप्पू का ढाबा था। पप्पू अपने ढाबे में अकेला रहता था। उसकी माँ और उसके भाई-बहन उससे कोई मतलब नहीं रखते थे। वे सब मिलकर घर में ही एक तरफ मिठाई की अच्छी-खासी दुकान चलाते थे। उसी से उन सबका खर्च चलता था। पप्पू इस संसार में एकदम अकेला था। पप्पू का शरीर भी बहुत भारी था। तीन व्यक्तियों के वजन के बराबर पप्पू अकेले था।

पप्पू जिसका साथ देता था, जी-जान से उसका साथ देता था इसीलिए पप्पू के कुछ बहुत अच्छे दोस्त थे। वे दोस्त ही उसके मददगार थे। बीमार होने पर वे पप्पू को डॉक्टर के पास ले जाते। जरूरत पड़ने पर अपने घर से खाना भी बनवाकर

पहुँचा देते। इन्हीं दोस्तों के सहारे वह किसी तरह अपनी ज़िन्दगी काट ले रहा था। दुःखों के बहुत सारे पहाड़ों से दबे होने के बावजूद पप्पू प्रायः हँसता-मुस्कराता और हँसी-मजाक करता हुआ ही दिखायी देता। कहावत है कि ईश्वर जिसे दुःख देता है, उसे उन दु;खों को सहने की शक्ति भी देता है। ऐसी ही कुछ बात शायद पप्पू के साथ भी थी।

अगले दिन दोपहर में बारह बजे के लगभग डॉ. भवेश पप्पू के ढाबे पर पहुँचे। देखा पाँच-छः लोग खाना खा रहे थे। उन्होंने पूछा, "कहो पप्पू? कैसी तबीयत है?" "अब काफी ठीक है सर!" पप्पू थोड़ा-सा मुस्कराते हुए बोला। डॉ. भवेश एक कुर्सी पर बैठ गये। पप्पू उनके लिए रोटियाँ बनाने लगा। "कहो पप्पू! आज काफी खुश दिख रहे हो। कोई खास बात है क्या?" डॉ. भवेश ने पप्पू का चेहरा देखकर पूछा। पप्पू थोड़ा-सा शरमाते हुए बोला, "कुछ नहीं सर! आज सबेरे गोपाल जी किसी काम से शहर गये हुए थे। लौटकर आये तो मुझसे कह रहे थे कि पप्पू आज शहर में तुम्हारी भौजी दिखी थी....अब यही है सर! भइया-भौजी लाख मुझसे सम्बन्ध न रखें। दुनिया तो उन्हें पप्पू के भइया और पप्पू की भौजी कहेगी ही। सम्बन्ध रखना, न रखना दूसरी बात होती है। खून का रिश्ता थोड़े ही खत्म हो जाता है।" पप्पू मंद-मंद मुस्कराये जा रहा था। डॉ. भवेश को पप्पू के भोलेपन पर हँसी आयी। वह इतने पर ही खुश था कि भौजी उससे लाख जान छुड़ायें। कही वे पप्पू की ही भौजी जाएँगी।

अचानक गोपाल वहाँ आ गये। डॉ. भवेश ने उनसे मज़ा लेते हुए पूछा, "क्यों गोपाल जी? आज आपको पप्पू की भौजी मिल गयी थीं क्या?" गोपाल ने हँसते हुए कहा, "हाँ सर! बल्कि मैंने उनको भौजी प्रणाम भी कहा। वे नमस्कार का जवाब देते हुए आगे बढ़ गयीं।"

"उन्होंने पप्पू को पूछा कि नहीं?"

"नहीं सर उन्होंने पप्पू को तो नहीं पूछा।"

पप्पू शरमाते हुए बोला, "क्या सर! आप तो मजाक उड़ा रहे हैं।"

"अरे नहीं भाई! मैं तुम्हारा मजाक नहीं उड़ा रहा हूँ।" अचानक डॉ. भवेश को कुछ याद आया, "अरे गोपाल जी! मैंने आपको पाँच हजार रुपये दिये थे डाकघर से राष्ट्रीय बचत पत्र खरीदने के लिए। आपने खरीदा कि नहीं?" "हाँ सर! आपको वही देने ही तो आया हूँ।" गोपाल बोले, "इसके अलावा आपको एक समाचार भी दिखाना है। आज ही मैंने लिखा है। देख लीजिए ठीक है कि नहीं।" गोपाल ने डॉ. भवेश को राष्ट्रीय बचत पत्र दे दिया और साथ में अपने हाथ से

लिखा एक समाचार भी दिया। राष्ट्रीय बचत पत्र अपने बैग में रखकर डॉ. भवेश समाचार पढ़ने लगे। पढ़ लेने के बाद बोले, "गोपाल जी आपका समाचार अधूरा है। लोगों ने तहसीलदार के ऊपर जो आरोप लगाये हैं, वह सब तो आपने लिख दिया। अब आप तहसीलदार से भी बात कर लीजिए कि इन आरोपों पर उनका क्या कहना है? आप उनको भी अपना पक्ष रखने का मौका दीजिए। नहीं तो यह भी कहा जा सकता है कि आपने यह समाचार दुर्भावना से प्रेरित होकर लिखा है। जाइए, देखिए, इस समय तहसीलदार साहब तहसील में बैठे होंगे। जाकर उनसे बात कर लीजिए। मुझे भी खाना खाकर महाविद्यालय जाना है।" "ठीक है सर!" कहते हुए गोपाल चले गये।

गोपाल के पिता जी की अखबार और पत्रिकाओं की दुकान थी। पप्पू के ढाबे से बीस मीटर पहले। गोपाल कुछ सालों से 'दैनिक जागरण' अखबार के स्थानीय संवाददाता बन गये थे। वे डॉ. भवेश से दो-चार साल छोटे थे। चूँकि डॉ. भवेश को पत्रकारिता का भी अनुभव था, अतः गोपाल ने उन्हें अपना गुरु बना लिया था। डॉ. भवेश गोपाल को काफी मन से लम्बे और धारदार समाचार लिखने का प्रशिक्षण दे रहे थे। इसी का नतीजा था कि गोपाल को धीरे-धीरे अखबार से कैमरा, कम्प्यूटर, फैक्स मशीन इत्यादि कई चीजें मिल चुकी थीं। पत्रकारिता के साथ-साथ गोपाल डाकघर में एजेण्ट का काम भी करते थे। एक बड़े अखबार का पत्रकार होने के नाते कस्बे के अधिकांश अधिकारी गोपाल से बना कर रखते थे और आयकर में छूट पाने के लिए राष्ट्रीय बचत पत्र इत्यादि उन्हीं के माध्यम से खरीदते थे।

महाविद्यालय पप्पू के ढाबे से उसी रास्ते पर आधा किलोमीटर और आगे था। पैदल आने-जाने की दूरी पर। खाना खाकर डॉ. भवेश महाविद्यालय चले गये। प्रवेश समाप्त हो चुका था। अब कक्षाएँ चलने लगी थीं। अपनी कक्षाएँ लेकर जब डॉ. भवेश लौट रहे थे तो उन्होंने सोचा कि पप्पू का हाल-चाल लेता चलूँ। वे पप्पू के ढाबे पर पहुँच गये। पप्पू बर्तन साफ कर रहा था। डॉ. भवेश को ढाबे की ओर मुड़ते देखकर ही पप्पू बहुत तेज मुस्कराने लगा। डॉ. भवेश पप्पू के मुस्कराने का रहस्य नहीं समझ पाये। वे जैसे ही अन्दर घुसे तो देखा कि उनके ही कॉलेज का एक लड़का और एक लड़की हाथ में एक-एक बोतल कोल्ड-ड्रिंक लेकर कोने में एक तरफ छुपकर पी रहे थे। कोल्ड-ड्रिंक पप्पू के भाइयों की मिठाई की दुकान पर मिलता था। डॉ. भवेश को देखते ही दोनों घबरा गये। एक बार में पूरी बोतल खाली हो गयी। दोनों जल्दी से चल दिये वहाँ से। पप्पू जारे-जोर से चिल्लाने लगा, "जा झार के-जा झार के..."

रात डॉ. भवेश जब पप्पू के ढाबे पर खाना खाने पहुँचे तो पप्पू सब्जी बना चुका था। आटा भी गूँथ चुका था। वह उनका इंतज़ार ही कर रहा था। पप्पू डॉ. भवेश को हमेशा गर्मागर्म रोटियाँ ही बनाकर खिलाता था। रात में वे केवल सब्जी और रोटी खाते थे। रात में पप्पू जो खाना डॉ. भवेश के लिए बनाता था, वही खाना खुद भी खाता था। चूँकि दोनों शुद्ध शाकाहारी और किसी भी प्रकार के नशे-पत्ती से दूर रहने वाले व्यक्ति थे, अतः दोनों के खान-पान में बड़ा तालमेल रहता था। पप्पू ने एक थाली में सब्जी परोसी और रोटियाँ सेंक-सेंक कर देने लगा। अचानक एक पागल आकर पप्पू के सामने खड़ा हो गया। वह बार-बार एक ही वाक्य रट रहा था, ''दे दो..दे दो....दे दो.....।'' डॉ. भवेश को यह पागल अक्सर कस्बे में टहलता दिखायी देता था। अस्त-व्यस्त बाल, बड़ी हुई अस्त-व्यस्त दाढ़ी-मूँछ, फटे-चीथड़े कपड़े और हाथ में एक बड़ा-सा कटोरा। वह कभी किसी से कुछ बोलता नहीं था। चुपचाप हाथ का कटोरा आगे बढ़ा देता। अगर किसी को उस कटोरे में कुछ डालना होता तो डाल देता, अन्यथा वह आगे बढ़ जाता। पप्पू ने सब्जी और चार रोटी उसके कटोरे में डाल दिया। वह दूर जाकर उसे खाने लगा। डॉ. भवेश ने कई बार देखा था कि पप्पू के अन्दर पीड़ित लोगों के प्रति बड़ी आत्मीयता थी। किसी भी पीड़ित व्यक्ति की वह तुरन्त सहायता करने के लिए तैयार हो जाता था। उन्होंने उत्सुकता से पप्पू से पूछा, ''पप्पू तुम इस पागल को जानते हो?'' ''हाँ सर! बेचारा समय का मारा हुआ है। कभी यह कढ़ाई का बहुत उम्दा कारीगर था। यहीं कस्बे में ही एक सेठ थे, उनके यहाँ कई तरह का काम होता था। कढ़ाई का काम भी होता था। यह उन्हीं के यहाँ कढ़ाई करता था। धीरे-धीरे इसे सेठ की लड़की से प्यार हो गया। सेठ की लड़की को भी इससे प्यार हो गया। यह बात जब सेठ को पता चली तो उसने इसको बहुत बुरी तरीके से पिटवाया। सेठ यहाँ से चला गया और उसने अपनी लड़की की शादी कर दी। तभी से यह पागल हो गया। सेठ की लड़की का नाम था—लल्ली। कस्बे के लड़के इसको लल्ली-लल्ली कहकर चिढ़ाते हैं। इसको जल्दी कोई भीख भी नहीं देता। भीख में इसे जितना पैसा मिलता है, उस सबकी यह भाँग खा जाता है।''

खाना खाकर डॉ. भवेश अपने कमरे पर चले आये। वे पप्पू के बारे में सोच रहे थे। इसके जीवन का कोई उद्देश्य नहीं है। फिर भी यह जी रहा है बल्कि बहुत सारे दुःखों के बावजूद यह ज़िन्दगी को पूरी शिद्दत से जीने की कोशिश करता है। एक ढंग से इसके आगे-पीछे कोई नहीं है फिर भी अपना ग़म गलत करने के लिए कोई नशा-पत्ती नहीं करता। काम-वासना भूख-प्यास की तरह व्यक्ति की एक

जैविक आवश्यकता है। उससे भी यह पूरी तरह दूर रहता है। इस सम्बन्ध में लोगों से थोड़ा हँसी-मजाक अवश्य कर लेता है, लेकिन किसी लड़की या औरत पर यह बुरी दृष्टि नहीं डालता। इसका जीवन एक अज़ीब तरह की पहेली है। ऐसी परिस्थिति यदि मेरे साथ होती तो क्या मैं ज़िन्दा रहने के बारे में सोच पाता?

अगले दिन कॉलेज जाने के पहले जब डॉ. भवेश पप्पू के ढाबे पर पहुँचे तो उन्हें देखकर वह जोर-जोर से हँसने लगा। "क्या बात है पप्पू?" उन्होंने बड़ी उत्सुकता से पूछा। पप्पू बताने लगा, "सर एक लड़का है प्रत्यूष। पास के गाँव का है। वह मुझसे परिचित है। उसकी पत्नी आपके कॉलेज में बी.ए. में पढ़ती है। मैंने प्रत्यूष को बता दिया है कि तुम्हारी बीवी को कॉलेज के अर्थशास्त्र वाले कमल सर लाइन मारते हैं। तब से वह बहुत परेशान है। कई दिन से वह रोज आ रहा है और साइकिल मेरी दुकान पर रखकर अपनी पत्नी की सुरागकशी कर रहा है। मैंने उससे यह भी बता दिया है कि यह बात आप भी जानते हैं। वह इस बारे में आपसे पूछना चाह रहा है, लेकिन उसकी हिम्मत नहीं पड़ रही है।" डॉ. भवेश ने पप्पू को डाँटा, "देखो पप्पू, इस तरह की मसखरी में मेरा नाम मत घसीटा करो।" पप्पू ही-ही करके हँसने लगा। अर्थशास्त्र के अध्यापक डॉ. कमल बहुत रसिक मिजाज व्यक्ति थे। वे भी कस्बे में एक जगह किराये पर कमरा लेकर रहते थे। पूरे कस्बे में वे बड़ी हेय दृष्टि से देखे जाते थे। कॉलेज में लड़के भी उन्हें बहुत परेशान करते थे। कस्बे में जब वे किसी रास्ते निकलते थे तो छोटे-छोटे बच्चे भी उन्हें गालियाँ देकर भागते थे लेकिन डॉ. कमल चिकने घड़े थे। उनके ऊपर कोई असर नहीं पड़ता था। उनके साथ अपनी पत्नी का नाम जोड़े जाने से स्वाभाविक था कि वह लड़का सशंकित हो जाता।

अगले दिन दोपहर में जब डॉ. भवेश खाना खाने पहुँचे तो पप्पू को दूध देने वाला यादव भी उसके पास खड़ा था। उसने अपनी साइकिल बाहर खड़ी कर रखी थी। पप्पू उसे समझा रहा था, "देखो, किसी भी पार्टी को देश से मतलब नहीं है। सब किसी तरीके से कुर्सी पर बैठना चाहते हैं। मंत्री, मुख्यमंत्री, प्रधानमंत्री बनना चाहते हैं। केवल भाजपा ही ऐसी पार्टी है, जो देश के बारे में सोचती है। भाजपा नहीं रहेगी तो देश गुलाम हो जायेगा। राष्ट्रीय स्वयं सेवक संघ के लोग किस तरह अपने घर-परिवार को भूलकर देश को बचाने में लगे हैं, जानते हो? बाकी सब पार्टी वाले तो मुसलमानों को बढ़ावा दे रहे हैं। ऐसे ही रहा तो एक दिन इस देश पर मुसलमानों का कब्जा हो जाएगा। सुहैलवा को देखते हो न। तीन बीवियाँ हैं और अठारह बेटे। मुसलमान लोग इसी तरह से अपनी जनसंख्या बढ़ा रहे हैं।

मेरी बात मान लो। राष्ट्रीय स्वयं संवक संघ में शामिल हो जाओ। देश को बचाने में मदद करो.......।''

दूधवाला बोला, ''देखो पप्पू भाई! तुम्हारी बात अपनी जगह है। मैं जाति का यादव हूँ। यदि मैं गंगाजी में गले तक पानी में खड़ा होकर भी अटल बिहारी वाजपेयी से कहूँ कि मैंने आपको वोट दिया है, तो वे मेरे ऊपर विश्वास नहीं करेंगे इसलिए मैं मुलायम सिंह यादव के साथ ही रहूँगा और उन्हीं की पार्टी को वोट दूँगा। मैं विभीषण नहीं बनूँगा। विभीषण को समाज में कोई इज़्ज़त नहीं मिलती।'' पप्पू ने बुरा सा मुँह बनाया, ''ठीक है! मुझे क्या है! जिस दिन मुसलमान देश पर कब्जा कर लेंगे, तुम्हीं लोग भोगोगे। मेरे आगे-पीछे कौन है? मैं तो मर-हेरा जाऊँगा।'' दूधवाले ने साइकिल उठाई और ''कुछ भी हो, मैं तो मुलायम सिंह यादव के साथ ही रहूँगा'' कहता हुआ चला गया।

पप्पू के पिताजी राष्ट्रीय स्वयं सेवक संघ के समर्पित कार्यकर्ता थे इसलिए उसके मन-मस्तिष्क में भी राष्ट्रीय स्वयं सेवक संघ ही बसा हुआ था। वह खुद भी कभी-कभार संघ की शाखा में जाया करता था। वैसे उसकी बातें उसके व्यवहार से मेल नहीं खाती थीं। कस्बे के कुछ मुसलमानों से उसकी बहुत बनती थी।

तभी वह लड़का आ गया जिसको पप्पू ने उसकी पत्नी के प्रति सशंकित कर दिया था। उसे देखते ही पप्पू मुस्कराने लगा। डॉ. भवेश खाना शुरू कर चुके थे। लड़का उनके अगल-बगल घूमने लगा। डॉ. भवेश समझ गये कि यह मुझसे कुछ पूछना चाहता है। वे बहुत गम्भीर चेहरा बनाकर खाना खाने लगे। खाना खाकर वे तुरन्त कॉलेज चल दिये।

एक बड़ा कमरा था, जिसमें लोग खाना खाते थे। चूल्हा बाहर था। चूल्हे के बगल एक लम्बी मेज रखी थी। मेज से सटाकर पाँच-छः कुर्सियाँ रखी थीं। चूल्हे और मेज के ऊपर टीन की चादर डली हुई थी। दोपहर में अगर ज्यादा लोग हो जाते थे तो कुछ लोग बाहर रखी हुई कुर्सियों पर बैठकर खाना खाते थे। पप्पू का ढाबा कुल जमा इतना ही था। डॉ. भवेश को बाहर बैठकर खाना ही अच्छा लगता था। रात में वे रोज बाहर ही खाते थे। दिन में कभी कमरे में तो कभी बाहर खाते थे।

रात में जब डॉ. भवेश खाना खाने पहुँचे तो पप्पू आटा गूँथने लगा। डॉ. भवेश बोले, ''क्या पप्पू! तुमने उस लड़के को परेशान कर दिया है! दिन में मेरे बगल घूम रहा था।'' पप्पू हँसने लगा, ''दिन में जब वह आपसे नहीं पूछ पाया तो कॉलेज में जाकर अपनी बीवी से ही पूछने लगा। अपनी बीवी से कहने लगा कि कमल मास्टर से तुम्हारा कोई सम्बन्ध है क्या? मुझे कुछ लोग बता रहे थे।

उसकी बीवी रोने लगी। उसकी बीवी कहने लगी कि कमल सर की प्रेमिका आरती है। मेरा उनसे कोई सम्बन्ध नहीं है। मैंने तो केवल उनका विषय ले रखा है। उसकी बीवी ने भगवान की कसम खायी। उसके बाद वह फिर मेरे पास पूछने आया। मैंने उससे कहा कि मैंने तो ऐसे ही तुमसे मजाक किया था। तब जाकर उसको सन्तोष हुआ।'' ''तुम बहुत बदमाश हो क्यों बिना मतलब मियाँ-बीवी में झगड़ा करा रहे थे?'' डॉ. भवेश ने कहा।

सड़क पर कस्बे का एक हिजड़ा जा रहा था। अचानक वह पप्पू के ढाबे की ओर मुड़ा और आकर पप्पू के कोयले के चूल्हे में बीड़ी सुलगाने लगा। पप्पू छेड़खानी करते हुए बोला, ''भौजी पालागी!'' ''जीते रहो पप्पू देवर! मेरा दूध पियोगे?'' उसने ताली बजाकर बेशर्मी से कहा। ''पिला दोगी तो क्यों नहीं पिऊँगा?'' पप्पू ने चुहलबाजी करते हुए कहा। हिजड़े ने पैर के घुटने तक अपनी साड़ी उठायी और पप्पू को गाली देते हुए चला गया। पप्पू ही-ही करके हँसने लगा। ''क्या पप्पू! तुम भी एक न एक खुराफात करते रहते हो। पप्पू बताने लगा, ''अरे सर! यह सचमुच में हिजड़ा नहीं है। नकली हिजड़ा बनकर हिजड़ों का नेता बन बैठा है। हिजड़े नाच-गाकर जो पैसा कमाते हैं, उसमें से आधा पैसा यह अकेले ले लेता है। मीरजापुर में इसने जो अच्छा घर बनवा रखा है। वहाँ पर इसके बीवी-बच्चे भी हैं।'' डॉ. भवेश हँसने लगे, ''पप्पू तुम्हें सबका इतिहास-भूगोल पता रहता है।''

अगले दिन सबेरे आठ बजे ही डॉ. भवेश पप्पू के ढाबे पर पहुँच गये तो पप्पू चौंक पड़ा। डॉ. भवेश बोले, ''पप्पू आज रात में मेरा पेट खराब गया है। मैं पांडेय जी को दिखाने जा रहा हूँ। तुम दोपहर में पतली मूँग की खिचड़ी बनाकर मेरे कमरे पर लेते आना। आज मैं कॉलेज नहीं जाऊँगा।'' ''ज्यादा खराब हो गया है क्या सर?'' पप्पू ने चिन्तित होते हुए पूछा। ''हाँ पप्पू!'' कहकर डॉ. भवेश पाण्डेय जी के घर चले गये। उन्होंने डॉ. एस. एस. पाण्डेय का दरवाजा खटखटाया। थोड़ी देर में पाण्डेय जी निकले। ''क्या हुआ डॉक्टर साहब?'' उन्होंने डॉ. भवेश को देखते ही पूछा। ''डॉक्टर साहब रात से ही पेट बहुत ज्यादा खराब हो गया है।'' डॉ. भवेश ने कुर्सी पर बैठते हुए कहा। डॉ. एस. एस. पाण्डेय ने उनका चेकअप किया। फिर बोले, ''ऐसा है डॉक्टर साहब, आप पप्पू के यहाँ खाना खाना छोड़ दीजिए। अपने हाथ से बनाकर खाया कीजिए या खाने बनाने के लिए कोई आदमी रख लीजिए।''

''पप्पू बेचारा मुझको बहुत साफ-सुथरा खाना खिलाता है।''

"आप देखते हैं कि सामने की सड़क कितनी टूटी-फूटी और धूलभरी है। उस पर हमेशा वाहन चलते रहते हैं। पप्पू बाहर खाना बनाता है। सड़क की सारी धूल खाने और पानी में उड़कर मिलती रहती है।"

"पप्पू बेचारा इतने प्रेम से खाना खिलाता है और मेरा ध्यान रखता है कि मैं उसके यहाँ खाना छोड़ नहीं सकता।"

"तो ऐसा करिए कि आप अपना ट्रांसफर इलाहाबाद करवा लीजिए। वहाँ घर का खाना खायेंगे तो पेट नहीं खराब होगा।"

"आपने भी तो इलाहाबाद मेडिकल कॉलेज से एम.बी.बी.एस. और एम.डी. कर रखा है। आप अपना ट्रांसफर इलाहाबाद करवा लीजिए तो मैं भी इलाहाबाद ट्रांसफर करवा लूँ।"

"मैं इलाहाबाद ट्रांसफर नहीं करवाऊँगा। यहाँ चुपचाप शान्ति से पड़ा हुआ हूँ। इलाहाबाद में छः महीने में ही मुझे धक्का देकर कोई नया आ जाएगा।"

"ठीक है! आप दवा लिख दीजिए। आपकी बात पर मैं विचार करूँगा।"

डॉ. एस.एस. पाण्डेय ने दवा लिख दी। डॉ. भवेश पर्ची लेकर बाहर एक मेडिकल स्टोर पर गये। दवा लेकर वे कमरे पर चले आये और दवा खाकर चुपचाप लेट गये। उन्हें कब नींद आ गयी, उन्हें पता ही न चला। उनकी नींद तब खुली जब पप्पू ने दरवाजा खटखटाया।

इधर कई दिनों से डॉ. भवेश पप्पू के ढाबे पर एक विचित्र चीज देख रहे थे। दोपहर में ढाबे में खाना खाने एक जीप का ड्राइवर भी आता था। कई दिनों से उसके साथ खाना खाने एक लड़की भी आने लगी थी। लड़की हमेशा साड़ी में रहती थी। अजीब इत्तफाक था कि जब दोपहर में डॉ. भवेश खाना खाने पहुँचते तभी वे दोनों भी पहुँचते। लड़की बेशर्मी से रोज एक जैसी बातें ही करती, "तुम मुझे अपने घर में रखो। मैं तुम्हें बहुत प्यार करती हूँ। मैं तुम्हारी बीवी बनकर तुम्हारे घर में रहूँगी। तुम मुझे अपने साथ नहीं रखोगे तो मैं जान दे दूँगी। मैं तुम्हारी बीवी से कई बार मिल चुकी हूँ। वह मुझे अपनी बहन की तरह मानती है। तुम्हारी बीवी के रूप में मुझे स्वीकार करने के लिए वह तैयार है। जब उसे कोई दिक्कत नहीं है तो तुम्हें क्या समस्या है? तुम बहानेबाजी करके रोज मुझे इधर-उधर टहला रहे हो।" आदि-आदि। एक दिन डॉ. भवेश से नहीं रहा गया। रात में खाना खाते वक्त वे पप्पू से उस लड़की के बारे में पूछने लगे। पप्पू बड़े रहस्यपूर्ण अंदाज़ में बताने लगा, "सर वह लड़की नहीं लड़का है। कलकत्ता के एक बड़े सेठ का इकलौता लड़का है। नाचने-गाने में यह एकदम मास्टर है। यह अपना घर छोड़कर

यहाँ भाग आया है। यह अपने को लड़की समझता है और लड़कियों की तरह खूब सज-धजकर रहना पसंद करता है। इसके जो आप लम्बे-लम्बे बाल देखते हैं, वे नकली हैं। यह विग पहनता है। इस ड्राइवर ने इसे फँसा लिया है। यहाँ गाज़ीपुर में किसी भी शादी में लौंडे का नाच जरूर होता है। यह ड्राइवर इसको लौंडे के नाच के लिए बुक करता है और खूब पैसे कमाता है इसीलिए ड्राइवर की पत्नी भी इसकी खूब चापलूसी करती है। आप देखते हैं, लड़की बनकर यह कितना सुन्दर लगता है? इसीलिए शादियों में इसकी बड़ी माँग है। गाज़ीपुर में इसने गर्दा मचा दिया है। बहुत ज्यादा पैसे में इसकी बुकिंग होती है। ड्राइवर के हाथ तो जैसे सोने के अंडे देनेवाली मुर्गी लग गयी है।''

अगले दिन दोपहर जब डॉ. भवेश खाना खा रहे थे तो वे दोनों भी खा रहे थे। लड़की उसी तरह बड़-बड़ कर रही थी। पप्पू ने उसको डाँट दिया, ''ज्यादा बड़-बड़ मत करो। कुछ तो शर्म किया करो। देख रही हो कि सर भी खाना खा रहे हैं।'' लड़की बेशर्मी से बोली, ''क्या सर ने अपनी जिन्दगी में किसी से मुहब्बत नहीं की होगी क्या? क्यों चुप रहूँ?'' डॉ. भवेश को उसकी बात काफी बुरी लगी। पप्पू तो गुस्से से आग बबूला हो गया। कोई उसके सर की शान में गुस्ताखी करने की जुर्रत करे! यह उसकी बर्दाश्त के बाहर था। पप्पू उसे जोर-जोर से डाँटने लगा, ''खाना खाकर तुरंत भाग जाओ यहाँ से। आज के बाद से मेरी दुकान पर दिखायी मत पड़ना। भागो।'' लड़की सफाई देने लगी, ''अरे पप्पू भइया......'' ''चो ऽऽ प्प!'' पप्पू जोर से चिल्ला पड़ा, ''किसके सामने क्या बोलना चाहिए, तमीज़ नहीं है।'' लड़की पप्पू का पैर पकड़ कर रोने लगी। पप्पू की समझ में नहीं आया। क्या करे वह।

अगले दिन से दोनों पप्पू के ढाबे पर दिखने बन्द हो गये। कुछ दिनों बाद पप्पू ने डॉ. भवेश को बताया कि वह लड़की बम्बई भाग गयी।

एक दिन रात में खाना खाते समय पप्पू ने डॉ. भवेश को ऐसी खबर बतायी कि वे खुशी से उछल पड़े। ''सर यहाँ तहसील में जो शंकर भगवान का मन्दिर है, उसी से सटाकर दुर्गा जी का एक भव्य मंदिर बनेगा। कस्बे में लोहे के एक बहुत बड़े व्यापारी हैं। उन्होंने कहा है कि जितना भी सरिया-लोहा मन्दिर बनाने में लगेगा, वह मैं दूँगा। इसी तरह सीमेन्ट के एक व्यापारी ने कहा है कि सारी सीमेन्ट मैं दूँगा। संगमरमर के एक व्यापारी ने संगमरमर का पत्थर देने के लिए कहा है। लोग बहुत पैसा दे रहे हैं...।'' पप्पू बताये जा रहा था।

डॉ. भवेश देवी जी के बड़े भक्त थे। नवरात्र में यदि वे यहाँ रहते तो शंकर भगवान के मंदिर में जाकर पार्वती जी की पूजा कर लेते और मन ही मन सोचते कि काश यहाँ दुर्गा जी का एक मन्दिर हो जाता। देवी ने उनकी प्रार्थना सुन ली।

देवी जी का मन्दिर बन जाने के बाद एक दिन डॉ. भवेश ने विधि-विधान से देवी जी की पूजा करने का निश्चय किया। उस समय उनकी पत्नी भी आयी हुई थीं। उन्होंने पप्पू से कहा। पप्पू ने दौड़-दौड़कर पूजा का सारा सामान इकट्ठा किया। शाम को एक बड़ी डलिया में सारा सामान लेकर आगे-आगे पप्पू चला। पीछे डॉ. भवेश और उनकी पत्नी थीं। रास्ते में गोपाल मिल गये। उन्होंने डॉ. भवेश को प्रणाम करते हुए कहा, ''सर, आप देवी जी के भक्त हैं और पप्पू भाई आपके भक्त हैं।'' डॉ. भवेश हँसने लगे। उस दिन देवी जी की विधि-विधान से पूजा करके डॉ. भवेश को बड़ा आत्मिक संतोष मिला। पप्पू मन्दिर में सर के साथ फोटो खिंचवाकर बहुत खुश था।

उस दिन कॉलेज का वार्षिक समारोह था। डॉ. भवेश सहित सारे अध्यापकों को सात बजे कॉलेज पहुँच जाना था। कॉलेज जाते समय डॉ. भवेश ने पप्पू से कहा, ''पप्पू एक बजे के लगभग खाना लेकर कॉलेज में आ जाना। आज वार्षिक समारोह है।'' पप्पू खुशी-खुशी तैयार हो गया, ''ठीक है सर! इसी बहाने मैं भी कॉलेज का थोड़ा-सा नाच-गाना देख लूँगा।'' डॉ. भवेश चले गये।

एक बज गये थे। मुख्य अतिथि को दो बजे आना था। प्राचार्य ने कहा, ''मुख्य अतिथि आ जाएँगे तो दिन डूबने तक फुर्सत नहीं मिलेगी इसलिए खाना-पीना अभी खा लिया जाय।'' सबने प्राचार्य की बात से सहमति व्यक्त की। तब तक टिफिन लेकर पप्पू उपस्थित हो गया। प्राचार्य ने कहा, ''देखिए, भवेश जी की व्यवस्था हमेशा टंच रहती है।'' तब तक कई लड़कों ने पप्पू भाई-पप्पू भाई कहते हुए पप्पू को घेर लिया। पप्पू की कॉलेज में बड़ी हनक थी। लड़कों को पता था कि पप्पू भवेश सर का बहुत खास है। डॉ. भवेश की कॉलेज में लड़के बहुत इज़्ज़त करते थे। प्राचार्य ने बाकी लोगों के लिए एक चपरासी से बाटी-चोखा मँगवाया।

रात में डॉ. भवेश जब खाना खाने पहुँचे तो पप्पू बड़ा उदास था। डॉ. भवेश ने पूछा, ''क्या बात है पप्पू?'' ''कुछ नहीं सर!'' पप्पू बहुत दुःखी आवाज़ में बोला। ''बताओ-बताओ क्या बात है?''

''सर आज मेरी माँ मुझसे कह रही थी कि इस घर में तेरा कुछ नहीं है। जो होटल तू चला रहा है, वह मलिकार (मालिक अर्थात् पप्पू के पिता जी) ने बनाया है।

तूने उसमें क्या किया है? सर आपके भोजन की बात है, नहीं तो मैं यहाँ से चला जाता। कहीं और कमाता-खाता। जब मेहनत ही करनी है तो आदमी कहीं भी कर लेगा।''

''कोई बात नहीं पप्पू! माँ-बाप की डाँट सुन लेनी चाहिए। वैसे भी सफल आदमी का सारा संसार रिश्तेदार बन जाता है। असफल आदमी का साया भी साथ छोड़ देता है। मन छोटा न करो।''

खाना खिलाते समय उस रात पप्पू गपशप नहीं कर रहा था, न दुनिया-जहान की खबरें ही बता रहा था। बस! एकदम उदास था।

अगले दिन दोपहर में जब डॉ. भवेश खाना खाने गये तो नज़ारा एकदम बदला हुआ था। लग ही नहीं रहा था कि रात में कोई इतनी गम्भीर बात हुई थी। एक लड़की अपनी साइकिल कमरे में रखकर बैठी हुई थी। थोड़ी देर में एक कार में बैठकर दो आदमी आये। लड़की साइकिल वहीं छोड़कर कार में जाकर बैठ गयी। दोनों आदमी कार लेकर चले गये। पप्पू मुस्कराते हुए बोला, ''देख रहे हैं सर?'' ''क्या हुआ?'' डॉ. भवेश ने उत्सुकता से पूछा। पप्पू उसी तरह मुस्कराता रहा, ''सर यह लड़की आपके कॉलेज में पढ़ती है।'' ''तो क्या हुआ?'' डॉ. भवेश कुछ-कुछ माजरा समझ गये। ''यह लड़की अपने गाँव से पढ़ने के नाम पर आयी है। साइकिल मेरी दुकान में रखकर दो आदमियों के साथ गयी होटल....शहर में। साइकिल रखने के लिए मुझे दस रुपये दी है। अब गुलछर्रे उड़ाकर शाम को लौटेगी फिर साइकिल लेकर घर चली जाएगी। घर वाले सोचेंगे कि हमारी बेटी पढ़कर कॉलेज से आ रही है।'' पप्पू बताने लगा तब तक पप्पू को कॉलेज का एक लड़का दिख गया। पप्पू ने आवाज़ देकर उसे बुलाया। वह पास आ गया तो पप्पू उससे बोला, ''क्यों? तुम लोग अपने गाँव की लड़कियों की जवानी नहीं सम्हाल पा रहे हो क्या?'' ''क्या हुआ?'' वह लड़का सकपकाकर बोला। ''अभी तुम्हारे गाँव के मातादीन की बड़की बिटिया कार में बैठकर शहर गयी है....होटल...देख लो....उसकी साइकिल ये अन्दर रखी हुई है।'' पप्पू उससे बोला। लड़के को बड़ा आश्चर्य हुआ, ''किसके साथ गयी है?'' ''दो आदमी थे। मैं उनको पहचानता नहीं। तुम्हारे गाँव के नहीं थे।'' पप्पू ने बताया। लड़का रोष में बोला, ''ठीक है! शाम को जाकर मैं उसके बाप से सारी बात बताता हूँ।'' ''उसके बाप को बताकर क्या करोगे? धिक्कार तो तुम लोगों को है। तुम लोगों के रहते तुम्हारे गाँव की लड़की बाहरी लोगों के साथ उड़ रही है।'' पप्पू उससे बोला। लड़का चुपचाप वहाँ से चल दिया। पप्पू ने हाँक लगायी, ''हाँ, जा झार के!''

तब तक एक औरत आयी और पप्पू के घर के अन्दर उसकी माँ के पास चली गयी। पप्पू फुसफुसाते हुए बड़ी रहस्यपूर्ण आवाज़ में बोला, ''सर ये औरत पाकिस्तानी है। एक बार यह पाकिस्तान से अपने एक रिश्तेदार के यहाँ आयी और लौटकर वापस नहीं गयी। यहीं पर एक मुसलमान से इसने शादी कर ली है। इसके चार बच्चे भी हैं। .....यह पाकिस्तान को बहुत गाली देती है। कहती है कि यहाँ के मुसलमान सोचते हैं कि पाकिस्तान ज़न्नत है। वहाँ जाकर लोग देखें तब पता चलेगा कि पाकिस्तान कितना घटिया मुलुक है। हिन्दुस्तान उससे हजार गुना अच्छा है।'' डॉ. भवेश खाना खाकर उठे और हँसते हुए कॉलेज चल दिये। उन्हें पप्पू की कल रात की बात याद आ रही थी। उन्होंने सोचा था कि पप्पू को अपनी माँ की बात से ऐसा सदमा लगा है कि यह महीनों दुःखी रहेगा लेकिन पप्पू ने रात भर में ही अपना सारा ग़म भुला दिया था।

उस दिन रविवार था। डॉ. भवेश जब पप्पू के ढाबे पर पहुँचे तो वहाँ सब कुछ बन्द था। डॉ. भवेश को देखते ही पप्पू का छोटा भाई दौड़कर उनके पास आया। बोला, ''सर उनको पुलिस पकड़ ले गयी।'' ''पुलिस पकड़ ले गयी? क्यों?'' डॉ. भवेश सन्न रह गये। ''सर उनकी जहाँ शादी हुई थी, उन लोगों ने दहेज की रपट लिखा दी है। वो लोग सी.ओ. साहब के गाँव के हैं। सी.ओ. साहब ने पुलिस भेजकर उनको पकड़वा लिया।'' उसने बताया। ''इस समय पप्पू कहाँ है?'' डॉ. भवेश ने पूछा। उसके भाई ने बताया, ''कस्बे के बाहर जो मुहम्मदाबाद थाना है वहीं पर वे हैं।'' डॉ. भवेश ने एक ठेले पर से जल्दी-जल्दी बाटी चोखा खाया। एक रिक्शा पकड़ा। थाने चल दिये।

इंस्पेक्टर डॉ. भवेश से परिचित थे। नमस्कार-प्रणाम के बाद डॉ. भवेश ने उनसे पप्पू के बारे में पूछा। वे डॉ. भवेश को लिवाकर पप्पू के पास गये। पप्पू एक पीपल के पेड़ के नीचे उदास बैठा था। थाने के अन्दर ही। ''मुझे मालूम था कि यह आपका चेला है इसीलिए मैंने न तो इसे हथकड़ी लगवायी और न ही अन्दर रखा।'' इंस्पेक्टर बोले। डॉ. भवेश ने पूछा, ''जब इसने अपनी पत्नी को खुद नहीं छोड़ा। विदाई के बाद वह खुद लौटकर नहीं आयी। तब सी.ओ. साहब ने इसको क्यों पकड़वा लिया?'' ''ऐसा है डॉक्टर साहब! सी.ओ. साहब इंस्पेक्टर से प्रमोट हुए हैं। उनकी केवल दो साल नौकरी और बची है। पप्पू के ससुराल वाले उनके गाँव के हैं। सी.ओ. साहब की पत्नी गाँव की प्रधान हैं। सी.ओ. साहब अपनी पत्नी का वोट सेट कर रहे हैं।'' इंस्पेक्टर ने समझाया। ''ऐसा है, सी.ओ. साहब के आवास और कार्यालय दोनों तहसील परिसर में ही हैं। मेरा आवास भी

तहसील परिसर के पास है। जाकर मैं सी.ओ. साहब से मिलता हूँ। देखता हूँ क्या हो सकता है?'' डॉ. भवेश ने कहा। इंस्पेक्टर ने कहा, ''हाँ! एक बार आप बात कर लीजिए। देखिए क्या करते हैं?''

डॉ. भवेश सी.ओ. के आवास पर पहुँचे। चपरासी से पूछा तो पता चला कि वे घर पर ही हैं। डॉ. भवेश ने चपरासी से कहा, ''जाओ अपने साहब को बता दो कि महाविद्यालय से एक प्रोफेसर साहब मिलने आये हैं।'' चपरासी अन्दर गया। लौटकर आया तो वह डॉ. भवेश को ड्राइंग रूम में लिवा गया। थोड़ी देर बाद सी. ओ. साहब अपने ड्राइंग रूम में पधारे, ''कहिए मास्टर साहब, कैसे आना हुआ?'' ''नमस्कार सी.ओ. साहब! आपने मेरे एक चेले को पकड़वा लिया है। उसी के बारे में बात करने आया हूँ।'' डॉ. भवेश ने उत्तर दिया।

''क्या नाम है?''

''पप्पू।''

''अरे वह! वह साला तो बड़ा बदमाश है। उसके ससुर ने रिपोर्ट लिखायी है कि दहेज के लिए उसने अपनी पत्नी को छोड़ दिया है।''

''उसने अपनी पत्नी को नहीं छोड़ा है। चार-पाँच दिन बाद, शादी के बाद की पहली विदाई से ही उसकी पत्नी लौटकर नहीं आयी है। उसने कभी कुछ नहीं कहा। वह तो अभी भी अपनी पत्नी को रखने के लिए तैयार है।''

पत्नी को अभी भी रखने के लिए तैयार है—वाला दाँव डॉ. भवेश ने अपनी तरफ़ से मारा। सी.ओ. इससे थोड़ा दबाव में आ गये।

''जेल गया है, तब साला पत्नी को रखने के लिए तैयार हो गया है। अभी तक उसने अपनी पत्नी को क्यों नहीं पूछा? कभी वह अपनी पत्नी को विदा कराने अपनी ससुराल गया?''

''अपनी पत्नी को विदा कराने ससुराल कैसे जाता? उसको पता चल गया था कि उसकी पत्नी लौटकर नहीं आयेगी। वह ससुराल जाता और ससुराल वाले उसे मारने लगते, तब वह क्या करता? उसके ससुराल वालों ने आज तक एक बार भी आकर उससे क्यों नहीं पूछा कि तुम अपनी पत्नी को क्यों वापस नहीं ले जा रहे हो? जहाँ तक मैंने सुना है, उसके ससुर ने अपनी लड़की की दूसरी शादी कर दी है।''

दूसरी शादी के नाम पर सी.ओ. सकपका गये। वे ढिठाई पर उतर आये, ''हाँ! उसके ससुर ने अपनी बेटी की दूसरी शादी कर दी है। शादी में उसके ससुर का बहुत पैसा खर्च हुआ है। उसे अपने ससुर को एक लाख रुपये जुर्माना देना पड़ेगा। तभी वह जेल से छूट पायेगा।''

"अरे सी.ओ. साहब! वह बेचारा बहुत ग़रीब आदमी है। एक लाख तो क्या, वह दस हजार भी नहीं दे पायेगा।"

"आप क्या बात कर रहे हैं मास्टर साहब! वह होटल चलाता है। वह ग़रीब आदमी है? वह जब तक एक लाख रुपये नहीं देगा, तब तक वह जेल से नहीं छूट पायेगा?"

डॉ. भवेश ने सी.ओ. को बहुत समझाने की कोशिश की लेकिन वे टस से मस नहीं हुए।

कस्बे के ही एक बड़े व्यवसायी नागेश कुमार भाजपा के एक बड़े नेता और राष्ट्रीय स्वयं सेवक संघ के कार्यकर्ता थे। डॉ. भवेश उनके घर पहुँचे। नागेश कुमार ने उन्हें सम्मानपूर्वक बैठाया। नौकर से उन्होंने घर से चाय बनवाकर लाने को कहा। "और सर? सब ठीक-ठाक है?" नागेश कुमार ने पूछा। "हाँ सब ठीक-ठाक है। आपकी पार्टी का एक कार्यकर्ता बड़ी मुसीबत में है। आपसे मैं उसी के बारे में बात करने आया हूँ।" डॉ. भवेश ने जवाब दिया। "कौन है वो?" नागेश कुमार ने फिर पूछा। डॉ. भवेश ने बताया, "पप्पू। यहाँ के सी.ओ. ने दहेज उत्पीड़न के फर्जी मामले में उसे जेल में बन्द करवा दिया है।" "कब?" नागेश कुमार ने आश्चर्य से पूछा। डॉ. भवेश ने बताया, "आज सबेरे की बात है।.....पप्पू की ससुराल वाले सी.ओ. के गाँव के हैं। सी.ओ. की पत्नी गाँव की प्रधान हैं। इसी चक्कर में उन्होंने पप्पू को जेल में डाल दिया है। मैं गया था सी.ओ. से बात करने। वे कह रहे हैं कि पप्पू अपने ससुर को एक लाख रुपये हर्जाना दे तब वे पप्पू को जेल से छोड़ेंगे। मैंने बहुत समझाया लेकिन वे नहीं माने। पप्पू बेचारा ग़रीब आदमी है। वह तो दस हजार रुपये भी नहीं दे सकता। एक लाख रुपये कहाँ से देगा? मैं ये कहने आया हूँ कि आप उसकी तरफ से एक लाख रुपये भर दीजिए। पप्पू धीरे-धीरे आपका पैदा देता रहेगा।.....पप्पू ईमानदार आदमी है। वह धीरे-धीरे आपका पैसा दे देगा। फिर आपका पैसा मारकर वह जाएगा कहाँ.......?" एक लाख रुपये देने के नाम पर नागेश कुमार के माथे पर बल पड़ गया। थोड़ी देर बाद वे बोले, "रुकिए...मैं खुद जाकर सी.ओ. से बात करता हूँ।" तब तक चाय आ गयी। दोनों चाय पीने लगे।

नागेश कुमार ने भारतीय जनता पार्टी के कई नेताओं को इकट्ठा किया। सब को लेकर वे सी.ओ. से मिलने चल दिये। डॉ. भवेश उनके साथ नहीं गये।

भारतीय जनता पार्टी के नेताओं और सी.ओ. के बीच दो दिन टकराव चलता रहा। नोक-झोंक होती रही। अन्त में मामला पचहत्तर हजार पर तय हुआ।

डॉ. भवेश के समझाने पर नागेश कुमार पैसा देने को तैयार हो गये। डॉ. भवेश ने थाने जाकर पप्पू से बात की। पप्पू इस बात के लिए तैयार हो गया कि वह धीरे-धीरे नागेश कुमार का पैसा वापस कर देगा।

तीन दिन बाद आखिरकार पप्पू जेल से छूट गया। डॉ. भवेश खुद रिक्शे से पप्पू को लेने गये।

रिक्शे पर डॉ. भवेश ने पप्पू से पूछा, ''पप्पू तुम थाने में थे। रो तो नहीं रहे थे?'' पप्पू बोला, ''नहीं सर! मैं रो नहीं रहा था। भगवान ने मुझे जितना दुःख दिया है, उससे ज्यादा वह क्या देगा? बहुत करेगा, वह मुझे मार डालेगा। मैं मरने से नहीं डरता। थाने में मैं रोया नहीं। सर, पप्पू रोता नहीं!''

पिछली सीट

डॉ. कमल किशोर एक हाथ में अपना बैग पकड़े सड़क के किनारे खड़े थे। इन्तज़ार करते हुए। कि कोई बस, जीप या विक्रम आये तो उसे रोकें और उस पर बैठकर घर जायँ। अचानक उन्होंने देखा कि महाविद्यालय के साथी डॉ. विनय महाविद्यालय की ओर से आ रहे हैं। अपनी स्कूटर से। उन्होंने सोचा कि शायद डॉ. विनय उन्हें बैठाने के लिए अपनी स्कूटर रोकें। एक ट्रक भी तभी पीछे से आ गया। डॉ. विनय ने ट्रक की आड़ में अपना स्कूटर कर लिया और कमल किशोर से काफी आगे निकल गये। डॉ. कमल किशोर के चेहरे पर एक विषादपूर्ण मुस्कराहट दौड़ गयी। वे समझ गये। डॉ. विनय ने उन्हें देख लिया था और उन्हें पिछली सीट पर बैठाने से बचने के लिए जानबूझकर आगे निकल गये।

डॉ. कमल किशोर को इस राजकीय महाविद्यालय में आये अभी दो वर्ष पूरा नहीं हुआ था। वे शहीद स्मारक राजकीय महाविद्यालय मुहम्मदाबाद, यूसुफ़पुर, गाजीपुर से स्थानान्तरित होकर यहाँ आये थे। जब वे यहाँ आये तो महाविद्यालय के अधिकांश लोगों ने बड़ी गर्मजोशी से उनका स्वागत किया था। जिनकी जगह पर वे आये थे, उनसे महाविद्यालय के अधिकांश लोग खुन्नस खाते थे। कुछ थोड़े से उनके समर्थक लोगों को डॉ. कमल किशोर का आना भले अच्छा नहीं लगा। डॉ. कमल किशोर बहुत ही जिन्दादिल किस्म के इंसान थे। लोग उनके साथ बैठना और बात करना पसंद करते थे। वे जहाँ भी बैठते थे, हँसी के ठहाके गूँजने लगते। महाविद्यालय के कुछ मठाधीश टाइप लोगों को वे जरूर खटकते थे। कमल किशोर किसी मठाधीश को महत्व नहीं देते थे। मठाधीधों में इससे चिढ़ पैदा होती। उन्हें लगता कि यह खुद एक मठाधीश बनने की कोशिश कर रहा है।

कमल किशोर के साथ एक समस्या थी। उनका बायाँ हाथ पोलियोग्रस्त था। अपने बाएँ हाथ के कारण वे कई काम नहीं कर पाते थे। वे कोई वाहन नहीं चला पाते थे। महाविद्यालय चूँकि शहर से थोड़ा बाहर था और महाविद्यालय के अधिकांश लोग शहर में रहते थे, अतः सभी लोग अपने-अपने निजी वाहन से आते थे।

कमल किशोर का घर भी शहर में ही था। महाविद्यालय से बारह किलोमीटर दूर! इसलिए वे बस, जीप या विक्रम से महाविद्यालय आते थे।

अगले दिन दस बजे कमल किशोर एक विक्रम से महाविद्यालय आ रहे थे। एक जगह उन्हें डॉ. श्रीवास्तव दिखे। पीछे से अपनी स्कूटर से चले आ रहे थे। कमल किशोर ने उन्हें जोर-जोर से हाथ हिलाया। बाय-बाय वाले अंदाज में। डॉ. श्रीवास्तव ने उन्हें विक्रम से उतरने का इशारा किया। कमल किशोर ने विक्रम रुकवा ली। ड्राइवर का हिसाब चुकता किया। इतने में डॉ. श्रीवास्तव की स्कूटर उनके पास खड़ी हो गयी।

डॉ. श्रीवास्तव और कमल किशोर में खूब छनती थी। दोनों में उम्र का काफी अन्तर था। कमल किशोर को अभी नौकरी करते केवल आठ साल हुआ था। डॉ. श्रीवास्तव इक्कीस साल से नौकरी कर रहे थे। फिर भी दोनों दोस्त थे। डॉ. श्रीवास्तव ने कमल किशोर का एक नया नाम रख दिया था—राजू भाई।

"यार राजू भाई! एक कार खरीद लो। एक ड्राइवर रख लो। शान से कॉलेज आया करो। ये क्या विक्रम और टैम्पो से चलते हो? मास्टरों की नाक कटवा रहे हो।" डॉ. श्रीवास्तव स्कूटर स्टार्ट करते हुए बोले। कमल किशोर ने ठहाका लगाया, "अरे डॉक्टर साहब, बेचारे निरीह अध्यापकों की कौन-सी नाक होती है। वह तो कटी-कटाई---" डॉ. श्रीवास्तव ने बात काट दी, "यार राजू भाई ऐसा मत कहो। खुद ही अपने पेशे की इज़्ज़त नहीं करोगे तो दूसरा कैसे करेगा। देखो पाँच सितम्बर को शिक्षक दिवस मनाया जाता है।" "अरे वो तो साल में एक दिन पितृपक्ष में कौवों को भी भोजन कराया जाता है।" "अमे राजू भाई तुम महा हरामी पीस हो। तुमसे बहस में कोई नहीं जीत सकता।"

दोनों महाविद्यालय में पहुँच गये। डॉ. श्रीवास्तव ने प्रस्ताव रखा, "राजू भाई, अभी तो तुम्हारी क्लास है नहीं। चलो ऊपर मेरी कामर्स फैकेल्टी में।" डॉ. श्रीवास्तव कामर्स के अध्यापक थे। "आपका आदेश है तो चलिए कामर्स फैकेल्टी में चलता हूँ।" डॉ. श्रीवास्तव मुस्कराये, "तुम अपनी दुष्टता से बाज नहीं आओगे।"

ऊपर डॉ. मालती सिंह, पवन और सुरजन बैठे थे। पवन और सुरजन वैसे तो साइंस फैकेल्टी में प्रयोगशाला सहायक थे, लेकिन प्रायः कामर्स फैकेल्टी में आकर बैठते थे। डॉ. श्रीवास्तव और मालती सिंह कामर्स के अध्यापक थे। सिर्फ दो अध्यापकों का विभाग! दो लोग ही पूरी कामर्स फैकेल्टी सम्हालते थे।

"आ गये भाई साहब आ गये! हम लोग भाई साहब के ही इन्तज़ार में बैठे थे। भाई साहब एक बंटू वाला हो जाय।" पवन जोर से चिल्लाया। सुरजन ने

भी हाँ में हाँ मिलाई, "हाँ भाई साहब, एक हो जाय।" पवन और सुरजन दोनों कमल किशोर से उम्र में छोटे थे। दोनों इसीलिए उन्हें भाई साहब कहते थे। कमल किशोर धारावाहिक रूप में बंटू पर चुटकुले सुनाया करते थे। बंटू एक सरदार जी का लड़का था। बहुत खुराफ़ाती किस्म का।

"मालती जी, आप थोड़ी देर के लिए कमरे से बाहर चली जाइए। प्लीज!" कमल किशोर ने मालती सिंह से कहा। "किसलिए?" मालती सिंह ने पूछा। "दरअसल मैं जो चुटकुला सुनाने जा रहा हूँ वह औरतों के सामने सुनाने लायक नहीं है।" "अमा राजू भाई! मालती सिंह कोई छात्रा हैं क्या? इनकी उमर भी तुम्हारे बराबर होगी। पचा लेंगी। सुनाओ।" डॉ. श्रीवास्तव बीच में आ गये। मालती सिंह कुछ समझ पातीं, इससे पहले कमल किशोर ने चुटकुला सुनाना प्रारम्भ कर दिया—

बात तब की है जब बंटू बहुत छोटा था। एक बार सरदार जी बंटू के लिए खिलौने वाली ट्रेन ले आये। बंटू एक जगह बैठकर खिलौने वाली ट्रेन चलाने लगा। चलते-चलते जब ट्रेन रुक जाती तो बंटू कहता, "स्टेशन आ गया। जिस साले को चढ़ना हो चढ़ जाय। जिस साले को उतरना हो उतर जाय। बार-बार बंटू इसी तरह कर रहा था। तब तक सरदार जी उधर आ गये। उन्होंने बंटू को इस तरह करते देखा तो उन्हें गुस्सा आ गया। उन्होंने बंटू को पाँच-छः झापड़ मारा, "इतनी छोटी-सी उमर में गाली बक रहा है। इसीलिए मैं तेरे लिए खिलौना ले आया था? नालायक कहीं का। चल कान पकड़ कर मुर्गा बन!" बंटू कान पकड़ कर मुर्गा बन गया। जब काफी देर हो गयी तो सरदार जी ने कहा, "जा अब ठीक से खेल। अब गाली बकी तो मुझसे बुरा कोई नहीं होगा।" बंटू फिर जाकर अपनी ट्रेन से खेलने लगा। उसने अपनी ट्रेन चलायी। चलते-चलते ट्रेन रुक गयी। बंटू बोला, "स्टेशन आ गया। जिस साले को चढ़ना हो चढ़ जाय। जिस साले को उतरना हो उतर जाय। वैसे एक साले बदमाश के कारण ट्रेन पहले ही एक घंटा लेट हो चुकी है।"

कमरे में छतफाड़ हँसी का ठहाका गूँज उठा। मालती सिंह ने हँसते हुए कहा, "भाई साहब, जब खतरनाक चुटकुले सुनाया करिए तो मुझे बता दिया करिए। मैं कमरे से बाहर चली जाया करूँगी।" "इसीलिए तो मैं आपसे बाहर जाने को कह रहा था। आपके हेड साहब ने बैठा लिया तो मैं क्या करूँ? अच्छा राम-राम! अब मैं अपने विभाग में जा रहा हूँ।" कमल किशोर हाथ हिलाते हुए चल दिये।

कमल किशोर की क्लास खतम हो चुकी थी। लोगों से एकाध घंटे गपशप करने के बाद वे घर को निकल दिये। उसी समय डॉ. सुभाष भी घर के लिए निकले। कमल किशोर और डॉ. सुभाष की निगाहें मिलीं। डॉ. सुभाष समझ गये कि कमल

किशोर घर जा रहे हैं। उन्होंने ऐसा बहाना किया, जैसे वे किसी जरूरी काम से स्टाफ रूम में जा रहे हैं। वे तेजी से पैर बढ़ाते हुए स्टाफ रूम में घुस गये। डॉ. कमल किशोर के होठों पर एक विषादपूर्ण मुस्कराहट तिर आयी। वे सब समझ गये। मन ही मन बुदबुदाये, 'हाँ सुभाष जी! मेरे बैठने से आपके कार की सीट घिस जायेगी। हम विक्रम और टैम्पो पर बैठने वाले लोग! क्या जानें कार पर बैठना। जिसके पास बहुत भोजन होता है, उससे सब कहते हैं कि आप मेरे घर खाना खा लीजिए। जिसके पास भोजन नहीं होता उससे कोई नहीं कहता कि मेरे घर खाना खा लीजिए।' उन्होंने विवशता भरी निगाहों से अपने पोलियोग्रस्त हाथ को देखा।

कमल किशोर को अगर कोई छोड़ता भी था तो सिर्फ एक तिहाई रास्ते तक। उस एक तिहाई रास्ते के बाद अन्य लोगों का रास्ता और-और तरफ मुड़ जाता था। उनका घर सबसे अलग रास्ते पर था। उस एक तिहाई रास्ते तक भी कमल किशोर को अपने वाहन पर बैठाना उनके सहयोगियों को भारी लगता था। सिर्फ डॉ. संगम, डॉ. श्रीवास्तव, डॉ. विमला और डॉ. अरुण ही अगर साथ निकल रहे होते तो उन्हें अपनी स्कूटर, मोटर साइकिल या कार पर बैठा लेते। दो व्यक्ति ऐसे थे जो अगर साथ निकल रहे होते तो उन्हें अपनी कार से घर तक छोड़ आते थे। पवन और डॉ. मालती सिंह। उन्हें एक दिन की घटना याद आ गयी। मुख्य सड़क से महाविद्यालय सौ मीटर दूर था। वे विक्रम से सड़क पर उतरे और पैदल महाविद्यालय की ओर चल दिये। अचानक मालती सिंह की कार उनके पास आकर खड़ी हो गयी। "अरे हुजूर कार में बैठ जाइए।" उन्होंने मालती सिंह की ओर मुड़कर देखा, "अरे-----आप-----बस थोड़ी-सी ही दूरी है। आप कार से चलिए, मैं पैदल आ रहा हूँ।" "आप पैदल चलेंगे तो मेरे पैर में दर्द होने लगेगा।" मालती सिंह मुस्करायीं। इस लखनवी अदा पर कमल किशोर की आँखों में आँसू आ गये। वे चुपचाप कार का दरवाजा खोलकर ड्राइवर के बगल में बैठ गये।

अगला दिन! कमल किशोर की क्लास हो चुकी थी। स्टाफ रूम में बैठकर वे अपना काम निबटा रहे थे। अकेले ही थे। अचानक मंगल दौड़ा-दौड़ा उनके पास आया। मंगल महाविद्यालय में क्लर्क था, लेकिन कमल किशोर का बड़ा वफादार मित्र था। "कहो मिस्टर मंगल! कुशल-मंगल?" कमल किशोर अपनी चिरपरिचित स्टाइल में बोले। "अरे सर! बड़ा अनर्थ हो रहा है। अपनी आँखों से जो दृश्य देखकर मैं आया हूँ कि क्या बताऊँ?" "जल्दी बताओ—जल्दी बताओ क्या हुआ?" "सर! प्रयोगशाला नं. तीन में विनय सर और प्रिया मैडम गलत काम कर रहे हैं।" "सच?" "मैं अपनी आँखों से देखकर आ रहा हूँ।" मंगल कुछ

समझ पाता कि कमल किशोर दौड़-दौड़कर चारों तरफ अध्यापकों, बाबुओं और चपरासियों से कहने लगे, "जल्दी भागिए, जल्दी भागिए, प्रयोगशाला नम्बर तीन में आग लग गयी है।" आग लगने की बात सुनकर सब भागे। कमल किशोर ने दौड़कर प्राचार्य दयाशंकर से भी आग लगने की बात कह दी। प्राचार्य दयाशंकर भी भागे। जिसे देखो वही प्रयोगशाला नम्बर तीन की तरफ भागा जा रहा था।,

प्रयोगशाला नम्बर तीन में घुसने पर सबने जो दृश्य देखा! सब एकदम से स्तब्ध! डॉ. विनय और डॉ. प्रिया जमीन पर निर्वस्त्र होकर एक-दूसरे से लिपटे पड़े थे। इतनी भीड़ देखकर दोनों घबराकर खड़े हो गये। दोनों निर्वस्त्र खड़े थे। घबराहट में दोनों कपड़ा पहनना भी भूल गये। प्राचार्य दयाशंकर जोर से चीखे, "अरे बेशर्मों, कम से कम कपड़े तो पहन लो।" दोनों दौड़कर अपने कपड़े पहनने लगे। दयाशंकर का पारा सातवें आसमान पर था। महाविद्यालय में डॉ. प्रिया उनकी सम्पत्ति मानी जाती थीं। डॉ. विनय के साथ उन्हें इस स्थिति में देखकर वे गुस्से से पागल हो रहे थे। मन ही मन बुदबुदा रहे थे, 'विश्वासघात! घोर विश्वासघात! अरे कमीनी बाद में तेरी खबर लूँगा। साला विनय की औलाद-----इसको भी मैं नहीं छोड़ूँगा।' दयाशंकर जोर से चिल्लाये, "सारी क्लासें खत्म हो गयी हैं। सब लोग अपने-अपने घर जाइए। बन्द करिए महाविद्यालय।" सब लोग खुसुर-पुसुर करते हुए जाने का उपक्रम करने लगे। कमल किशोर लोगों को सफाई दे रहे थे, "क्या बताऊँ! किसी लड़के ने आकर मुझसे बताया कि प्रयोगशाला नम्बर तीन में आग लग गयी है। मुझे जरा भी आभास होता कि ये सब हो रहा है तो मैं किसी से साँस न लेता।"

पवन खिसककर पास आया और कमल किशोर के कान में धीरे से फुसफुसाया, "भाई साहब, आज तो आपने जो कांड कर दिया।" "कांड मैंने किया या उन दोनों ने किया।" वे मुस्कराये। "चलिए अब घर निकल लिया जाय नहीं तो प्रिंसिपलवा किसी को कच्चा चबा जायेगा। उसने अपनी आँखों से अपनी प्रिया की बेवफाई देख ली है।" पवन बोला। "हाँ, चलो निकल लेते हैं।" कमल किशोर ने भी सहमति प्रकट की। दोनों पवन की कार के पास पहुँचे। "यार, है तो इंडिका ही लेकिन दूसरी लग रही है।" कमल किशोर ने कहा। "हाँ भाई साहब! उसको बेचकर मैंने नयी कार खरीद ली। इंडिका मुझे पसंद है, इसलिए मैंने फिर इंडिका ही ली।" पवन ने जवाब दिया।

पवन था तो प्रयोगशाला सहायक ही, पर सम्पन्न व्यक्ति था। उसकी सम्पन्नता के पीछे उसकी पत्नी का हाथ था। उसकी पत्नी जब शादी होकर आयी थी तो

पढ़ी-लिखी एक सामान्य लड़की ही थी। पवन को बेरोज़गार देखकर उसने बिज़नेस में हाथ डाला और पवन को भी सहयोग देने के लिए प्रोत्साहित किया। पवन के कुछ मित्रों की भागीदारी में ब्यूटी पार्लर, प्लाटिंग इत्यादि का काम शुरू हुआ। तब तक पवन की नौकरी लग गयी। उधर उसका बिजनेस भी चल निकला।

कमल किशोर और पवन घर की ओर जा रहे थे कार से। पवन बोला, ''भाई साहब, देख लीजिएगा। आज रात में प्रिंसिपलवा साले का हार्ट अटैक हो जाएगा। उसने जो कुछ देखा है, उसे बर्दाश्त नहीं कर पायेगा।'' ''कुछ नहीं होगा यार! प्रिया कौन उसकी बीवी है। एकाध हफ्ते तक अपसेट रहेगा। फिर ठीक हो जाएगा।'' कमल किशोर ने समझाया। ''वैसे एक बात है भाई साहब। प्रिंसिपलवा साला है बहुत हरामी। आपसे और मुझसे तो खास तौर से चिढ़ता है। जब काम पड़ता है तो क्या बेटा-बेटा कहकर हम लोगों से काम निकाल लेता है। काम निकल जाने के बाद हम लोगों को ऐसी निगाह से देखता है, जैसे हम लोग दुनिया के सबसे बड़े पापी हों।'' पवन ने कहा। ''तभी इसकी साले की प्रेमिका ने आज सबको अपना सब कुछ दिखा दिया।'' कमल किशोर ने कहा और दोनों जोर-जोर से हा-हा करके हँसने लगे।

''भाई साहब! मैं सोच रहा हूँ कि नयी कार खरीदने के उपलक्ष्य में एक दिन महाविद्यालय के सारे लोगों को मिठाई खिला दूँ।'' पवन बोला। कमल किशोर ने कहा, ''यार इन लोगों को मिठाई खिलाने से अच्छा है कि तुम कुत्तों को मिठाई खिला दो। कुत्ते मिठाई खाने के बाद पीठ पीछे गाली तो नहीं देंगे।------लो मेरा घर आ गया। उतार दो मुझे।'' कमल किशोर को उनके घर के सामने उतार कर पवन ने गाड़ी मोड़ ली।

एक दिन कमल किशोर क्लास लेकर स्टाफ रूम में बैठे थे। कुछ पढ़ रहे थे। तब तक कुंकुम मिश्रा आ गयीं। रजिस्टर मेज पर पटकते हुए बोलीं, ''मेरे ऊपर आजकल चारों तरफ से मुसीबतें आयी हुई हैं। साल भर का बेटा है, उसे बुखार हो रखा है। चार साल की बेटी है, उसका पेट खराब हो गया है। पति-पत्नी में से एक का वेतन मकान का कर्ज़ भरने में चला जा रहा है। माँ जिस मकान में रहती है, उसके मकान मालिक ने मुकदगा कर दिया है। मेरी तो आफत ही आफत है। कमल किशोर जी मज़े तो बस आपके हैं। हमेशा हँसते रहते हैं। एकदम मस्त रहते हैं।'' कमल किशोर मुस्कराये, ''तुम क्या समझती हो कुंकुम? क्या मेरे सामने तुमसे कम समस्याएँ हैं। मैं हरदम हँसता रहता हूँ तो क्या मैं सचमुच बहुत खुश हूँ? कुंकुम, दुनिया बहुत खराब हो चुकी है। तुम अपना यही सब दुखड़ा महाविद्यालय में चार

दिन तक सबसे रोती रहो। पाँचवें दिन से सब तुमसे कन्नी काटने लगेंगे। कोई तुमसे बात करना पसंद नहीं करेगा। मैं किताबी बातें नहीं कर रहा हूँ। यह सब मेरा भोगा हुआ यथार्थ है। आज किसी का कष्ट जानने में किसी को दिलचस्पी नहीं है। हर आदमी आज सिर्फ दुःखों से मुक्त, मस्त और हँसते हुए आदमी से बात करना चाहता है। दुःखों से मुक्त कोई नहीं है इसीलिए दुःखों से मुक्त दिखने का नाटक करना पड़ता है। जब मैं भी लोगों से अपने दुःखों की बात करता था तो हर कोई मुझसे कतराता था। आज देखो! सब मुझसे बातें करना चाहते हैं। लोग मुझे दुनिया का सबसे खुश आदमी समझते हैं पर हकीकत यह नहीं है।'' डॉ. कुंकुम मिश्रा चुप होकर बैठ गयीं। कमल किशोर द्वारा कही गयी बातों पर चुपचाप मनन करने लगीं।

''घर चलेंगे?'' कुंकुम मिश्रा ने पूछा

''हाँ!''

''चलिए, मेरे साथ चले चलिए।''

''तुम तो स्कूटी से आयी होगी?''

''हाँ! क्या हुआ? पीछे बैठ लीजिए आप।''

''ना बाबा ! लड़के देख लेंगे तो कहेंगे कि मास्टरवा मैडम की स्कूटी पर पीछे बैठकर घूमता है। मेरी क्लास में पत्थर फेंकना शुरू कर देंगे। मेरा जीना हराम हो जाएगा। तुम जाओ। मैं अपना किसी सवारी से आऊँगा।''

''बड़े डरपोक हैं आप! इसमें लड़के क्यों बुरा मानने लगे?''

''यह दिल्ली या मुंबई नहीं है। देहाती मानसिकता के इन लड़कों को तुम नहीं जानती। तुम जाओ। मैं आ जाऊँगा।''

''डरपोक कहीं के। बैठे रहिए यहीं। मैं तो चली।'' कुंकुम मिश्रा कमरे से निकलकर चली गयीं। कमल किशोर ने जब समझ लिया कि वे चली गयी होंगी तो वे भी स्टाफ-रूम से निकले। घर जाने के लिए।

उन्होंने देखा कि मालती सिंह सीढ़ियों से उतरती चली आ रही हैं। मालती सिंह मुस्करायीं, ''क्यों हुजूर? आजकल तो आपके दर्शन दुर्लभ हो गये हैं। कहाँ रहते हैं?'' कमल किशोर हँसने लगे, ''हम लोगों का थोबड़ा लोगों को जितने दिन न दिखे, उतना ही अच्छा है। प्रात लेइ जो नाम हमारा, तेहि दिन ताहि न मिलइ अहारा।'' ''बातों की बाजीगरी से काम नहीं चलेगा। इतने दिन बाद मिलने का दंड भुगतना पड़ेगा। कुछ खिलाइए-पिलाइए।'' ''आपको खिलाने-पिलाने की मेरी औकात ही नहीं है।'' ''क्या मासूमियत है! क्या मासूमियत!---- मैं घर जा रही हूँ। चलिए आपको भी सिविल लाइंस फेंक दूँ!'' ''चलिए!''

कमल किशोर कार में ड्राइवर के बगल बैठ गये। मालती सिंह पीछे बैठ गयीं। कार मुख्य सड़क पर पहुँच गयी। मालती सिंह बोलीं, "एक चीज है भाई साहब! मेरी भौजाई इतनी सुन्दर हैं, इतनी सुन्दर हैं कि क्या बताऊँ! मैंने तो जबसे उन्हें देखा है, मैं उसकी फैन हो गयी हूँ।" "मेरी बीवी की सुन्दरता के अलावा बात करने का आपके पास और कोई विषय नहीं रहता। अगर मेरी बीवी को नज़र लगी या कुछ हुआ तो मैं आपको बताऊँगा।" कमल किशोर बोले। "अरे अपनों की नज़र थोड़ी न लगती है। मेरी स्वीट-स्वीट भौजाई को मेरी नज़र नहीं लगेगी।" अभी आप खिलाने-पिलाने के लिए कह रही थीं न! घर पर थोड़ी देर रुकिएगा। मैं आपको खिला-पिला भी दूँगा ओर भौजाई से इस बात का निबटारा भी हो जायेगा कि आपकी नज़र उन्हें लगेगी या नहीं?" "नहीं भाई साहब! आज मैं बहुत जल्दी में हूँ। मुझे एक जगह जाना है। भौजाई से किसी और दिन मिलूँगी।" "तो ठीक है! मैं अपनी बीवी से कह दूँगा कि तुम्हें कुछ हुआ तो समझ लेना मालती सिंह ने ही नज़र लगायी है।" दोनों जोर-जोर से हँसने लगे। थोड़ी देर बाद कमल किशोर का घर आ गया। उन्हें उनके घर के सामने उतारकर मालती सिंह आगे बढ़ गयीं।

एक दिन स्टाफ-रूम में कमल किशोर, डॉ. बघेल और डॉ. संगम बैठे हुए थे। हँसी-मजाक चल रहा था। अचानक बघेल बोल उठे, "चलिए कामर्स विभाग में चला जाय। डॉ. श्रीवास्तव से आज जबर्दस्ती समोसा खाया जाय।" कमल किशोर और संगम तैयार हो गये। बघेल छः फुटा जवान थे। स्वभाव बहुत दबंग किस्म का। उम्र में कमल किशोर से थोड़ा छोटे थे। जब बघेल ने ठान लिया कि डॉ. श्रीवास्तव से समोसा खाना है तो डॉ. श्रीवास्तव को समोसा खिलाना ही था।

कमल किशोर, बघेल और संगम धड़धड़ाते हुए सीढ़ियाँ चढ़ गये और कामर्स विभाग में घुस गये। उस समय वहाँ डॉ. श्रीवास्तव, पवन और सुरजन बैठे हुए थे। "आओ राजू भाई आओ! बड़े मौके से आये हो। मालती सिंह क्लास पढ़ाने गयी हैं। कुछ बंटू वाला हो जाये।" डॉ. श्रीवास्तव काफी प्रसन्न होकर चिल्लाये। "पहले आप चाय और समोसा मँगाइए, तब बंटूवाला होगा। उसके पहले कुछ नहीं।" बघेल ने थोड़ा-सा गुर्राती आवाज़ में कहा। डॉ. श्रीवास्तव हँसने लगे, "जितना समोसा और मिठाई कहोगे, संगम की शादी में खिला देंगे। अभी तो सिर्फ बंटू की कहानी सुनो।" संगम पता नहीं कब शादी करेंगे? क्या तब तक हम समोसा ही नहीं खायेंगे? फिर शादी में मिठाई खायी जाती है समोसा नहीं। तुरंत समोसा और चाय मँगाइए नहीं बंटू-संटू कुछ नहीं होगा।" हार कर डॉ. श्रीवास्तव ने एक चपरासी को समोसा और चाय लेने भेजा।"

"हाँ कमल भाई! अब सुनाइये बंटू के बारे में।" बघेल ने कमल किशोर से कहा। दस-पन्द्रह मिनट इधर-उधर की भूमिका बाँधने के बाद कमल किशोर ने बंटू चरित सुनाना शुरू किया—

बंटू के मुहल्ले में एक बंगाली दादा रहते थे। वे जब भी बंटू को देखते उससे कोई न कोई कठिन सवाल पूछ लेते। जैसे, "ए बंटू सुन। उन्तीस अट्ठे कितना होता है?" बंगाली दादा का सवाल सुनकर बंटू भाग खड़ा होता। बंटू फिर दिखा कि बंगाली दादा पूछ बैठे, "उलानबटोर किस देश की राजधानी है?" बंटू फिर भाग खड़ा हुआ। एक दिन फिर बंटू दिख गया। बंगाली दादा पूछ बैठे, "इस समय बैडमिन्टन का विश्व चैंपियन कौन है?" बंटू फिर भाग खड़ा हुआ। बंगाली दादा के प्रश्नों से बंटू परेशान हो गया था। एक दिन बंटू ने तय कर लिया कि वह बंगाली दादा की प्रश्न पूछने की आदत छुड़ाकर रहेगा। एक दिन बंगाली दादा को बाहर देखकर वह भी घर से निकल आया। उसने बंगाली दादा से कहा, "दादा आज मैं आपसे एक सवाल पूछूँगा। अगर आप उस सवाल का जवाब दे देंगे तो मैं मान जाऊँगा कि आप बहुत विद्वान हैं।" बंगाली दादा ने मुँह बनाकर कहा, "पूछो!" बंटू बोला, "अच्छा आप बताइये कि रामनारायण कौन है?" "रामनारायण? मैं क्या जानूँ कि रामनारायण कौन है? बंगाली दादा ने मुँह बनाकर कहा! बंटू बोला, "आप कभी अपने घर में रहते भी हैं? अपने घर में रहिए तो पता चल जायेगा कि रामनारायण कौन है!"

बड़ी तेज ठहाका लगा। हँसते-हँसते सब का बुरा हाल हो गया।

अचानक एक चपरासी कमरे में आया। उसने संगम से कहा, "सर आपको प्रिंसिपल सर बुला रहे हैं।" "जाओ भाई संगम। तुम्हारा चाय-समोसा गया। प्रिंसिपल दो घंटे से पहले तुम्हें नहीं छोड़ेगा।" बघेल ने कहा। संगम बुरा सा मुँह बनाते हुए चले गये। चपरासी भी पीछे-पीछे चला गया। तब तक चाय-समोसा आ गया। सब लोग चाय-समोसे का आनन्द लेने लगे। साथ-साथ कमल किशोर का बंटू-पुराण चालू था।

चाय समोसे का दौर खत्म हुआ। कमल किशोर और बघेल उठ खड़े हुए। डॉ. श्रीवास्तव बोले, "बैठो यार! समोसा खाकर चल दिये?" "मैं घर जा रहा हूँ। मेरी बीवी-बच्चे मेरे लिए रो रहे होंगे।" बघेल ने कहा और दोनों चल दिये। बघेल महाविद्यालय के एकदम बगल में रहते थे। वे पैदल ही आते-जाते थे। दोनों सीढ़ी से नीचे उतरे। डॉ. सुभाष ने जैसे ही कमल किशोर को देखा, वे प्राचार्य के कमरे में

घुस गये। डॉ. मयंक अपनी मोटरसाइकिल के पास खड़े थे। उन्होंने कमल किशोर को देखा तो जल्दी-जल्दी मोटरसाइकिल स्टार्ट किया और सन्न से निकल गये।

"बघेल, कुछ देखा?" कमल किशोर ने पूछा।

"क्या हुआ?"

"मुझे देखते ही डॉ. सुभाष प्रिंसिपल के कमरे में घुस गये ओर डॉ. मयंक जल्दी से मोटरसाइकिल स्टार्ट करके भाग खड़े हुए।"

"क्यों"

"क्योंकि पिछली सीट पर मुझे बैठाना पड़ता। मुझे बैठाने से इनकी पिछली सीट घिस जाती।"

"अच्छा? ये तो बड़ा हरामीपन है यार!"

"जब मैं यहाँ आया तो शुरू में ऐसा नहीं था। जो ही जा रहा होता, वही मुझे बैठा लेता लेकिन धीरे-धीरे जब लोगों ने देखा कि किसी के साथ बैठकर चलना इनका रोज का ही काम है तो धीरे-धीरे लोग कतराने लगे।"

"कोई कितनी दूर तक आपको बैठाकर ले जाता होगा? स्टेट बैंक तक ही न? आपके लिए एक आराम तो है! सवारियाँ ठीक आपके घर के सामने से होकर जाती हैं। सड़क पर बस, जीप या विक्रम पकड़ लिया कीजिए। सीधे अपने घर के सामने उतर जाया कीजिए। इसमें किसी का एहसान लेने की क्या जरूरत? आखिर आते समय तो आपको कोई नहीं लाता!" "हाँ, अब तो मैं भी यही चाहता हूँ कि किसी के साथ न जाऊँ लेकिन जब कोई कहता है कि आइए बैठिए, तो उससे कैसे कहूँ कि मैं आपके साथ नहीं जाऊँगा? वह अपने को अपमानित महसूस करेगा।" "अरे आप सबको बता दीजिए कि मैंने यह नियम बना लिया है कि मैं किसी के साथ नहीं जाऊँगा। धीरे-धीरे कोई बुरा नहीं मानेगा। अच्छा अब मैं घर चल रहा हूँ... नमस्कार!"

कमल किशोर भी चल दिये।

उस दिन घर से निकलने में कमल किशोर को देर हो गयी थी। वे घबरा रहे थे कि कहीं क्लास न छूट जाय। महाविद्यालय के सामने बस से उतरे। अचानक डॉ. अनुराग दिखे। स्कूटर से घर से आ रहे थे। कमल किशोर ने हाथ दिया। डॉ. अनुराग ने स्कूटर नहीं रोकी। आगे चले गये। इस अपमान से कमल किशोर तिलमिला उठे। दिमाग एकदम अपसेट हो गया। फिर भी जल्दी-जल्दी पैर बढ़ाते हुए महाविद्यालय में पहुँचे। महाविद्यालय में अज़ीब नज़ारा था। लड़के जुलूस की शक्ल में इकट्ठा होकर नारे लगा रहे थे—'दयाशंकर मुर्दाबाद', 'हमारा प्रिंसिपल चोर है',

'प्रिंसिपल को बर्खास्त करो'.......। लड़के बहुत उत्तेजित थे। सारे अध्यापक, बाबू और चपरासी एक जगह खड़े होकर यह सब तमाशा देख रहे थे। कमल किशोर की समझ में कुछ नहीं आया। वे भी अध्यापकों के पास जाकर खड़े हो गये। उन्होंने दहकती हुई आँखों से डॉ. अनुराग को घूरा। डॉ. अनुराग ने आँखें नीची कर लीं। थोड़ी देर में उन्होंने बघेल से पूछा, "क्या हो गया? लड़के इतने उत्तेजित क्यों हैं?"

बघेल उन्हें एक तरफ ले गये, "आज बड़ा अनर्थ हो गया है।"

"क्या हुआ?"

"प्रिंसिपल चेकिंग पर निकला हुआ था। एक जगह खाली कमरे में एक लड़का और एक लड़की आपस में चूमा-चाटी कर रहे थे। इसने दोनों को पकड़ लिया। थोड़ी देर में लड़की को तो डाँट-डपट कर छोड़ दिया लेकिन लड़के को महाविद्यालय से निष्कासित कर दिया। उसी लड़के के समर्थन में सारे लड़के आन्दोलन कर रहे हैं। वे निष्कासन वापस लेने की माँग कर रहे हैं।"

"प्रिंसिपल कहाँ है?"

"अपने कमरे में।"

अचानक लड़के धड़धड़ाते हुए प्राचार्य दयाशंकर के कमरे में घुस गये। अध्यापक, बाबू और चपरासी भी प्राचार्य के कमरे में भागे। इस आशंका में कि कहीं लड़के प्राचार्य को पीटने न लगें। एक नेतानुमा लड़का प्राचार्य को हड़काने लगा, "आप आलोक का निष्कासन वापस लीजिए, नहीं तो हम लोग महाविद्यालय की ईंट से ईंट बजा देंगे।" प्राचार्य भी दहाड़े "क्या कर लोगे तुम लोग?" "हम लोग महाविद्यालय की एक खिड़की, ट्यूबलाइट और पंखा सही सलामत नहीं रहने देंगे।" लड़का चिल्लाया। प्राचार्य चीखे, "एक आवारा लड़के के लिए तुम लोग आंदोलन कर रहे हो। तुम लोगों को शर्म आनी चाहिए।" "इस हिसाब से तो महाविद्यालय से सबसे पहले आपको निकाला जाना चाहिए। आप प्रिया मैडम के साथ गुलछर्रे उड़ाते हैं। प्राचार्य कक्ष के साथ जुड़े कमरे में आपने क्या शानदार बिस्तर लगवा रखा है। यहीं आप प्रिया मैडम का भोग लगाते हैं।" लड़का फिर चिल्लाया। उसने प्राचार्य की दुखती रग पर हाथ रख दिया था। प्राचार्य गुस्से से पागल हो गये, "नालायकों! कमीनों! भाग जाओ यहाँ से। नहीं तो पुलिस बुलवाकर तुम लोगों के हाथ-पैर तुड़वा दूँगा।" लड़का भी गर्जा, "बुलवा लीजिए पुलिस। कौन डरता है पुलिस से?" और प्राचार्य ने सचमुच पुलिस को फोन कर दिया।

थोड़ी ही देर में थाने की फोर्स के साथ इंस्पेक्टर महाविद्यालय में आ धमके। इंस्पेक्टर समेत सारी फोर्स प्राचार्य के कमरे के पास पहुँच गयी। फोर्स को बाहर

रोककर इंस्पेक्टर प्राचार्य कक्ष में घुस गये। "क्या हुआ प्रिंसिपल साहब?" इंस्पेक्टर ने पूछा। प्राचार्य ने सारी बात बताकर यह भी कहा कि लड़के मुझे गाली भी दे रहे हैं। इन्हें पीटकर यहाँ से खदेड़िए। इंस्पेक्टर ने लड़कों को समझाना शुरू किया, "देखिए भाई! आप लोगों की माँग पर प्रिंसिपल साहब सहानुभूतिपूर्वक विचार करेंगे। आप लोग अपना आन्दोलन समाप्त करिए।" एक लड़का बोला, "जब तक हमारे साथी का निष्कासन वापस नहीं होता, तब तक हम लोग आन्दोलन वापस नहीं लेंगे।" "ठीक है! अपने साथी को बुलाओ। वह लिखकर माफी माँगे कि भविष्य में वह ऐसी हरकत नहीं करेगा। उसका निष्कासन वापस ले लिया जाएगा।" इंस्पेक्टर बोले। प्राचार्य इंस्पेक्टर के ऊपर भड़क गये, "हमने आपको बुलाया था लड़कों को भगाने के लिए या उनका पक्ष लेने के लिए?" इंस्पेक्टर ने समझाया, "देखिए प्रिंसिपल साहब! हमारी पहली प्राथमिकता यह है कि कानून-व्यवस्था की स्थिति न बिगड़ने पाये। छात्रों का मामला है। हमारे बल प्रयोग करने से तमाम छात्र संगठन इसमें कूद पड़ेंगे। राजनीतिक दल भी सामने आ जाएँगे। ऐसी हालत में कानून-व्यवस्था की स्थिति सँभालना हमारे लिए कठिन हो जाएगा। भलाई इसी में है कि मामला शांतिपूर्वक सुलटा लीजिए।" प्राचार्य मन मसोस कर रह गये।

लड़के का निष्कासन वापस लेने की कार्यवाही शुरू हो गयी। कमल किशोर ने समझ लिया कि आज अब पढ़ाई-लिखाई नहीं होनी है। उन्होंने धीरे से घर खिसक लेने में ही भलाई समझी।

कमल किशोर सड़क की ओर जा रहे थे। अचानक भुर्र से डॉ. सुभाष स्कूटर से उनकी बगल से निकल गये। उन्होंने स्कूटर रोककर कमल किशोर को बैठाना जरूरी नहीं समझा। कमल किशोर फिर अपमान का घूँट पीकर रह गये। उन्हें लगा कि बघेल सही सलाह दे रहे थे। महाविद्यालय में यह घोषित कर देने में ही भलाई है कि मैं किसी के साथ बैठकर नहीं जाऊँगा। उन्होंने एक विक्रम पकड़ी और घर चल दिये। वे मन ही मन डॉ. सुभाष को गाली दे रहे थे जो कभी कार और कभी स्कूटर से महाविद्यालय आते थे।

अगले दिन फिर वही घटना हुई। कमल किशोर महाविद्यालय से लौट रहे थे। डॉ. सुभाष अपनी कार से उनके बगल से निकल गये। कमल किशोर महाविद्यालय में किसी से कह नहीं पाये थे कि मैं अब किसी के साथ नहीं जाया करूँगा। उन्हें लगा कि कहीं वे लोग इससे अपने को अपमानित न महसूस करें, जो महाविद्यालय से साथ निकलने पर प्रायः उन्हें अपनी कार, मोटरसाइकिल या स्कूटर पर बैठा लेते थे। उन्होंने कई बार हिम्मत जुटाई थी, लेकिन यह कहने का साहस वे नहीं कर पाये।

सरकार ने मँहगाई भत्ते में आठ प्रतिशत की वृद्धि की घोषणा की थी। अगले दिन सारे समाचार-पत्रों में प्रमुखता से यह समाचार प्रकाशित हुआ था। महाविद्यालय में काफी उत्साह का माहौल था। कार्यालय अधीक्षक अरुणिमा श्रीवास्तव से लोग जा-जाकर पूछ रहे थे कि मेरा वेतन कितना बढ़ा। बार-बार लोगों के पूछने से अरुणिमा जहाँ एक ओर झुँझला रही थीं, वहीं दूसरी ओर खुश भी हो रही थीं। इतने सारे लोग आज उसके आगे-पीछे घूम रहे थे। कोई ज़बर्दस्ती चाय मँगवा रहा था तो कोई समोसा मँगा रहा था। आज अरुणिमा की सीट खूब गुलजार थी।

आज घर लौटते हुए कमल किशोर काफी प्रसन्न थे। उनके वेतन में भी बढ़ोत्तरी हुई थी। वे मन ही मन सोच रहे थे कि घर जाकर पत्नी को बताऊँगा कि मेरा वेतन इतना बढ़ गया है। अचानक डॉ. सुभाष की स्कूटर उनके पास आकर रुकी। डॉ. सुभाष मुस्कराये, "कमल किशोर जी आइए। मेरे साथ चले चलिए।" कमल किशोर के ऊपर एकाएक जैसे शैतान सवार हो गया। उनका शरीर गुस्से से काँपने लगा। वे जोर-जोर से चीखने लगे, "मिस्टर सुभाष! आप अपनी स्कूटर लेकर चले जाइये! मैं किसी की पिछली सीट पर नहीं बैठना चाहता। भगवान ने मुझे एक हाथ से अपंग बनाया है तो इसका मतलब यह नहीं है कि मैं किसी की दया का मोहताज हूँ। नहीं बैठना पिछली सीट पर। लेकर जाइए अपना स्कूटर..."

छिनाल

डॉ. अवनीश अपने कमरे में बैठे हुए थे। अकेले! चुपचाप! बगल में रेडियो रखा था। अक्सर बजता रहता था वह। इस समय वह भी चुप था। खिड़की खुली हुई थी। सड़क पर एक बस खड़ी हुई थी। सरकारी नहीं थी। 'बलिया-बलिया ऽ......' एक आदमी चिल्ला रहा था। सवारियों को भूसे की तरह भरता जा रहा था बस में। 'जनसंख्या बहुत बढ़ गयी है' डॉ. अवनीश सोचने लगे, 'अस्पताल में जाओ तो लगता है सारे लोग अस्पताल में ही आ गये हैं। बैंक में जाओ तो लगता है सब बैंक में ही आ गये हैं.....।' उन्होंने रेडियो को घूरा, ''माया महा ठगिनि हम जानी....माया महा ठगिनि हम जानी.....ईश्वर की लीला बड़ी विचित्र है..... ऊपरवाला भाँति-भाँति के कौतुक करता रहता है.....परम कौतुकी कृपा निकेता.....।'' उनकी समझ में कुछ नहीं आ रहा था। क्या होगा आगे?

डॉ. अवनीश कस्बे के राजकीय महाविद्यालय में समाजशास्त्र के प्राध्यापक थे। महाविद्यालय से एक किलोमीटर दूर उन्होंने दो कमरे का फ्लैट किराये पर ले रखा था। उम्र थी पैंतीस साल। अकेले ही रहते थे। पत्नी और चार साल का बेटा बनारस में रहते थे। बनारस में उनकी ससुराल थी। पत्नी मायके में ही रहती थी। डॉ. अवनीश अक्सर आते-जाते रहते थे।

उन्होंने रेडियो खोला। 'चल उड़ जा रे पंछी कि अब ये देश हुआ बेगाना....।' रेडियो गा रहा था। उन्होंने रेडियो बन्द कर दिया, ''कहाँ उड़ जाएँ बे! उड़ जाना कोई अपने हाथ में है क्या? उड़ तो सकती है वो छिनाल.....जहाँ चाहे वहाँ!''

छिनाल! हाँ! पूरे कस्बे में वह इसी नाम से जानी जाती थी। भोजपुरी अंचल होने से आपसी बातचीत में लोग उसे 'छिनार' संज्ञा से अभिहित करते थे, ''अरे उहे छिनरिया हो!''

नाम उसका डॉ. मीना सिंह था। दिल्ली में पैदा हुई थी। वहीं पली-बढ़ी! वहीं पढ़ी-लिखी! बत्तीस साल की थी। महाविद्यालय में भौतिक विज्ञान की प्राध्यापिका के रूप में वह एक अन्य राजकीय महाविद्यालय से स्थानान्तरित होकर आयी थी।

जब वह पहली बार महाविद्यालय में आयी थी! बाप रे! क्या बनाव-शृंगार! क्या लटके-झटके! लगभग पूरी खुली पीठ! काफी सुंदर औरत थी! उस कस्बाई माहौल में वह एकदम अजूबा थी! महाविद्यालय के सारे पुरुष प्राध्यापकों के कलेजे हिल गये। प्राचार्य के कक्ष में जब वह कार्यभार ग्रहण कर रही थी तो सारे पुरुष अध्यापक जुट गये। सब उससे परिचय करने को बेताब थे। प्राचार्य भी। कार्यभार ग्रहण कर लेने पर प्राचार्य ने मिठाई मँगवायी। सारी महिला प्राध्यापिकाओं को भी बुला लिया गया। कान के बड़े-बड़े बुन्दों को हिलाती और हाथ के सोने के कंगनों को चमकाती वह सबसे मुखातिब हो रही थी, "नौकरी तो अपन शौक के लिए कर रहे हैं। अपना तो बहुत बड़ा इम्पायर (साम्राज्य) है। एक हजार बीघे तो मेरी माँ मेरे नाम कर गयी हैं। दो बड़े होटल मेरे ससुर जी मेरे नाम कर गये हैं। अपन खानदानी ठाकुर हैं। पता है! मेरी सास जब अपनी शादी में विदा होकर आयी थीं तो हाथी पर बैठकर आयी थीं। जिस हाथी पर वे बैठी थीं उस पर पचीस किलो सोने का हौदा रखा हुआ था। सच में आप यकीन नहीं करेंगे.....।"

डॉ. सुधा, डॉ. रमा के कान में फुसफुसायीं, "बड़ी आयी साली ठकुराइन की दुम! हमने बहुत ऐसों को देखा है, जिनके यहाँ बावन बीघे पुदीना बोया जाता है।"

"......मेरे पिता केसरी सिंह दिल्ली के नामी आदमी हैं। दिल्ली के सारे सांसद-विधायक उन्हें जानते हैं। सब घर पर आते हैं। ममा (माँ) का तो स्वर्गवास हो गया लेकिन डैड अभी जिन्दा हैं। हम चार बहनें हैं। चारों को डैड ने बड़े लाड़-प्यार से पाला है। मायके में हम बहनों ने कभी एक तिनका भी नहीं छुआ।"

उसने महाविद्यालय के पास ही दो कमरे का फ्लैट किराये पर लिया। काफी एकांत जगह। कुछ लोगों ने सचेत किया, "मैडम, आपने जो कमरा किराये पर लिया है, वह महिलाओं के हिसाब से सुरक्षित नहीं है। काफी एकांत और सुनसान जगह है।" उसने कंधे उचका दिये, "कोई फर्क नहीं पड़ता। अपन किसी से नहीं डरते।"

महाविद्यालय में उसने बहुत बिन्दास अंदाज़ में काम करना शुरू किया। कभी-कभी वह लड़कों के कन्धे पर हाथ रख देती, "ये गुरू-शुरू की बात पुरानी हो गयी। अपन फ्रेंड हैं यार!" एक दिन प्राचार्य-कक्ष में मीटिंग हो रही थी। पीछे से राय साहब ने टोका, "मैडम! यादव जी कह रहे हैं कि इन्हें कुछ दिख रहा है।" लोग नहीं समझे। वह समझ गयी। इशारा उसकी खुली पीठ की तरफ है। वह जोर से बोली, "तो आप लोग नयन-सुख लीजिए न! आप लोग गीले तो नहीं हो रहे हैं?" सब सन्न रह गये। महिलाएँ तो उसकी बेशर्मी पर स्तब्ध रह गयीं।

कुछ देर में प्राचार्य बोले, ''मीना सिंह जी! सब लोग चले जाएँगे तो आप मुझसे मिल लीजियेगा।'' समझ गये सब। आज मीना सिंह को ठीक से डाँट पड़ेगी।

चार बज गये। सारे प्राध्यापक महाविद्यालय से जा चुके थे। केवल मीना सिंह ऊपर की मंजिल पर बैठी थीं। अपने भौतिक विज्ञान के कमरे में। भौतिक विज्ञान की प्रयोगशाला उनके कमरे के बगल में ही थी। बीच-बीच में प्रयोगशाला में टहल आती थीं। प्रयोगशाला सहायक और प्रयोगशाला के चपरासी को उन्होंने घर भेज दिया था। जो कुछ इज़्ज़त-बेइज़्ज़ती हो, अकेले में हो। सबके सामने न हो। प्राचार्य ने अपने सबसे विश्वस्त चपरासी दयाराम को छोड़कर सबको घर जाने को कह दिया। प्राचार्य का रुख देखकर सब सहमे हुए थे। चुपचाप सब चले गये। जब तक महाविद्यालय बन्द न हो जाय, बड़े बाबू घर जा नहीं सकते थे। सो नीचे महाविद्यालय के ऑफिस में वे भी बैठे हुए थे।

प्राचार्य उठे और सीढ़ियाँ चढ़ते हुए ऊपर पहुँच गये। भौतिक विज्ञान कक्ष ऊपर काफी दूरी पर था। वे सीधे मीना सिंह के पास पहुँचे। उन्हें देखकर मीना सिंह उठकर खड़ी हो गयीं। खड़े-खड़े ही प्राचार्य बड़े धीरे-गम्भीर स्वर में बोले, ''मीना जी आप प्रोफेसर के गरिमापूर्ण पद पर काम कर रही हैं। आपको अपने पद की गरिमा का ध्यान रखना चाहिए। आपके पति दिल्ली में रह रहे हैं। आपके दोनों छोटे बच्चों को वे वहाँ कितनी जिम्मेदारी से सँभाल रहे हैं। आप कुछ समझा करिए....।'' ''सर, आप भी समझा करिए!'' मीना सिंह ने प्राचार्य की बात काट दी। ''मैं क्या समझा करूँ?'' प्राचार्य खिसिया गये। ''यही कि आप एक मर्द हैं और मैं एक औरत हूँ।'' मीना सिंह ने आँख मार कर मुस्कराते हुए कहा। उन्होंने दरवाजा अन्दर से बन्द कर लिया और प्राचार्य से लिपट गयीं। उन्होंने इतनी जोर से प्राचार्य का मुँह चूमा कि प्राचार्य अपने ऊपर से नियंत्रण खो बैठे। मीना सिंह ने पहले अपने कपड़े उतारे। फिर प्राचार्य के कपड़े उतारने लगीं।

प्राचार्य और मीना सिंह फर्श पर निर्वस्त्र पड़े थे। प्राचार्य उन्हें भींचकर लेटे हुए थे। प्राचार्य का मन उनसे अलग होने का नहीं हो रहा था। मीना सिंह मुस्करायीं, ''सर आप तो पक्के खिलाड़ी हैं। लगता नहीं कि आपकी उम्र पचपन की हो गयी है। आप तो नवयुवकों से भी सेक्सी हैं। आप तो सचमुच मर्द हैं.....।'' प्राचार्य फूलकर एकदम कुप्पा हो गये, ''आपको छोड़ने का मन नहीं कर रहा है। मन कर रहा है, आपके साथ रात भर यहीं लेटा रहूँ।'' ''नहीं सर! देर हो जाएगी। आप जब भी, जहाँ भी कहेंगे; आपके लिए सब कुछ हाजिर है।'' मीना सिंह ने थोड़ा लाड़ से कहा।

"हो जाने दीजिए देर! क्या फर्क पड़ता है। सब तो जा चुके हैं।"

"बड़े बाबू बैठे होंगे सर!"

"बैठे रहने दो!"

मीना सिंह अपने गाल प्राचार्य के सीने में रगड़ने लगीं।

नीचे बैठे-बैठे बड़े बाबू चिन्तित होने लगे। छः बज चुका था। वे घर जाना चाह रहे थे। दयाराम से बोले, "साहब लगता है बहुत नाराज़ हो गये हैं दयाराम। अभी तक हड़का रहे हैं मैडम को। तुम यहीं रुको। मैं जाकर साहब को समझाता हूँ।"

बड़े बाबू भौतिक विज्ञान कक्ष के बाहर पहुँचे तो दरवाजा बन्द था। वे अचकचा गये। शायद अन्दर से खुला हो। उन्होंने दरवाजे को धक्का दिया। अन्दर से बन्द था दरवाजा। उनकी सिट्टी-पिट्टी गुम हो गयी। प्राचार्य समझ गये बड़े बाबू धक्का दे रहे हैं। वे घबरा गये। मीना सिंह ने संकेत किया। चुपचाप पड़े रहिए। मैं सम्हाल लूँगी। जो भी होगा। बड़े बाबू ने हिम्मत करके दरवाजा खटखटाया, "साहब ऽ! साहब ऽ!" मीना सिंह खड़ी हो गयीं। थोड़ा-सा इंतज़ार किया फिर दरवाजा खोल दिया। बड़े बाबू ने दोनों को निर्वस्त्र देखा तो बौखला गये। पलटकर वहाँ से जाने की कोशिश की तो मीना सिंह ने अपने दोनों हाथों से उनका एक हाथ पकड़ लिया। पूरी ताकत लगायी। उन्हें भी अन्दर खींच लिया। दरवाजा अन्दर से बन्द! मीना सिंह दरवाजे पर सटकर खड़ी हो गयीं। बड़े बाबू की नज़रें मीना सिंह के चिकने शरीर पर फिसलीं। एक बार तो उनका मन डोल गया। उन्होंने अपने पर नियंत्रण किया। वहाँ से भागने का प्रयास करने लगे। मीना सिंह उनसे कसकर लिपट गयीं उन्होंने गुदगुदी करके बड़े बाबू को जमीन पर गिरा दिया। वे जबर्दस्ती उनका पैन्ट उतारने लगीं, "क्या बड़े बाबू! आप भी नाड़े वाली जाँघिया पहनते हैं। अरे थोड़ा स्मार्ट बनकर रहा करिए। किसी ब्रांडेड कम्पनी का अंडरवियर पहना करिए....।" उन्होंने बड़े बाबू के जाँघिये के अन्दर हाथ डाला। अब बड़े बाबू लाचार थे। उन्होंने कपड़े उतारे। मीना सिंह पर टूट पड़े। मीना सिंह हँसने लगीं। प्राचार्य को गुस्सा आ रहा था। बेहद! इतना बेहतरीन माल। वे एकाधिकार चाहते थे। बड़े बाबू ने भी हिस्सा बाँट लिया। बड़े बाबू जैसे ही शान्त हुए, उन्होंने आदेश दिया, "बड़े बाबू आप नीचे चलकर बैठिए। मैं अभी थोड़ी देर में आ रहा हूँ।" बड़े बाबू कपड़ा पहनकर नीचे चले गये। दरवाजा बन्द करके मीना सिंह प्राचार्य से लिपट गयीं और उन्हें चूमने लगीं, "अरे सर! नाहक बुरा मान रहे हैं। थूक दीजिए गुस्सा। वह सब तो मैंने इसलिए किया, जिससे राज राज ही रहे। हूँ तो मैं आपकी ही। आइए आप एक बार फिर कर लीजिए। प्लीज सर!"

औरत! बड़ी विचित्र चीज होती है औरत! अपने पीछे टहलनेवालों को वह उतना भाव नहीं देती जो उसे भाव नहीं देता? जो भाव नहीं देता उसके पीछे हाथ धोकर पड़ जाती है या फिर दिल्ली में ऐसा होता हो! क्या पता! जो दिल्ली की संस्कृति को जानते हों, वो जानें! बहरहाल मीना सिंह का स्वभाव कुछ ऐसा ही था। उनकी निगाहों में एक आदमी बुरी तरह चढ़ गया था। अवनीश। हाँ! डॉ. अवनीश मीना सिंह को भाव नहीं देते थे। सिर्फ नमस्कार-प्रणाम! उससे ज्यादा सम्बन्ध नहीं। मीना सिंह अक्सर अवनीश को समझातीं, "अरे आप ठाकुर, मैं ठाकुर! हम मिलकर साथ रहेंगे तो कॉलेज में किसी की हिम्मत नहीं पड़ेगी हम लोगों से लगने की।" अवनीश हाँ में हाँ मिलाते और इधर-उधर की थोड़ी-सी बात करके बहाना बनाकर उनके पास से खिसक लेते। अवनीश को पकड़ने के लिए वे अक्सर नीचे बने हुए कला संकाय के स्टाफ-रूम में पहुँच जातीं। कला संकाय की कक्षाएँ नीचे चलती थीं। चूँकि प्रैक्टिकल वगैरह की झंझट नहीं थी, अतः कला संकाय के विभाग अलग-अलग नहीं थे। कला संकाय के सारे प्राध्यापक स्टाफ-रूम में बैठते थे। स्टाफ-रूम में ही सारे प्राध्यापकों की अपनी-अपनी आलमारियाँ थीं, जिनमें सब अपना-अपना सामान रखते थे। मीना सिंह स्टाफ-रूम में आतीं तो अवनीश दो-चार मिनट बैठकर उनसे बात करते। फिर क्लास लेने के बहाने वहाँ से उठ लेते। क्लास न होता तो कोई और बहाना।

अवनीश मीना सिंह से यूँ ही नहीं कटते थे। अवनीश इतना अच्छा पढ़ाते थे और लड़कों से इतनी अच्छी तरह पेश आते थे कि बहुत से लड़के उनके भक्त थे। वे भक्त लड़के ही गाज़ीपुर के उस कस्बे में उनकी सम्पत्ति थे। कुछ लड़के उनके पक्के जासूस थे। कुछ अवनीश के लिए किसी से भी भिड़ने को तैयार रहते थे। कुछ कामकाज में उनकी मदद करते थे। उनके जासूसों ने जो सूचनाएँ उन्हें दी थीं, उससे वे सहम गये थे। भौतिक विज्ञान के कुछ लड़कों को पढ़ाने के नाम पर वे घर बुलाती थीं। उन लड़कों को उन्होंने सेक्स का ऐसा चस्का लगा दिया था कि वे लड़के अक्सर उनके घर पड़े रहते। ऐसी स्थिति हो गयी थी कि उनके यहाँ कुछ लड़के खाना बना रहे होते, कुछ कपड़े साफ कर रहे होते और कुछ बिस्तर पर मीना सिंह के साथ सेक्स में जुटे होते। बिस्तर से निवृत्त होने के बाद लड़का उठता और जाकर काम करनेवालें लड़कों के साथ हो जाता। काम करनेवाला कोई लड़का बिस्तर पर पहुँच जाता। जासूसों ने यह भी सूचना दी थी कि दूध देनेवाला, सब्जी देनेवाला, कपड़े प्रेस करनेवाला—सब उन पर हाथ साफ करते हैं या कि मीना सिंह उन सब पर हाथ साफ करती हैं।

अवनीश मीना सिंह की पकड़ में आ ही गये। गर्मी में अप्रैल में परीक्षाएँ चल रही थीं। उस दिन शाम की पाली की परीक्षा थी। तीन से छः बजे की। अवनीश और मीना सिंह दोनों की ड्यूटी थी। दो लोगों की ड्यूटी कमरे में नहीं लगी थी। उन्हें छात्रों और छात्राओं की चेकिंग के लिए लगाया गया था। वे दो लोग थे मीना सिंह और अवनीश। छात्रों और छात्राओं की चेकिंग हो गयी। सब कमरे में चले गये। मीना सिंह अवनीश से थोड़ी देर तक इधर-उधर की बातें करती रहीं। फिर बोलीं, "अवनीश जी आपने कभी मेरी प्रयोगशाला नहीं देखी। चलिए आपको मैं अपनी प्रयोगशाला दिखाऊँ।" अवनीश तैयार हो गये। दोनों भौतिक विज्ञान की प्रयोगशाला में गये। मीना सिंह अवनीश को प्रयोगशाला में टहलाती रहीं दिखाने के नाम पर। अन्त में वे अपने कमरे में आकर बैठ गयीं। अवनीश भी बैठ गये। मीना सिंह ने विभाग के चपरासी से दो गिलास पानी मँगाया। पानी पिलाकर चपरासी चला गया वहाँ से।" अवनीश जी आपसे एक बात पूछूँ?" अचानक मीना सिंह ने अवनीश से कहा। "पूछिए!" अवनीश ने प्रश्नवाचक दृष्टि से उन्हें देखा।

"सच-सच जवाब दीजिएगा। झूठ मत बोलिएगा।"

"हें...। ऐसी क्या खास बात है?"

"बात कुछ खास है! तभी तो मैं कह रही हूँ। आपको कसम है! झूठ मत बोलिएगा।"

"ठीक है! प्रश्न का उत्तर अगर मुझे पता होगा तो अवश्य बताऊँगा।"

"उत्तर आपको पता है। इसीलिए मैं कह रही हूँ झूठ मत बोलिएगा।"

"अरे पूछिए भी! आप तो पहेलियाँ बुझाकर रख दे रही हैं।"

"ये बताइए! अपनी ज़िन्दगी में अपनी पत्नी के सिवा आपका और कितनी औरतों से सम्बन्ध रहा है?"

"एक भी औरत से नहीं।" अवनीश ने बड़ी दृढ़ता से कहा।

"असम्भव! ऐसा कोई मर्द होती ही नहीं जिसका अपनी पत्नी के सिवा और किसी औरत से कोई सम्बन्ध न रहता हो। मर्दों का काम ही होता है, इधर-उधर मुँह मारना। दुनिया में इतने सारे वेश्यालय मर्दों के लिए ही तो बने हैं। जिन मर्दों को कहीं ठौर नहीं मिलता वे वहाँ पहुँच जाते हैं।"

"मैडम एक कहावत है—चोरों को सारे नज़र आते हैं चोर! जो जैसा रहता है, उसको सारा संसार वैसा ही दिखायी देता है।"

"आप चोर मुझे कह रहे हैं?" मीना सिंह मुस्करायीं।

"मैं आपको चोर नहीं कह रहा हूँ। मैं एक कहावत बता रहा हूँ। एक मानसिकता की बात कर रहा हूँ।"

मीना सिंह ने अपनी कुर्सी खींची। अवनीश की कुर्सी से एकदम सटा लिया। अवनीश ने आधी बाँह की शर्ट पहन रखी थी। बाँह का जो हिस्सा खुला था, उस पर वे अपना गाल रगड़ने लगीं। "यह क्या कर रही हैं?" अवनीश ने खिन्न होकर कहा। "वही कर रही हूँ जो मुझे करना चाहिए" मीना सिंह ने मदहोश आवाज में कहा, "क्या अवनीश जी! आप कैसे ठाकुर हैं? पहले के राजे-महाराजे हजार-हजार रानियाँ रखते थे। आप एक औरत को नहीं सम्हाल पा रहे हैं...आप मेरे लिए बहुत खास हैं...आपके लिए मैं अपनी जान भी दे सकती हूँ.....आई लव यू। आई लव यू। आई लव यू....आप मेरे ठाकुर। मैं आपकी ठकुराइन....।" "प्लीज मैडम! आप कायदे से बैठिए, नहीं तो मैं जा रहा हूँ यहाँ से।" अवनीश ने तेज आवाज़ में कहा। मीना सिंह भी बिगड़ गयीं, "मुझे तो इस बात में संदेह हो रहा है कि आप मर्द हैं। लगता है आप न तो आदमी हैं और न औरत!" "ठीक है! मुझे नपुंसक, हिजड़ा जो जी में आये कह लीजिए; लेकिन कायदे से बैठिए!" अवनीश ने भी तल्ख आवाज़ में कहा। "अरे जालिम! अरे निर्दयी! कब से मेरा दिल अपने पैरों तले दबा रखा है...." कहकर मीना सिंह अपनी जगह पर खड़ी हो गयीं। उन्होंने अपने होंठ अवनीश के होंठों की तरफ बढ़ाये। अवनीश ने जोर का धक्का दिया। वे कुर्सी सहित फर्श पर गिर पड़ीं। अवनीश खड़े हुए। दरवाजे की तरफ बढ़े। मीना सिंह उठीं और दौड़कर दरवाजा बन्द कर लिया। वे दरवाजे से एकदम चिपककर खड़ी हो गयीं। "दरवाजे पर से हट जाइए!" अवनीश गुर्राये। "नहीं हटूँगी। आखिर क्या कमी है मुझमें? महाविद्यालय में कोई महिला है मुझसे सुंदर?" वे हाँफ रही थीं। उन्होंने अपना ब्लाउज खोलने की कोशिश की। अवनीश ने उनका दोनों हाथ पकड़कर झटक दिया। वे फर्श पर जा गिरीं। अवनीश ने दरवाजा खोला और कमरे से निकल गये। वे एकदम घबरा गये थे। मीना सिंह ने कोई बखेड़ा खड़ा कर दिया तो? कोई आरोप लगा दिया तो? सब मीना सिंह का ही समर्थन करेंगे। उनकी बात का कोई विश्वास नहीं करेगा। मिट्टी पलीद हो जायेगी। इतनी मेहनत से जो इतनी इज़्ज़त बनायी है, सब धूल में मिल जायेगी। धक्-धक्...धक्-धक्...। दिल जोर-जोर से धड़क रहा था।

अवनीश महीनों सशंकित रहे। कहीं आज कोई बवाल न खड़ा हो। कहीं आज कोई बवाल न खड़ा हो। एक दिन महाविद्यालय के अपने सहयोगी और मित्र डॉ. अमरेन्द्र से उन्होंने सारी बात बता दी। अमरेन्द्र सन्न रह गये,

"क्या आप सच कह रहे हैं?" "सोलहों आने सच यार!" अवनीश ने कहा। अमरेन्द्र धीरे से बोले, "मेरे संज्ञान में भी एक बड़ी विचित्र बात आयी है, लेकिन मैंने आज तक महाविद्यालय में किसी से भी वह बात नहीं बतायी। दरअसल किसी से उस बात को साझा करने की मेरी हिम्मत ही नहीं पड़ी।" "क्यों?" अवनीश ने पूछा। "बहुत खतरनाक बात है। मीना सिंह तक बात पहुँची तो बवाल मच जाएगा। आपको बता रहा हूँ। कहिएगा मत किसी से। दिल्ली का मेरा एक परिचित बता रहा था कि मीना सिंह के बाप ने दिल्ली में बहुत सम्पत्ति बनायी है। बहुत पैसा कमाया है लेकिन अपनी चारों बेटियों की बदौलत। वह रईसों को, उद्योगपतियों को अपनी बेटियाँ सप्लाई करता था। चाहे मंत्री से काम हो या संतरी से। अपनी बेटियों की बदौलत उसका कोई काम नहीं रुकता था। आज भी वह दिल्ली का एक रईस आदमी है। नौकर-चाकर सब हैं उसके पास लेकिन उसने कभी कोई काम नहीं किया। सिर्फ अपनी बेटियों के बल पर इतना बड़ा आदमी बना है। दरअसल उसकी चारों बेटियाँ शुरू से ही बहुत रंगीन मिज़ाज़ थीं। उसने चारों पर बहुत काबू करने की कोशिश की। जब सफल नहीं हुआ तो हारकर उसी को पैसा कमाने का माध्यम बना लिया।" अमरेन्द्र ने सारा रहस्य बयान कर दिया।

"दिल्ली की संस्कृति इसी तरह की है क्या यार? मैं तो आज तक दिल्ली कभी गया नहीं।"

"मैं तो दो-चार बार गया हूँ। लेकिन वहाँ की संस्कृति क्या है, यह तो वहाँ स्थायी रूप से रहनेवाला ही जानता होगा।"

जुलाई में महाविद्यालय फिर से खुला। नया सत्र शुरू हुआ। शुरू हुआ नये छात्र-छात्राओं का महाविद्यालय में प्रवेश। एक नयी चहल-पहल। एक दिन मीना सिंह अवनीश से अकेले में मिलीं, "अवनीश जी मैंने आपके साथ जो कुछ किया, उसके लिए मैं बहुत शर्मिंदा हूँ। मैं तो इस लायक भी नहीं हूँ कि आपसे माफ़ी माँग सकूँ। फिर भी अगर हो सके तो मुझे माफ़ कर दीजिए!"

अवनीश एकदम से अचकचा गये, "कोई बात नहीं! जो बीत गया उसे भूल जाइए। अब ऐसा मत कीजिएगा।" "सवाल ही नहीं उठता। आप जैसे महान् व्यक्ति को कष्ट देकर मैं पश्चाताप की आग में जल रही हूँ। आपका दिल बड़ा विशाल है। मैंने इतना बड़ा अपराध किया था, लेकिन आपने मुझे क्षमा कर दिया। आप जैसा महान् व्यक्ति मैंने अपने जीवन में नहीं देखा।" मीना सिंह रुआँसी हो उठीं। अवनीश बोले, "महान्-महान! कहकर मुझे शर्मिन्दा मत कीजिए। मैं बहुत साधारण व्यक्ति हूँ।"

अचानक वहाँ डॉ. सोनाली और डॉ. मधुलता पहुँच गयीं। उन्हें देखकर मीना सिंह वहाँ से चली गयीं। सोनाली मुस्करायीं, "क्यों अवनीश जी? हम लोगों को देखते ही साम्राज्य की मलिका चली क्यों गयीं? क्या बातें हो रही थीं? अपने साम्राज्य में से कुछ हिस्सा आपको भी देनेवाली हैं क्या?" अवनीश हँसने लगे। मधुलता बोलीं, "बड़ी कुतिया औरत है। जहाँ भी बैठती है अपने ससुराल की महान् वंश परम्परा, अकूत धन-सम्पदा और वैभव, अपने बाप केसरी सिंह की महानता—इन्हीं सबका बखान करती रहती है। लगता है दिल्ली में केसरी सिंह प्रधानमंत्री से बड़ा कोई पद वाला है। चोट्टा केसरी सिंह....! कायदे से तन ढँकने भर को कपड़े हैं नहीं और बेटी केसरी सिंह की...।" तीनों ठहाका लगाकर हँस पड़े। सोनाली शरारत से मुस्कराती हुई बोलीं, "अवनीश जी आप भी ठाकुर हैं। हम लोग ठकुराइन साहिबा की आलोचना कर रहे हैं। आपको बुरा तो नहीं लग रहा है?" अवनीश ने दोनों हाथ जोड़ते हुए कहा, "आप लोग उनसे मेरी तुलना मत किया करिए। मैं बहुत मामूली आदमी हूँ।" "तो ठकुराइन साहिबा को क्या समझते हैं? क्या वो सचमुच साम्राज्य की महारानी हैं क्या? हो सकता है, इसी की कमाई से इसके परिवार का खर्च चलता हो।" सोनाली बोलीं।

दस दिन बाद मीना सिंह फिर अवनीश से मिलीं, "अवनीश जी मुझे बधाई दीजिए!"

"किस लिए?"

"आप महाविद्यालय की 'राष्ट्रीय सेवा योजना' के प्रभारी हैं। छात्राओं की इकाई की कार्यक्रम अधिकारी मैं बना दी गयी। आपके अधीन अब मैं काम करूँगी।"

"क्यों? सुधा जी ने इस्तीफा दे दिया क्या?"

"हाँ! उन्होंने इस्तीफा दे दिया। प्राचार्य जी ने मुझसे काम सँभालने का आग्रह किया चूँकि आपके अधीन काम करना था, इसलिए मैंने सहर्ष स्वीकार कर लिया। आप जैसे महान् व्यक्ति के अधीन काम करना मेरे लिए सौभाग्य की बात है। मुझे बहुत कुछ सीखने को मिलगा।....लगता है मेरे साथ काम करने की बात सुनकर आपको अच्छा नहीं लगा।"

"नहीं-नहीं! ऐसी कोई बात नहीं है। राष्ट्रीय सेवा योजना परिवार में आपका बहुत-बहुत स्वागत है। आपको बहुत-बहुत बधाई!" अवनीश किसी तरह बनावटी हँसी हँसते हुए बोले।

'मीना सिंह साथ में काम करेंगी? बाप रे!' अवनीश को घबराहट होने लगी थी। मीना सिंह अब तक में कस्बे में गंधा चुकी थीं। आपसी बातचीत में लोग अब

उन्हें 'छिनाल' कहने लगे थे। महाविद्यालय के अधिकांश प्राध्यापक गाज़ीपुर शहर से रोज आते-जाते थे। बहुत थोड़े थे जो कस्बे में ही किराये पर रहते थे। शहर से आने-जानेवालों को कोई समस्या नहीं थी। परेशान थे कस्बे में किराये पर रहनेवाले। लोगों का मजाक, उपहास, व्यंग्य बाण! झेलना पड़ता था सब। एक पुरुष लम्पट निकल जाय तो समाज को विशेष फर्क नहीं पड़ता। हो सकता है उसे एक भी औरत लम्पटई करने के लिए न मिले लेकिन अगर एक औरत यह रास्ता पकड़ ले! अनर्थ हो जाता है। उसे असंख्य पुरुष मिल जाते हैं। नारीवादी दृष्टि से देखा जाय तो यह औरत का मजबूत पक्ष है। वे लम्पट पुरुष के इर्द-गिर्द नहीं इकट्ठी होतीं। उनका अपने ऊपर ज्यादा नियंत्रण होता है। स्वभाव की दृष्टि से वे ज्यादा मजबूत और दृढ़ होती हैं। मर्द भी अपने तरीके से अपना बचाव करता है। वह क्या करे? ऊपरवाले ने उसे ऐसा बनाया ही है। एक कुतिया के पीछे दर्जनों कुत्ते टहलते रहते हैं। किसी कुत्ते के पीछे दर्जनों कुतिया नहीं टहलतीं।

महाविद्यालय में राष्ट्रीय सेवा योजना की दो इकाइयाँ थीं। सौ लड़कों की पहली इकाई। सौ लड़कियों की दूसरी इकाई। राष्ट्रीय सेवा योजना में भाग लेने की उत्सुक छात्राएँ मीना सिंह से सम्पर्क करने लगीं।

राष्ट्रीय सेवा योजना का फॉर्म माँगने जो भी लड़की आती, मीना सिंह उससे उसके अभिभावक को बुलवातीं। अभिभावक आता तो उसे समझाती थीं, देखिए! राष्ट्रीय सेवा योजना के जो प्रभारी हैं.....डॉ. अवनीश...वो बहुत ही घटिया इन्सान हैं। कब किस लड़की के साथ क्या हो जाय कोई भरोसा नहीं है। इसलिए अपने स्तर से आप सतर्क रहिए। अपनी लड़कियों को भी आप समझा दीजिए। उनके साथ जरा-सा भी कुछ हो तो तुरंत प्राचार्य से शिकायत करें। मुझे भी सूचना दें।'' भयवश आधे अभिभावक अपनी लड़कियों को राष्ट्रीय सेवा योजना में नामांकन कराने से रोकने लगे। मीना सिंह 'हरास्वामी बच्चे चुराता है' वाला माहौल बुनने लगीं। बी.ए. की सीनियर लड़कियाँ शिकायत लेकर अवनीश के पास पहुँची, ''सर! मीना मैडम राष्ट्रीय सेवा योजना में बी.एस.सी. की ही सारी लड़कियों को भर रही हैं। बी.ए. की लड़कियों को भगा दे रही हैं। बी.एस.सी. में पढ़नेवाले उनके जितने ब्वाय-फ्रेंड हैं, सबको वे आपके पास भेज रही हैं। लगता है, राष्ट्रीय सेवा योजना में केवल बी.एस.सी. वाले ही बचेंगे। बी.ए. वाले सब बाहर हो जायेंगे। सर, लड़कियों और उनके घरवालों से वे आपके बारे में बहुत गन्दी-गन्दी बातें कह रही हैं।'' लड़कियों ने उन्हें साफ-साफ बता दिया। मीना सिंह क्या-क्या कर रही हैं,

क्या-क्या कह रही हैं। अवनीश के पैरों तले की जमीन खिसक गयी। इतनी मायावी औरत! 'त्रियाचरित्र' आखिर होता क्या है, उन्हें अब पता चला।

वे प्राचार्य के पास पहुँचे, "सर! आपसे कुछ कहना है!"

"बोलिए!"

"सर, मैं कुछ लिख-पढ़ नहीं पा रहा हूँ। मेरा एकेडमिक वर्क बहुत प्रभावित हो रहा है।"

"क्यों? अचानक ऐसी क्या बात हो गयी है?"

"सर, राष्ट्रीय सेवा योजना के कारण मेरा बहुत समय बर्बाद हो रहा है। मुझे इससे मुक्त कर दीजिए!"

"राष्ट्र की सेवा का काम करना आपको समय बर्बाद करना लग रहा है? आप उन नौजवानों को याद करिए, जो देश की रक्षा के लिए सीमा पर डटे हुए हैं। क्या वे वहाँ समय बर्बाद कर रहे हैं। डॉ. अवनीश! मुझे आपके इस सोच से बड़ी तकलीफ़ पहुँची है।"

अवनीश मन ही मन गाली देने लगे, 'साले! राष्ट्रीय सेवा योजना के लिए जितना पैसा आता है, उसमें से आधे से ज्यादा खा जाते हो और मुझे भाषण पिला रहे हो। अबे कमीने! राष्ट्रीय सेवा योजना के मद में पैसा आना बन्द हो जाय तो पता चले तुम कितनी राष्ट्रीय सेवा योजना चलवाते हो!'

अवनीश को चुप देखकर प्राचार्य ने कहा, "अब तो आपके सहयोग के लिए मैंने मीना सिंह जैसी ऊर्जावान महिला को दे दिया है। काफी काम उन्हें दे दीजिए। आपका बोझ कम हो जाएगा।"

"ठीक है सर!" कहकर अवनीश उठ गये। सारे महाविद्यालय को पता था प्राचार्य मीना सिंह के इशारे पर नाचते हैं। अवनीश समझ गये। राष्ट्रीय सेवा योजना से तभी मुक्ति मिल पायेगी, जब मीना सिंह चाहेंगी....और मीना सिंह मुक्त होने नहीं देंगी।

अवनीश जैसे ही प्राचार्य के कमरे से बाहर निकले, दयाराम उनसे बोला, "सर! मीना सिंह बहुत ऊर्जावान महिला हैं। वे क्लास पढ़ाकर पचीस-तीस मर्दों को निबटा सकती हैं और फिर क्लास में पढ़ाने जा सकती हैं।" दयाराम ही-ही करके हँसने लगा। दूसरा अवसर होता तो अवनीश को भी हँसी आ जाती। इस समय चिन्ताग्रस्त थे। हँसी नहीं आयी।

मीना सिंह अब अक्सर अवनीश के पास आकर बैठ जातीं। बड़ी विनम्रता और मासूमियत से पूछतीं, "राष्ट्रीय सेवा योजना का कोई काम तो नहीं है? राष्ट्रीय सेवा योजना का अगला कार्यक्रम क्या होगा?" अवनीश खून का घूँट पीकर रह जाते।

उस विनम्रता के पीछे छुपा कमीनापन उन्हें साफ दिखायी देता था। इस वर्ष राष्ट्रीय सेवा योजना में आधे से अधिक संख्या बी.एस.सी. के नये लड़के और लड़कियों की थी। वे अवनीश की कोई बात सुनते ही नहीं थे। राष्ट्रीय सेवा योजना का जब भी कोई कार्यक्रम होता, वे नये लड़के और लड़कियाँ बड़ी विचित्र दृष्टि से अवनीश को देखते थे। उस दृष्टि में घृणा, उपेक्षा, तिरस्कार आदि बहुत सारे भाव एक साथ सम्मिलित रहते थे। अवनीश को गुस्सा तो बहुत आता था, लेकिन मन मसोसकर रह जाते थे। उन्हें पता था। इसमें उन लड़कों और लड़कियों का कोई दोष नहीं था। दोष तो था काली नागिन का। जो हमेशा उनके बगल में खड़ी रहती थी। वह हमेशा उन्हें अवनीश के खिलाफ़ हर तरीके से उकसाती रहती थीं। लड़के-लड़कियों को यह नहीं पता था कि कार्यक्रम के बाद उन्हें नाश्ता मिलना चाहिए। इसके लिए सरकार पर्याप्त पैसा देती है। नाश्ते का सारा पैसा प्राचार्य हजम कर जाते थे और डकार भी नहीं लेते थे। फर्जी बिल-बाउचर का इंतजाम करना बड़े बाबू के जिम्मे था। प्राचार्य की सख्त हिदायत थी। बच्चों को पैसे के बारे में कुछ नहीं पता चलना चाहिए। सी.आर. खराब होने के डर से किसी प्राध्यापक में बोलने की हिम्मत नहीं थी।

उस दिन एक दिसम्बर था। महाविद्यालय से एड्स जागरूकता के लिए रैली निकाली जानेवाली थी। रैली को जाकर पूरे कस्बे में घूमना था। कार्यक्रम राष्ट्रीय सेवा योजना के तत्त्वावधान में होना था। प्राचार्य ने झण्डी दिखाकर महाविद्यालय से रैली को रवाना किया। आगे-आगे मीना सिंह चल रही थीं। उनके पीछे दो पंक्तियों में सौ लड़कियाँ थीं। आगे की दोनों लड़कियों के हाथ में राष्ट्रीय सेवा योजना का बैनर था। पीछे की कई लड़कियों ने एड्स से बचाव के नारेवाली तख्तियाँ पकड़ रखी थीं। जहाँ लड़कियों की पंक्ति खत्म हो रही थी, वहाँ अवनीश चल रहे थे। अवनीश के पीछे दो पंक्तियों में लड़के चल रहे थे। कई लड़कों ने भी एड्स से सम्बन्धित तख्तियाँ पकड़ रखी थीं।

जैसे ही रैली महाविद्यालय परिसर से बाहर निकली, लड़के एकदम स्वतंत्र हो गये। एक लड़का चिल्लाया, "जब भी छिनाल के घर जाओ, कन्डोम लेकर जाओ। नहीं तो बिना एड्स के वापस नहीं आओगे।" दूसरा लड़का चिल्लाया, "अरे छिनाल! केवल बी.एस.सी. के लड़कों को ही क्यों देती हो। बी.ए. वालों को भी दो। हम बिना कन्डोम के आयेंगे। एड्स हो जाय कोई परवाह नहीं!" एक लड़के ने नारा लगाया, "निरोध फाड़ एड्स पाइए, छिनाल के घर जाइए।" लड़कों को सम्हालने में अवनीश को पसीना आने लगा। वे आगे से पीछे तक दौड़ने लगे।

पीछे पहुँचते तो आगे के लड़के चिल्लाने लगते। आगे पहुँचते तो पीछे के लड़के चिल्लाने लगते।

रैली कस्बे में पहुँची तो हास्यास्पद स्थिति हो गयी। एड्स जागरूकता रैली के आगे-आगे मीना सिंह को चलता देखकर लोग हँसने लगे। एक आदमी बोला, "अरे छिनरिया तो सरकार हो गयी है। सरकार एक तरफ शराब की दुकानें खोलती है और दूसरी तरफ नशामुक्ति अभियान चलाती है। यह भी एक तरफ कस्बे में एड्स फैला रही है और दूसरी तरफ एड्स के खिलाफ रैली निकाल रही है।...लगता है निरोध बनानेवाली कम्पनी से पैसा ली है....इसके पास जाओ तो निरोध लेकर जाओ।" एक नेता टाइप बुजुर्ग ने अवनीश से चुटकी ली, "का प्रोफेसर साहब? आपो छिनरिया के साथ घूमने लगे का? आपो को छिनरिया का चस्का लग गया? अवनीश एकदम से शर्मिन्दा हो गये। लोग हँस रहे थे। कुछ लोग ताली पीट-पीटकर हँस रहे थे। लोगों को हँसता देख रैली में चलनेवाले लड़के भी बीच-बीच में ठहाका लगाकर हँसने लगते थे। रैली में चलनेवाली लड़कियाँ शर्म से पानी-पानी हो रही थीं। यही हाल अवनीश का भी था। करें तो क्या करें। उन्होंने थोड़ी देर तक रैली को कस्बे में घुमाने के बाद जल्दी से उसे कॉलेज की तरफ मोड़ दिया। रैली वापस महाविद्यालय परिसर में पहुँची तब जाकर उनकी जान में जान आयी।

साल में दस दिन के लिए राष्ट्रीय सेवा योजना का एक विशेष शिविर होता है। स्वयंसंवकों को दस दिन उसी शिविर में रुककर आस-पास के गाँवों में श्रमदान सहित विभिन्न कार्यक्रम करने होते हैं। जोर श्रमदान पर ही रहता है। छात्र-छात्राओं को अपना भोजन भी सामूहिक रूप से स्वयं बनाना होता है। राष्ट्रीय सेवा योजना में पंजीकृत कुल छात्र और छात्रा संख्या का पचास प्रतिशत ही शिविर में भाग लेते हैं। राष्ट्रीय सेवा योजना के स्वयंसेवकों को तभी प्रमाण-पत्र मिलता है, जब वे दो साल राष्ट्रीय सेवा योजना में भाग ले लेते हैं। एक साल शिविर सहित और एक साल बिना शिविर के।

जनवरी में तय हुआ कि राष्ट्रीय सेवा योजना का दस दिवसीय विशेष शिविर इसी महीने में लगा लिया जाय। महाविद्यालय से दो किलोमीटर दूर एक गाँव में जूनियर हाईस्कूल था। तय हुआ कि उसी जूनियर हाईस्कूल में शिविर लगाया जाय। अवनीश ने जाकर उस स्कूल के प्रधानाचार्य से बात की। प्रधानाचार्य सहर्ष तैयार हो गये। उन्होंने अपने अधिकारियों से आदेश लेकर लिखित रूप से स्कूल दस दिन के लिए महाविद्यालय को दे दिया।

अवनीश और मीना सिंह ने तय किया कि जिन कमरों में बच्चे पढ़ते हैं, उनमें से चार कमरों में पुआल डलवा दिया जाय। चार कमरे में पचास लड़के सो लेंगे। लड़कियों को सुबह सात बजे बुलाया जाये और शाम को चार बजे घर वापस भेज दिया जाये। गाँव में लड़कियों को रात में रोकना सुरक्षित नहीं है। एक कमरे में सारा सामान रखकर ताला लगा दिया जाये।

एक तरफ दो कमरे अलग थे। अवनीश ने कहा, ''इन दोनों में भी पुआल डलवा लेते हैं। कॉलेज के दो चपरासी और मैं, इनमें सोया करेंगे।'' ''और मैं?'' मीना सिंह ने पूछा। ''जब चार बजे लड़कियाँ चली जायेंगी तो आप रुक कर क्या करेंगी? मैं और दोनों चपरासी मिलकर रात में लड़कों को सम्हाल लेंगे। आप भी शाम को चली जाया करिएगा और सुबह सात बजे आ जाइएगा।'' अवनीश ने उत्तर दिया। ''ऐसा कैसे हो सकता है? मैं भी रात में रुकूँगी। मैं भी कैंप का आनन्द लूँगी। मैं नहीं रहूँगी तो लड़कों का रात का कार्यक्रम नहीं देख पाऊँगी?'' मीना सिंह ने ऐसी बात कह दी कि अवनीश का सिर घूम गया। उनके साथ रात में रुकने का मतलब था बदनामी मोल लेना। वैसे भी मीना सिंह उन्हें बदनाम करने में जी-जान से जुटी थीं। कहावत है—किसी झूठ को सौ बार दुहराया जाये तो वह सच प्रतीत होने लगता है। यही अवनीश के साथ हो रहा था। अवनीश को धर्मसंकट में पड़ा देखकर मीना सिंह बोलीं, ''आप परेशान मत होइए। कमरे में एक तरफ आप अपना बिस्तर लगा लीजिएगा, दूसरी तरफ मैं अपना बिस्तर लगा लूँगी। मैं आपकी तपस्या भंग नहीं करूँगी मुनिवर!''

इक्कीस से तीस जनवरी तक कैम्प रखा गया। इक्कीस को दस बजे उद्घाटन समारोह था। दस बजे के पहले ट्रैक्टर पर लदकर महाविद्यालय से राष्ट्रीय सेवा योजना का सारा सामान आ गया। कैम्प में दस दिन अवनीश का सहयोग करने के लिए महाविद्यालय से दो चपरासी दिये गये। मंच इत्यादि की ठीक-ठाक व्यवस्था हो गयी। महाविद्यालय से सारे प्राध्यापक और कर्मचारी उद्घाटन समारोह में भाग लेने के लिए आये। प्राचार्य का आदेश था। उद्घाटन समारोह के मुख्य अतिथि प्राचार्य ही थे। उन्हें जब पता चला कि मीना सिंह अवनीश के साथ रुकेंगी तो वे बौखला गये। उन्होंने मीना सिंह को एक तरफ ले जाकर पूछा, ''यह सब क्या हो रहा है? तुम्हारा दिल अब अवनीश पर आ गया है?'' मीना सिंह ने समझाया, ''इस तरह की कोई बात नहीं है सर! अवनीश बहुत कमीना इंसान है। मैं उस पर निगाह रखने के लिए यहाँ रुकी हूँ। मान लीजिए, रात में किसी लड़की को अपने साथ रोककर यह कुछ इधर-उधर करे तो? इस तरह की कोई भी शिकायत

अगर आप तक पहुँचे तो आप इसके खिलाफ़ कठोर से कठोर कार्रवाई करिएगा। हिचकिएगा मत। गवाही मैं दूँगी।''

पहले दिन सिर्फ उद्‌घाटन समारोह हुआ। उसके बाद पूरा दिन सब कुछ व्यवस्थित करने में ही निकल गया। स्कूल में एक हैंडपम्प था। पानी की व्यवस्था उसी से हो रही थी।

अगले दिन सुबह सात बजे प्रार्थना हुई। छात्र-छात्राओं ने नाश्ता किया। एक दिन पहले ही अवनीश ने मीना सिंह से कह दिया था कि स्वयंसेवकों को लेकर नाश्ते के बाद आप अकेले जाइएगा। पास के किसी गाँव में श्रमदान करा दीजिएगा। दस लड़के और दस लड़कियाँ खाना बनाने के लिए रुकेंगे। मैं कमरे में बैठकर स्वयंसेवकों की सूची इत्यादि बनाने का काम करूँगा।

दस लड़के और दस लड़कियाँ खाना बनाने के लिए रुक गये। बाकी स्वयंसेवक महाविद्यालय और राष्ट्रीय सेवा योजना का बैनर लेकर मीना सिंह के नेतृत्व में श्रमदान के लिए निकल गये। चालीस लड़के थे और चालीस लड़कियाँ। उनके हाथ में फावड़े, खुर्पियां, झाड़ू, तसले इत्यादि थे।

अवनीश अपने कमरे में बैठकर स्वयंसेवकों की उपस्थिति के लिए रजिस्टर बना रहे थे। अचानक उनके पास एक लड़की आयी, ''सर, मेरे पेट में बहुत तेज दर्द हो रहा है।'' ''अरे!'' अवनीश घबरा गये, ''लो जल्दी से पेट दर्द की दवा खा लो।'' उन्होंने दवा वाले डिब्बे से पेट दर्द की एक गोली निकालकर उस लड़की को दी। लड़की ने दवा खायी और उन्हीं के कमरे में लेट गयी। अवनीश ने पूछा, ''किस क्लास में पढ़ती हो? क्या नाम है?'' ''सर मैं बी.एस.सी. पार्ट वन में हूँ। मेरा नाम सुहासिनी है।'' ''ठीक है! कुछ देर में आराम करो, पेट दर्द ठीक हो जाएगा।'' कहकर अवनीश अपना काम करने लगे। लड़की कमरे में चुपचाप लेटी रही।

सारे लड़के और लड़कियाँ जैसे ही श्रमदान करके मीना सिंह के साथ वापस लौटे, वह लड़की अवनीश के पास से उठी और सबके पास जाकर जोर-जोर से रोने लगी। क्या हुआ-क्या हुआ करते हुए सबने उसे घेर लिया। मीना सिंह भी उसी में थीं। लड़की रो-रोकर मीना सिंह को बताने लगी, ''मैडम! श्रमदान के लिए जाते समय मेरे पेट में बहुत तेज दर्द होने लगा। मैं श्रमदान में नहीं गयी। मैंने सर के पास जाकर पेट दर्द की बात बतायी। सर ने मुझे पेट दर्द की दवा दी और अपने पास लिटा लिया। थोड़ी देर बाद सर मेरे साथ छेड़खानी करने लगे।'' मीना सिंह ने उस लड़की को सान्त्वना दी, ''घबराओ मत बेटा। तुम सब कुछ लिखकर दो।

मैं अभी सर के खिलाफ कार्रवाई करवाती हूँ।'' लड़की लिखने चली गयी। मीना सिंह ने फोन करके प्राचार्य को सारी बात बतायी। प्राचार्य ने कहा कि मैं तुरंत आ रहा हूँ। मीना सिंह ने कई पत्रकारों को भी फोन करके बुला लिया।

प्राचार्य आ गये। पत्रकार आ गये। लड़की को एक दिन पहले ही मीना सिंह ने प्राचार्य के नाम एक प्रार्थना पत्र लिखवा दिया था। अवनीश को कुछ खबर ही नहीं थी। अपने कमरे में बैठकर वे अपना काम कर रहे थे। छात्र उत्तेजित होकर मुर्दाबाद का नारा लगाने लगे। अवनीश चौंके। वे बाहर निकल आये। प्राचार्य, कई पत्रकार, मीना सिंह, मुर्दाबाद करते हुए लड़के! अवनीश की समझ में कुछ नहीं आया। प्राचार्य के पास पहुँचकर उन्होंने नमस्कार करते हुए पूछा, ''क्या हुआ सर?'' ''क्या हुआ सर? बड़े भोले हैं! इतनी बड़ी करतूत करके पूछ रहे हैं क्या हुआ?'' प्राचार्य उनके ऊपर बड़ी तेज भड़क गये। उन्होंने लड़की द्वारा लिखा हुआ प्रार्थना पत्र उन्हें पकड़ा दिया। लड़के और जोर-जोर से मुर्दाबाद करने लगे।

अवनीश एकदम से भौंचक्के रह गये, ''स ऽऽ र! यह सब एकदम झूठ है। सफेद झूठ! कहाँ है वह लड़की?'' प्राचार्य और तेज भड़क गये, ''उस लड़की का क्या करेंगे? और कुछ करना है क्या उसके साथ? झूठ-झूठ कर रहे हैं? चोर कभी कहता है क्या कि वह चोर है?....आप चले जाइए यहाँ से। मैं किसी और अध्यापक को कैंप की जिम्मेदारी सम्हालने के लिए कहता हूँ। आप दिखायी मत पड़िएगा अब कैंप में।'' अवनीश कुछ देर तक खड़े रहे। हार कर चल दिये वहाँ से।

अगले दिन अखबारों में शीर्षक था—'राष्ट्रीय सेवा योजना के शिविर में अध्यापक द्वारा छात्रा से छेड़खानी।' खूब चटखारे ले-लेकर अखबारों में समाचार छपा था। महाविद्यालय जाने के लिए अवनीश घर से निकले तो हर व्यक्ति उन्हें ही देख रहा था। चेहरों पर अज़ीब घृणा और गुस्से के भाव! महाविद्यालय पहुँचे तो वहाँ भी सब उन्हें ही देखने लगे। सब कतरा कर निकल जा रहे थे। कोई उनसे बात नहीं कर रहा था। अमरेन्द्र बोले, ''अवनीश जी कम से कम आज तो आपको नहीं आना चाहिए था। देख रहे हैं! सबके मन में आपके लिए कितनी घृणा है।'' ''कोई फर्क नहीं पड़ता।'' अवनीश ने कहा, ''मेरी अन्तरात्मा को पता है कि मैं बिलकुल भी गलत नहीं हूँ। जब मेरी अन्तरात्मा मेरे साथ है तो सारा संसार मेरे विरुद्ध खड़ा हो जाय। मुझे कोई फर्क नहीं पड़ता। न मैं किसी को कोई सफाई दूँगा और न किसी से कुछ कहूँगा। ईश्वर मेरे साथ है।'' ''आखिर माज़रा क्या है?'' अमरेन्द्र ने पूछा। ''सब मीना की माया है।'' कहकर अवनीश ने सारी बात बता दी।

घटना के दो सप्ताह बीत गये थे। दस दिवसीय विशेष शिविर समाप्त हो गया था लेकिन माहौल नहीं बदला था। अवनीश के प्रति कस्बे में वैसी ही घृणा विद्यमान थी। छात्र-छात्राएँ भी अवनीश को बहुत गिरा हुआ आदमी समझ कर उनसे दूर ही रह रहे थे। हाँ, कुछ प्राध्यापकों का नज़रिया जरूर बदला था। अमरेन्द्र के समझाने पर कई पुरुष और महिला प्राध्यापक अवनीश के पक्ष में हो गये थे। मीना सिंह के बारे में सब अच्छी तरह जानते थे।

इस समय अपने कमरे में रेडियो के साथ बैठे हुए अवनीश तमाम तरह की बातें सोच रहे थे। अचानक किसी ने दरवाजा खटखटाया। अवनीश ने दरवाजा खोला तो सामने अमरेन्द्र खड़े थे। ''अवनीश जी अनर्थ हो गया।'' अमरेन्द्र छूटते ही बोले। अवनीश घबरा गये, ''क्या हुआ?'' अमरेन्द्र ने बताया, ''उस लड़की के पत्र की छाया प्रति के साथ प्राचार्य ने शासन को आपके खिलाफ़ एक पत्र भेजा था। उन्होंने आपके प्रशासनिक स्थानान्तरण की सिफारिश की थी। आज शासन का जवाब आ गया। आपका प्रशासनिक स्थानान्तरण कर दिया गया है।'' अवनीश खुशी से उछल पड़े, ''ऊपर वाले तेरी जय हो! तूने मेरी सुन ली। तुझे लाख-लाख धन्यवाद!'' ''इतना खुश होने की जरूरत नहीं है।'' अमरेन्द्र बोले, ''किसी खराब जगह आपका स्थानान्तरण हुआ है।'' ''जहन्नुम में मेरा स्थानान्तरण हुआ हो।'' अवनीश ने कहा, ''यहाँ से पिण्ड तो छूटा। उस छिनाल का मुँह नहीं देखना पड़ेगा। इससे बड़ी बात क्या हो सकती है। मुझसे पैसा लीजिए और तुरन्त जाइए मिठाई लाइए।'' अपने कमरे में टँगे हुए भगवान के चित्र के सामने हाथ जोड़कर खड़े हो गये अवनीश।

आप बहुत.....बहुत..... सुन्दर हैं!

उनके देखे से उनको जो आ जाती है मुँह पे रौनक।
वो समझते हैं कि बीमार का हाल अच्छा है।।

गालिब की यही पंक्तियाँ गुनगुनाते हुए मैं घर लौट रहा था। मन प्रफुल्लित था। मन में मिठास-मिठास सी घुली हुई थी।

मैं डॉ. अनामिका से अपने दाँत में फिलिंग करवाकर लौट रहा था। दरअसल कई वर्षों से एक दाँत में छेद था। डॉक्टर को दिखाने में अब-तब करते-करते कई साल हो गये थे। दाँत का छेद धीरे-धीरे गहरा होता जा रहा था लेकिन मेरा आलस्य.......।

दाँत की सफाई करने और उसमें मसाला भरने में डॉ. अनामिका ने काफी समय लिया था। "बाप रे!" वे दाँत की सफाई करते हुए बोली थीं, "कितनी गहराई तक कीड़े पहुँच गये हैं। इतना बड़ा गड्ढा बन गया है। आश्चर्य हैं, कीड़े नसों तक नहीं पहुँचे? पता है! नस तक कीड़े पहुँच जाते तो क्या होता? आपका भी रूट कैनाल ट्रीटमेंट करना पड़ता। तब दर्द के मारे आप भी सुधा की तरह चीखते और रोते।" वे हँस पड़ी थीं। उनके हँसते ही लगा जैसे ढेर सारी ताजे गुलाब की पंखुड़ियाँ हवा में उड़कर छितरा गयी हों।

डॉ. अनामिको हाथों में रबड़ के दस्ताने पहन रखे थे। फिर भी मैं प्रयास कर रहा था। अपने गालों पर, चेहरे पर उनकी खूबसूरत और कोमल अँगुलियों के स्पर्श का अनुभव पाने का। एकदम प्राकृतिक-वास्तविक स्पर्श के अनुभव का। मेरी आँखें बन्द थीं। बेहद अच्छा लग रहा था। चाह रहा था मैं दो दिन.....चार दिन.....छः दिन! मेरे दाँतों का वे लगातार इलाज करती ही रहें। "बस, हो गया!" वे बोलीं! 'बस'...मुझे अच्छा नहीं लगा। "अब काफी सालों तक आपका दाँत सुरक्षित रहेगा।" वे आगे बोलीं। 'कल ही फिर खराब हो जाय। मैं फिर दिखाने आऊँ। कई सालों तक सुरक्षित रहे....। कौन चाहता है?' मैं मन ही मन बुदबुदाया।

उस दिन का मैं अन्तिम मरीज था। मन में लालच जागा। थोड़ी देर बातें करने का प्रयास क्यों न करूँ? चिकित्सा कक्ष में उन्होंने अपने दस्ताने उतारे। साबुन से हाथ धोया। दोनों नर्सों को आदेश दिया, ''सिस्टर! अब आप लोग जा सकती हैं।'' तौलिये से हाथ पोंछकर वे अपने चैम्बर में जाकर बैठ गयीं। मैं भी जाकर बैठ गया। ठीक उनके सामने वाली कुर्सी पर। ''डाक्टर साहब! दाँतों में कीड़े क्यों लग जाते हैं?'' बात करने की गरज से यूँ ही पूछ बैठा। मन ही मन हँसी भी आयी, 'पता नहीं है क्यों दाँतों में कीड़े लग जाते हैं.....छोटे बच्चे हो?' उन्होंने अपने दोनों हाथ हौले से मेज पर पटके, ''क्योंकि आप अपने दाँतों की ठीक से देख-भाल नहीं करते। लापरवाही बरतते हैं। कुछ भी खाने के बाद ठीक से कुल्ला करना चाहिए। सुबह उठने पर और रात में सोने के पहले, दो बार ब्रश करना चाहिए। सॉफ्ट ब्रश का ही इस्तेमाल करना चाहिए। ऐसा ब्रश इस्तेमाल करिए जो थोड़ा सा झुका हो....दाँतों के अन्तिम छोर तक पहुँच सके। हमेशा किसी सफेद टूथ पेस्ट का ही प्रयोग कीजिए.....।'' वे बोलती जा रही थीं। मेरा ध्यान उनकी बातों की तरफ कम था। मैं एकटक उनके चेहरे को निहार रहा था। अपूर्व और विलक्षण सौन्दर्य! मैं उनके चेहरे को अपनी आँखों में भर लेना चाहता था। देखे जा रहा था......देखे जा रहा....एकदम बेसुध होकर। बता लेने पर उन्होंने अपने बगल में रखा कम्प्यूटर आन किया। मेरी तंद्रा भंग हुई। कम्प्यूटर पर एक चित्र उभरा। ''देखिए, इस तरह का ब्रश इस्तेमाल करना चाहिए।'' दूसरा चित्र उभरा। ''इस तरह ब्रश करना चाहिए। ब्रश को ऊपर-नीचे करते हुए गोल-गोल घुमाकर।'' तीसरा चित्र उभरा। ''देखिए इस तरह दाँतों में कीड़े लगते हैं...और इस तरह धीरे-धीरे नीचे तक पहुँच जाते हैं....'' मेरी रुचि कम्प्यूटर देखने में नहीं थी। मैं उनकी नज़र बचाकर उनके चेहरे को देखे जा रहा था। कोई छोटा-मोटा दाग-धब्बा तक नहीं था उनके चेहरे पर। हरसिंगार के फूल जैसा कोमल....एकदम दूध जैसा चेहरा। मुझे लग रहा था कि अब तक गिनी-चुनी फिल्म-अभिनेत्रियाँ रही होंगी, जिनका चेहरा उनसे सुन्दर रहा होगा। रुद्रप्रयाग में हिमालय की हमेशा बर्फ से ढँकी रहने वाली चोटी चौखम्भा जब तेज धूप से नहायी रहती है तो अत्यन्त खूबसूरत लगती है। बर्फ से ढँके और तेज धूप से नहाये चौखम्भा पर यदि इन्द्रधनुष उग आये......। ऐसे ही अद्वितीय सौन्दर्य से युक्त था डॉ. अनामिका का चेहरा। उनका चेहरा......। हिमालय की किसी एकान्त और नीरव गोदी में जैसे दर्जनों पानी के सोते एक साथ फूट पड़े हों। गोपेश्वर की फूलों की घाटी में जैसे सारे फूलों के ऊपर एक कमल का फूल खिल आया हो और खिलखिलाकर हँस रहा हो। जैसे किसी हरी-भरी घाटी में एक

प्राकृतिक फौव्वारा अपनी छटा बिखेर रहा हो। मैं उनके चेहरे को लगातार अपनी आँखों में भरने की कोशिश कर रहा था.....लगातार।

"अच्छा.....अब मैं बहुत थक गयी हूँ। पेमेन्ट कर दीजिए और जाइए।" वे एकाएक बोलीं। मैंने पैसा दिया। "रूट कैनाल ट्रीटमेंट के बाद सुधा का क्या हाल है? कोई समस्या तो नहीं है?"उन्होंने पूछा। "सुधा कहती है कि उस दाँत में अभी भी पानी लग रहा है।" मैंने बताया। "ठीक है, किसी दिन ले आइएगा देख लूँगी।" उन्होंने कहा। मेरा मन बल्लियों उछल पड़ा। मैं सोच रहा था, फिर मुलाकात हो न हो। उन्होंने एक बार और मुलाकात का अवसर दे दिया था। मैं बाहर आ गया। धीरे-धीरे गुनगुनाते हुए—

उनकेदेखे से उनको जो आ जाती है मुँह पे रौनक।
वो समझते हैं कि बीमार का हाल अच्छा है।।

मोटर साइकिल स्टार्ट करके मैं घर चल पड़ा।

मेरे दाँत में फिलिंग कर लेने के बाद, जब वे मुझसे बातें कर रही थीं, मेरे दिमाग में एक बात धीरे-धीरे हलचल मचा रही थी। मेरे मन में आया कि कहूँ, "डॉक्टर साहब, आप बहुत.....बहुत..... सुन्दर हैं!" लेकिन हिम्मत नहीं पड़ी। सोचा कहीं वे बुरा न मान जायँ। अगर नाराज़ हो गयीं, तो फिर मिलने का अवसर हमेशा के लिए हाथ से चला जाएगा। यही सोचकर मन मसोस कर रह गया। अभी यह उनसे मेरी सिर्फ चौथी-पाँचवीं मुलाकात थी। सम्बन्धों में अभी जरा भी बेतकल्लुफी नहीं आयी थी लेकिन मैंने मन ही मन निश्चय कर लिया। कभी न कभी कहूँगा जरूर......डॉक्टर साहब, आप बहुत.....बहुत...... सुंदर हैं।

डॉ. अनामिका से पहली मुलाकात का वाकया बड़ा दिलचस्प था। एक खूबसूरत दुर्घटना थी वह। मेरी पत्नी सुधा के एक दाँत में करीब महीने भर से काफी दर्द हो रहा था। घरेलू उपचारों से फौरी राहत तो मिल जा रही थी, लेकिन स्थायी नहीं। हारकर मैंने डॉक्टर को दिखाने का निश्चय किया। सिविल लाइन्स में एक महिला बंगाली डॉक्टर शहर की सबसे अच्छी डॉक्टर मानी जाती थीं। मैंने जाकर उनका समय पता किया। सुबह आठ से बारह बजे तक वह मरीज देखती थीं।

अगले दिन नौ बजे मोटरसाइकिल से अपनी पत्नी को लेकर उनके क्लीनिक पर पहुँचा। एक आदमी बैठा मरीजों का नाम लिख रहा था। मैं भी उसके पास नाम लिखाने गया। उसने नाम लिखने से मना कर दिया। बोला, "डॉक्टर साहब एक दिन में जितने मरीज देखती हैं, उतने लोगों का नाम लिखा जा चुका है। अब और नाम नहीं लिखा जाएगा।" मुझे ताव आ गया, "उसमें एक नाम और जोड़

लोगे तो तुम्हारा कुछ चला जाएगा क्या?'' ''पहले से ही कुछ नाम ज्यादा हो गये हैं। अब और नहीं।'' मैं झुँझलाते हुए पत्नी के पास आया, ''ये साले डॉक्टर! जरा सा नाम हो जाता है तो मिजाज ही नहीं मिलता।'' ''क्या हुआ?'' सुधा ने पूछा। मैंने सारी बात बता दी। सुधा बोली, ''तो क्या हुआ? कल जरा जल्दी आ जाएँगे।'' मुझे गुस्सा आ गया, ''हाँ! मेरे पास बस यही एक काम बचा है। तुम्हें लेकर मैं रोज डॉक्टर के यहाँ चक्कर लगाऊँ। ऑफिस नहीं जाना है मुझे।'' सुधा कुछ नहीं बोली। मैं उसे लेकर घर चल पड़ा। मोटर साइकिल से थोड़ी ही दूर चला था कि सड़क के किनारे एक बड़ा सा विज्ञापन बोर्ड दिखा। नया डेन्टल क्लीनिक! मैंने मोटर साइकिल रोक दी। बोर्ड को पढ़ने लगा। लिखा था—दुनिया की आधुनिकतम सुविधाओं से लैस डॉ. अनामिका का नया डेन्टल क्लीनिक। दाँत कैसे भी कटे-फटे, टूटे-फूटे हों, सर्जरी से उन्हें एकदम नये जैसा बना दिया जाता है। दाँतों में कोई भी समस्या हो। एकदम पक्का इलाज। सुधा ने भी पढ़ा। मैंने कहा, ''चलो चलकर देखते हैं। इतनी प्रमुख जगह पर, इतना बड़ा विज्ञापन बोर्ड लगा है। डॉक्टर भी ब्रिटेन से पढ़कर आयी है। क्या पता अच्छी डॉक्टर ही हो।'' सुधा को प्रस्ताव अच्छा लगा। मैंने विज्ञापन बोर्ड से क्लीनिक का पता नोट किया। और खोजते-खोजते हम लोग डॉक्टर अनामिका के डेन्टल क्लीनिक पहुँच गये।

एक बहुत बड़ा घर था उसमें डॉक्टर अनामिका का आवास भी था और क्लीनिक भी। घर के बाहर डॉक्टर अनामिका के पति का नाम भी लिखा था। वे भी डॉक्टर ही थे लेकिन दाँत के नहीं, किसी अन्य चीज के। इतना बड़ा पूरा का पूरा घर वातानुकूलित था। हम लोग क्लीनिक में जाकर घुस गये। वहाँ केवल दो नर्सें थीं। कोई और मरीज नहीं दिखा। सम्भवतः नया क्लीनिक होने के कारण मरीज अभी कम आते थे। जो कुछ आये थे, दिखाकर जा चुके थे। मैंने सुधा से कहा, ''ये भी जब प्रसिद्ध डॉक्टर हो जाएगी तो देखने के लिए समय नहीं दिया जाएगा।'' सुधा मुस्करायी। बोली कुछ नहीं। जान रही थी कि मैं अभी भी गुस्से में हूँ।

एक नर्स ने हमें एक बहुत बड़े हाल में बैठा दिया। फिर उसने कहाँ से घंटी बजायी थी या क्या किया, हम समझ नहीं पाये। लगभग पाँच मिनट बाद ठीक सामने से एक लड़की लगभग दौड़ती हुई आती दिखी। एकदम हिरनी जैसी चाल में। मैंने उसे देखा तो देखता ही रह गया। एकदम साँचे में ढली हुई शरीर। न एकदम एक हड्डी की पतली और न मोटी। उम्र लगभग पच्चीस-छब्बीस साल। लम्बाई लगभग पाँच फिट पाँच इंच। एकदम गोरी-चट्टी और स्मार्ट। शरीर एकदम सीधा, बिल्कुल भी झुकाव नहीं। चित्ताकर्षक भरे-भरे स्तन जैसे शरीर को झुकाने

की कोशिश कर रहे हों। उसने चूड़ीदार पायजामे जैसी सलवार पहन रखी थी। उसी रंग का कुर्ता और दुपट्टा। अप्रतिम सौन्दर्य! अद्‌भुत, अविश्वसनीय। एकदम जैसे कालिदास की शकुन्तला! ऐसा सौन्दर्य मैं जीवन में पहली बार देख रहा था। मेरी पलकें झपकने का नाम नहीं ले रही थीं। मुँह फाड़कर मैं देखे जा रहा था। सुधा मेरे कान में फुसफुसायी, ''बहुत सुन्दर है न।'' ''हाँ!'' मैंने धीरे से कहा। ''आप में से किसे दिखाना है?'' पास आकर उसने मुस्कराते हुए मुझसे पूछा। मैंने भी पूछा, ''आप ही डॉक्टर साहब हैं?'' वे खिलखिला पड़ीं, ''क्यों मैं डॉक्टर जैसी नहीं लग रही क्या?'' उनके खिलखिलाने से जैसे हजारों मोती फर्श पर बिखरकर फैल गये। मन में तो आया, कह दूँ, ''बिल्कुल नहीं। आप डॉक्टर जैसी बिल्कुल नहीं लग रही हैं। आप तो किसी अप्सरा जैसी लग रही हैं।'' लेकिन संकोच से बोला, ''जी दरअसल हमें मालूम नहीं है। ये मेरी पत्नी सुधा है। महीनों से इसके एक दाँत में दर्द हो रहा है। जरा देख लीजिए।'' ''अंदर चैम्बर में आप लोग आइए।'' उन्होंने कहा और डॉ. अनामिका के पीछे-पीछे हम लोग चैम्बर में घुस गये।

चैम्बर में घुसने पर उन्होंने मुझे वहीं बैठा दिया और सुधा को लेकर चिकित्सा कक्ष में चली गयीं। वहाँ दाँत का एक्स-रे करके मुझे बताने आयीं, ''दाँत में अन्दर तक कीड़े पहुँच गये हैं। मसूढ़े के अन्दर मवाद इकट्‌ठा हो गया है इसीलिए दर्द हो रहा है। रूट कैनाल करना पड़ेगा।'' ''तो कर दीजिए।'' मैंने कहा। ''ऐसे तुरन्त नहीं हो जाएगा।'' वे बोलीं, ''इनको एक हफ्ते के अन्दर तीन दिन लेकर आना पड़ेगा। आप कहें तो मैं आज से शुरू कर दूँ।'' 'तीन दिन इस अप्सरा को देखने का मौका मिलेगा। अरे वाह!' मुझे मन ही मन बड़ी खुशी हुई। ''ठीक है! आज से ही शुरू कर दीजिए।'' मेरे मुँह से फौरन निकल गया।

डॉ. अनामिका अन्दर सुधा का रूट कैनाल कर रही थीं। सुधा की कभी चीखने, कभी कराहने, कभी रोने की आवाज़ आ रहा थी। मुझसे रहा नहीं गया। मैं भी चिकित्सा कक्ष में घुस गया। डॉ. अनामिका सुधा को समझा रही थीं, ''अरे बाबा मुँह तो खोलिए। अबकी बिल्कुल दरद नहीं होएगा।'' मेरा ध्यान डॉ. अनामिका की विलायत पलट हिन्दी की तरफ ज्यादा गया, सुधा के कष्ट की तरफ कम। ''डॉक्टर साहब, आप गलत बोल रही हैं। होएगा नहीं बल्कि होगा।'' मेरी उम्र सैंतीस साल। यानी मैं डॉक्टर से सीनियर। मैंने उनकी गलती पर यही समझकर टिप्पणी ठोंक दी। ''अच्छा बाबा! दर्द नहीं होगा।'' उन्होंने अपनी गलती स्वीकार कर ली। सुधा ने मुझे देखा तो उसे कुछ ढाँढस हुआ। वह मेरी ओर कातर दृष्टि से देखने लगी।

मैंने उसे ढाँढस बँधाया, "घबराओ नहीं! कुछ नहीं होगा। दाँत का दर्द हमेशा के लिए ठीक हो जाय, इसके लिए कुछ कष्ट तो उठाना ही पड़ेगा।" मैं वहीं खड़ा हो गया। डॉ. अनामिका ने चेहरे पर कपड़ा बाँध रखा था। केवल आँखें दिख रही थीं। वे सुधा के दाँत का रूट कैनाल कर रही थीं और मैं इकटक उनके चेहरे को देख रहा था। जितना दिख रहा था, उतना ही।

डॉ. अनामिका समझ रही थीं। उनके चेहरे को घूरा जा रहा है। लगातार घूरा जा रहा है। मैं आँखों से उनके चेहरे को पी लेना चाह रहा था। "प्लीज आप जाकर चैम्बर में बैठिए।" अचानक वे उखड़ गयीं। मैं एकदम से सिटपिटा गया। मैंने सुधा की ओर देखा। एक असहाय चोर की तरह लेकिन सुधा नहीं समझ पायी थी। उसने सोचा कि शायद मैं इसलिए बाहर किया जा रहा हूँ, जिससे मरीज ज्यादा भावुक न होने पाये। मैं कुछ-कुछ अपमानित कुछ-कुछ लज्जित सा चैम्बर में आकर बैठ गया जैसे- चेहरे पर जूता पड़ गया हो। अपने को कोसने लगा मैं। इस बुरी तरह घूरने की क्या जरूरत थी। भले निगाहों में गन्दगी नहीं थी लेकिन इस तरह सामने खड़े होकर घूरना! ऊपर वाले का शुक्र है कि कुछ उल्टा-सीधा सुनने को नहीं मिला।

सुधा को लेकर डॉ. अनामिका चिकित्सा कक्ष से बाहर निकलीं। मैं अपराधी की तरह सिर झुकाये बैठा रहा। उन्होंने तीन दिन बाद आने को कहा। जितना पैसा उन्होंने कहा, मैंने चुपचाप सिर झुकाये-झुकाये ही उनकी ओर बढ़ा दिया। उन्होंने ताड़ लिया कि मैं अपने को अपमानित और लज्जित महसूस कर रहा हूँ। वे मुस्करायीं, "तीन दिन बाद जरूर लेकर आइएगा बिलकुल लापरवाही मत बरतिएगा नहीं तो दाँत उखाड़ना पड़ जायेगा.....मैं गलत हिन्दी तो नहीं बोल रही हूँ?" मैं हँस पड़ा। वे भी खिलखिलाकर हँस पड़ीं। उनकी इस प्यारी सी खिलखिलाहट ने मेरे मन के सारे मैल को धो दिया।

सुधा के दाँत का रूट-कैनाल हो गया। कई वर्षों से आलस्य-वश जो मेरा दाँत सड़ रहा था, डॉ. अनामिका से मिलने की उत्सुकता में उसकी फिलिंग भी हो गयी। अब सुधा की दाँत में जो पानी लग रहा था, उसके लिए मैं जाने की सोच रहा था। सुधा को लेकर मैं अभी जा नहीं पाया था कि फिलिंग के सप्ताह भर बाद मेरे दाँत में भरा गया सारा मसाला निकल गया। मेरी खुशी का ठिकाना न रहा। चलूँ पहले अपना दाँत दिख लूँ। मरीज को देखने की फीस सौ रुपये थी। यानी डॉक्टर को देखने की फीस सौ रुपये। डॉक्टर को दिखाना नहीं देखना था। सौ रुपये....। ज्यादा नहीं था। ठीक था। डॉक्टर को देखना हो तो सौ रुपये खर्च करो लेकिन देखने का कोई उचित और अपने आप में पर्याप्त बहाना होना चाहिए।

अगले ही दिन मैं चल दिया। दाँत की फिलिंग निकल गयी। उचित और अपने आप में पर्याप्त बहाना! आज मैंने तय कर लिया था। आज कहूँगा जरूर! डॉक्टर साहब आप बहुत.....बहुत.... सुन्दर हैं! जी कड़ा कर रहा था। स्नायुओं पर नियंत्रण पाने की कोशिश कर रहा था। पता नहीं कह पाऊँगा या....। कहूँगा जरूर चाहे जो हो जाये। ज्यादा से ज्यादा वे यही कहेंगी कि भविष्य में मेरे यहाँ दाँत दिखाने की कोई ज़रूरत नहीं है। भगा सकती हैं। डाँट सकती हैं। इससे ज्यादा क्या होगा? कौन वे मुझे कायदे से जानती हैं कि दस लोगों को पता चल जाएगा और मैं मुँह दिखाने लायक नहीं रह जाऊँगा। मोटर साइकिल चलाते हुए आज मैं बहुत हिम्मत करके गुनगुना पा रहा था—

उनके देखे से उनको जो आ जाती है मुँह पे रौनक।
वो समझते हैं कि बीमार का हाल अच्छा है।।

डॉ. अनामिका के चैम्बर में जाकर थोड़ा सा मैं सहमा। इस हिसाब से गया था कि अधिकांश मरीज जा चुके हों। सचमुच कोई मरीज नहीं था। डॉ. अनामिका अकेले बैठी थीं। उनके कम्प्यूटर पर गुलाम अली की कोई गज़ल धीमी आवाज में बज रही थी। "नमस्कार डॉक्टर साहब, कैसी हैं?" मैंने आवाज में कुछ गर्मजोशी लाने का प्रयास करते हुए कहा। "ठीक हूँ।" उन्होंने संक्षिप्त उत्तर दिया। उनके ठीक सामने वाली कुर्सी पर मैं बैठ गया। जरा सी देर के लिए मैंने उनके चेहरे पर भरपूर निगाह डाली। इधर जरा सी देर में भरपूर रूप-रसपान की कला अपने अन्दर विकसित कर रहा था मैं। मैंने हिम्मत जुटायी। कह दूँ। डॉक्टर साहब आप बहुत.....बहुत...... सुन्दर हैं। जी को कड़ा किया। "कहिए, अब क्या समस्या आ गयी।" उन्होंने पूछा। "जी, उस दिन दाँत में आपने जो फिलिंग की थी, सारी फिलिंग निकल गयी।" वह बात नहीं कह पाया मैं। जिस बात को कहने की हिम्मत मैं रास्ते से जुटाता आ रहा था। "अरे! दरअसल कैविटी बहुत जमी थी लेकिन फिर भी मैंने बहुत अच्छी तरह फिलिंग की थी। इतनी जल्दी कैसे निकल गयी? खैर! चलिए दुबारा फिलिंग कर देती हूँ। दुनिया में इस समय जो सबसे बेहतरीन फिलिंग उपलब्ध है, आज मैं वो करूँगी। अबकी बार इतनी जल्दी नहीं निकलेगी।"

अपने साथ वे मुझे चिकित्सा कक्ष में ले गयीं। मैं अपनी कुर्सी पर बैठ गया। वे मेरे बगल में बैठीं। अपनी कुर्सी पर। हमेशा की तरह उन्होंने सफेद कोट पहन लिया। मुँह पर कपड़ा बाँध लिया। हाथों में दस्ताना पहना। मुझे कुछ खीझ हुई 'दस्ताना पता नहीं क्यों पहन लेती हैं। खूबसूरत कोमल अँगुलियों का स्पर्श मैं उतने अच्छे तरीके से नहीं महसूस कर पाता लेकिन कह तो कुछ सकता नहीं था मैं।

उन्होंने मेरी कुर्सी का बटन दबाया। कुर्सी पर अधलेटा हो गया मैं। लगभग उनकी गोद में पहुँच गया। मेरे मुँह पर झुक गयीं वे।

उस अपूर्व सौन्दर्य के इतने करीब हो जाने पर मुझ पर मदहोशी छाने लगी। मुग्धता और मिठास की अनुभूति तारी होने लगी। डॉ. अनामिका.....उनका मारक लावण्य.... उनकी खूबसूरत अँगुलियाँ....इनके अलावा दुनिया में और भी कोई चीज है, मुझे होश ही न रहा।

दाँत की फिलिंग फिर से करके वे मेरे साथ अपने चैम्बर में आ गयीं। दोनों नर्सों को उन्होंने विदा कर दिया। अब मैं था और डॉ. अनामिका। ''आज मैंने आपकी दाँत में वो फिलिंग की है जो दुनिया में उपलब्ध बेस्ट फिलिंग है। इसे जल्दी नहीं निकलना चाहिए। आगे भगवान की मर्जी..... वैसे आपके बाकी दाँत एकदम ठीक हैं। एक ही दाँत में पता नहीं कैसे इतना बड़ा गड्ढा हो गया....।'' वे बोले जा रही थीं। अब एकदम खाली हो गयी थीं वे। मैं मुग्ध भाव से उनके चेहरे को देखे जा रहा था। इकटक। बिना आँख इधर-उधर किये। डॉक्टर साहब आप बहुत.....बहुत.... सुन्दर हैं। कह दूँ। कोई नहीं है। कुछ उल्टा-सीधा सुनने को मिला तो कौन देखने वाला है। खूब जी कड़ा किया। जैसे पुल पर ट्रेन गुजर रही हो। धड़...धड़.....धड़.....धड़......। दिल बुरी तरह धड़क रहा था। लग रहा था शरीर से निकलकर बाहर चला आयेगा। मैंने कसकर दोनों मुट्ठियाँ बाँध लीं, ''डॉक्टर साहब आप......'' ''जी हाँ कहिए!'' उन्होंने अपनत्व भरे लहजे में कहा। ''इतनी अच्छी फिलिंग करती हैं कि एकदम पता ही नहीं चलता। दर्द वगैरह बिलकुल नहीं होता।'' ''ओह!'' वे एकदम से खिलखिलाकर हँसने लगीं। मैं फिर नहीं कह पाया। ओह.....! मैं अपनी दिल की धड़कनों को काबू करने का प्रयास करने लगा। ''डॉक्टर साहब कितना पैसा हुआ?'' मैंने कुछ मायूसी से पूछा। ''कैसा पैसा? मैंने फिलिंग की थी। निकल गयी। मैंने दोबारा फिलिंग कर दी। काम खत्म.....।'' मैं हारे हुए की भाँति उन्हें नमस्कार करके धीमे-धीमे कदमों से उनके चैम्बर से बाहर निकल आया।

कुछ दिन बाद फिर जाना हुआ। सुधा के साथ। दाँत में पानी लग रहा था, जो। डॉक्टर साहब, आप बहुत.....बहुत.... सुन्दर हैं। नहीं कह सकता था यह बात। साथ में सुधा जो थी। पति-पत्नी में घर पहुँचने पर युद्ध हो जाता। हूँ....बहुत सुन्दर हैं डॉक्टर साहब? इतना ही कह कर क्यों रह गये। आई लव यू....मैं आपको प्यार करता हूँ....यह भी कह देते। डॉक्टर को दाँत दिखाने नहीं जाते.....नैन-मटक्का करने जाते हो। बुला लो अपनी डॉक्टर का। रहो उन्हीं के साथ। मैं मायके जा रही हूँ।

अर्थात् कुछ भी बवाल हो सकता था। सुधा और डॉक्टर अनामिका, दोनों की नजरें बचाकर मैंने उन्हें उस दिन भरपूर देखा, बस!

उस दिन ऑफिस नहीं गया था मैं। छुट्टी थी। घर में फैलकर केवल अखबार और पत्रिकाएँ पढ़ रहा था। दोपहर में किसी बात को लेकर सुधा से कुछ कहा-सुनी हो गयी। मेरा मूड काफी ऑफ हो गया।

शाम को सिविल लाइन्स निकल लिया। जाकर शामियाना रेस्टोरेन्ट में बैठा। बाहर......एकदम सड़क के किनारे ही। मन खिन्न था। कुछ-कुछ उदास भी। बीच-बीच में मैं कुछ मँगा लेता था। अकेली चुपचाप बैठे-बैठे इधर-उधर देख रहा था। मुझे डॉ. अनामिका की बुरी तरह याद आ रही थी! वे थोड़ी देर के लिए मेरे पास आ जातीं। मैं उनसे कुछ गपशप कर लेता। मैं ठंडी आह कर कर रहा गया। यहाँ कहाँ वे आयेंगी।

थोड़ी देर में अचानक एक कार आकर रुकी। मुझसे कुछ ही दूरी पर खड़ी हुई। एक लड़की चला रही थी। अकेले ही थी वह। कार का दरवाजा खुला। वह बाहर निकली। अरे.....मेरी खुशी का ठिकाना न रहा। ''डॉक्टर साहब!'' मैंने आवाज़ दी। मुझे वे अब अच्छी तरह पहचानने-जानने लगी थीं हालाँकि मेरे बारे में उन्हें और कुछ पता नहीं था। मैं उनका एक मरीज हूँ। बस! वह इतना ही मेरे बारे में जानती थीं। उन्होंने मेरी ओर देखा। मैंने उन्हें नमस्कार किया। ''आइए इधर ही बैठिए न।'' मैंने आमंत्रित किया। वे हौले से मुस्कराते हुए आकर बैठ गयीं, ''अकेले यहाँ बैठकर क्या कर रहे हैं? सुधा कहाँ हैं?'' ''मन कुछ खिन्न और उदास था। इसलिए चुपचाप अकेले यहाँ बैठा हुआ था।'' मैंने भी मुस्करा कर उत्तर दिया हालाँकि अब मेरी सारी उदासी और खिन्नता छू-मंतर हो गयी थी। वे फिर मुस्करायीं, ''सुधा से लड़ाई हो गयी है क्या?'' मैं झेंप गया, ''अरे नहीं!'' थोड़ी देर में मैंने वेटर को बुलाया, ''सुनो, दो जगह मसाला डोसा ले आओ।'' ''नहीं....प्लीज....मेरा बिलकुल मन नहीं है। आप अपने लिए ही मँगाइए।'' उन्होंने मुझसे अनुरोध किया।''कैसे मन नहीं है। आपको खाना पड़ेगा। ठीक है.....आप बहुत बड़ी डॉक्टर हैं लेकिन थोड़ा सा आम जनता के साथ भी रहना चाहिए। मैं आम जनता हूँ।'' वे खिलखिलाकर हँस पड़ीं, ''अच्छा...तो आप आम जनता हैं। आपका यह परिचय मुझे नहीं मालूम था।'' वेटर चला गया। कुछ ही देर में दो बड़ी प्लेटों में मसाला डोसा लेकर आ गया। मैं बहुत प्रसन्न था। अपने भाग्य पर विश्वास नहीं कर पा रहा था। एक शाम डॉ. अनामिका के साथ गुजरेगी। मेरे लिए सिर्फ कल्पना की बात थी यह।

हम लोग मसाला डोसा भी खा रहे थे और गपशप भी कर रहे थे। अचानक.....! मेरे दिमाग में फिर वही बात घुमड़ने लगी। कह दूँ। डॉक्टर साहब, आप बहुत..... बहुत.... सुंदर हैं। गालिब का वह शेर भी उन्हें सुनाने का मन करने लगा—

उनके देखे से उनको जो आ जाती हैं मुँह पे रौनक।
वो समझते हैं कि बीमार का हाल अच्छा है।।

हम दोनों के बीच अब थोड़ी सी बेतकल्लुफी तो आ ही चुकी है। कह ही दूँ। वे नाराज़ नहीं होंगी।.....लेकिन अगर हो गयीं तो? हम दोनों मसाला डोसा भी खा रहे थे। गपशप भी कर रहे थे। इधर मेरे मन में मंथन भी चल रहा था। डर लग रहा था कि अगर नाराज़ हो गयीं तो इतनी सुहानी शाम, जो बड़ी मुश्किल से मिली है, चौपट हो जाएगी। किसी तरह मैंने हिम्मत जुटा ही ली।

यह क्या? मसाला डोसा खाकर वे अचानक उठ खड़ी हुईं, ''ऐसा है, मुझे अभी मार्केटिंग भी करनी है। देर हो जाएगी। अब चल रही हूँ।'' मायूस होकर मैं भी खड़ा हो गया। अचानक हिम्मत करके मैंने कह ही दिया, ''डॉक्टर साहब, आप....से मिलकर बहुत अच्छा लगा।'' ''मुझे भी अच्छा लगा। अच्छा धन्यवाद!'' उन्होंने कार में बैठकर दरवाजा बन्द कर लिया। कार स्टार्ट हुई। झन्न से निकल गयी। मैं खड़ा देखता रह गया।

मेरे पाँच वर्षीय इकलौते बेटे विपिन के एक दाँत में कीड़े लग गये थे। उसके अभी दूध के दाँत नहीं टूटे थे, इसलिए मैं बहुत परेशान नहीं था। एक दिन सुधा बोली, ''विपिन के दाँत में कीड़े नीचे की ओर बढ़ रहे हैं। मैं आज देख रही थी। पर्याप्त नीचे तक गड्ढा हो गया है।'' ''कोई बात नहीं! अभी दूध के दाँत हैं। टूट जायेंगे तो कीड़े भी साफ हो जाएँगे।'' मैंने निश्चिन्तता से उत्तर दिया। ''न हो तो एक बार डॉ. अनामिका को दिखा लेते। कीड़े अगर काफी नीचे जाकर नस तक पहुँच गये तो बड़ी दिक्कत हो जाएगी। तब बिना रूट कैनाल ट्रीटमेन्ट के ठीक नहीं होगा।'' उसने चिन्ता प्रकट की। डॉ. अनामिका का नाम सुनते ही मैं खुश हो गया। ''ठीक है! तुम कहती तो दिखा देता हूँ। कल जब विपिन स्कूल से लौटकर आयेगा तो लेकर उसे चला जाऊँगा।'' मैंने अपनी खुशी छुपाते हुए लापरवाही से कहा।

अगले दिन मैं विपिन को दिखाने लेकर चल दिया। अपने हिसाब वाले समय पर ही पहुँचा। लगभग ढाई बजे। डॉ. अनामिका अपना अन्तिम मरीज़ देख रही थीं। हम दोनों बाहर बैठ गये।

अन्तिम मरीज चला गया तो हम दोनों चैम्बर में बुलाये गये। एक नर्स द्वारा। ''नमस्कार डॉक्टर साहब! कैसी हैं?'' ''ठीक हूँ!'' डॉ. अनामिका कुछ पस्त आवाज़

में बोलीं। मैंने देखा, वे थककर चूर हो गयीं थीं। चेहरा थका हुआ....लटें कुछ बिखर कर गालों और चेहरे पर खेलती हुईं...होठों पर मासूम मुस्कराहट....। अपने इस रूप में वे और भी खूबसूरत, कमनीय और मादक लग रही थीं। मैं देखता का देखता रह गया। मन कर रहा था....मन कर रहा था.....उनके गालों को अपनी दोनों हथेलियों में लेकर, उनके होठों को चूम लूँ। बड़ी मुश्किल से अपने ऊपर नियंत्रण पाया मैंने। "सुबह से मरीज देखते-देखते एकदम थक गयी हूँ। आप जरा इन्तज़ार कर लेते तो मैं खाना खा आती। पाँच मिनट से ज्यादा नहीं लूँगी मैं।" उन्होंने थकी हुई मुस्कराहट के साथ कहा। "बिलकुल-बिलकुल! पाँच मिनट क्या मैं एक घंटे इन्तज़ार कर लूँगा। आप निश्चिन्त होकर खाना खा आइए।"

पन्द्रह-बीस मिनट में खाना खाकर वे वापस आ गयीं। अब वे काफी तरोताजा दिख रही थीं। "हाँ, क्या हो गया है बच्चे को? आपका बेटा है?" आते ही उन्होंने पूछा। "यह मेरा इकलौता बेटा है। विपिन नाम है। उम्र इसकी पाँच साल है। दूध के अभी एक भी दाँत नहीं टूटे हैं। इसके एक दाँत में कीड़े लग गये हैं। मैंने सोचा आपको दिखा दूँ।" "बहुत अच्छा किया आपने। दूध के दाँत नहीं टूटे हैं तो इसका यह मतलब नहीं हुआ कि कोई खतरा नहीं है....मेरा बेटा तो बहुत प्यारा है। इधर आओ बेटा। मेरे पास।" उन्होंने विपिन को पुचकारा। विपिन उनके पास चला गया। उसका मुँह खोलकर उन्होने उसका दाँत देखा। "दाँत की सफाई करके फिलिंग करनी पड़ेगी। काफी गहराई तक कीड़े पहुँच गये हैं।" उन्होंने कहा। "ठीक है, कर दीजिए।" मैंने कहा। मैं मूड बनाने लगा। आज कह ही दूँ। डॉक्टर साहब, आप बहुत...बहुत.... सुन्दर हैं। विपिन अभी छोटा है। कुछ समझ नहीं पायेगा। मम्मी से जाकर नहीं बतायेगा। लेकिन डॉक्टर अनामिका ने मुझे कुछ उल्टा-सीधा कह दिया तो? कहना तो नहीं चाहिए। विपिन के सामने कुछ तो लिहाज करेंगी। वैसे अब सम्बन्धों में थोड़ी-बहुत बेतकल्लुफी आ चुकी है। ज्यादा से ज्यादा नाराज़ हो हो सकती हैं। कुछ कहेंगी नहीं।

डॉक्टर अनामिका विपिन को लेकर चिकित्सा-कक्ष में गयीं। मैं भी पीछे-पीछे चला गया। उन्होंने विपिन को कुर्सी पर बैठने को कहा। उस कुर्सी का अजीब सा आकार-प्रकार देखकर विपिन उस पर बैठने को तैयार नहीं हो रहा था। "क्या हुआ?" डॉक्टर अनामिका ने पूछा। "मैं इस पर से गिर जाऊँगा।" "अरे नहीं बेटा। आप नहीं गिरेंगे। हम आपके पास बैठे रहेंगे। आपको पकड़े रहेंगे।" उस कुर्सी में एक स्टैंडनुमा कुछ बना था। उसमें तरह-तरह की मशीनें फिट थीं। उन्हीं से डॉक्टर अनामिका अपना काम करती थीं। "असल में इसकी मम्मी ने

इसको डरा दिया है कि डॉक्टर साहब तुम्हारे दाँत में सूई लगा देंगी।'' मैंने बताया। ''अच्छा आने दो ममा को। मैं उन्हें इतना डाँटूँगी। मेरे बेटे को उन्होंने डरा दिया। देखो.....यहाँ तुम्हें कहीं सूई दिख रही है? मैं तो इससे आपका दाँत साफ करूँगी।'' इसके साथ ही स्टैण्ड से उन्होंने एक पाइपनुमा यंत्र निकालकर उसे विपिन की ओर किया और धीरे से उसे दबा दिया। पानी की एक तेज फुहार विपिन पर पड़ी। विपिन खिलखिलाकर हँस पड़ा। ''देखा, कितना मजेदार है। डॉक्टर आंटी इसी से आपका इलाज करेंगी।'' विपिन डरते-डरते कुर्सी पर बैठ गया। ''सिस्टर सेक्शन!'' उन्होंने आदेश दिया। एक नर्स ने पाइप जैसा एक यंत्र विपिन के मुँह के अन्दर कर दिया। वह यंत्र मुँह का सारा थूक और पानी खींच ले रहा था। डॉक्टर अनामिका कभी इस मशीन से तो कभी उस मशीन से अपना काम कर रही थीं। मैं भी वहीं खड़ा एकटक डॉक्टर अनामिका को देख रहा था और आदेश विपिन को दे रहा था, ''हाँ बेटा....ठीक से मुँह खोलो...पूरा मुँह खोलो...।'' उन्होंने दाँत की सफाई की। उसमें मसाला भी भरा। ''देखा! जरा भी दर्द हुआ? आने दो अबकी ममा को। खूब कसकर डाँटूँगी। मेरे बहादुर बेटे को झूठ-मूठ में डरा दिया था।'' उन्होंने गोद में लेकर विपिन को कुर्सी से उतार दिया।

हम लोग चैम्बर में आकर बैठे। नर्सें चली गयीं। अचानक विपिन बोला, ''डॉक्टर आंटी, आपके दाँत बहुत सुंदर हैं।'' ''थैंक्यू बेटा।'' डॉ. अनामिका खुश होकर बोलीं। 'अरे! मैं इतने दिन से नहीं कह पा रहा हूँ। यह गधा इतनी आसानी से कह गया। उस पर थैंक यू भी पा गया।' मैं भी अपनी बात कहने के लिए कसमसाने लगा, ''डॉक्टर साहब, आप बहुत....'' एक तो मैं रुक गया दूसरे विपिन के मारे आगे बोलने नहीं पाया। वह शैतानी भरी बातें कर-कर के डॉ. अनामिका को खूब हँसा रहा था। हारकर मैंने पेमेंट किया और विपिन को लेकर बाहर चला आया।

उस दिन ऑफिस में काम करने में मेरा मन नहीं लग रहा था। न जाने क्यों मैं उदास था। कुछ अच्छा नहीं लग रहा था। तभी मुझे डॉ. अनामिका की याद आ गयी। 'चलकर उन्हीं से मिल आता हूँ। थोड़ी देर उनसे बातें कर लूँगा....जी भर कर उन्हें निहार लूँगा तो मूड अपने आप अच्छा हो जायेगा।...लेकिन दाँतों में कोई समस्या तो है नहीं...फिर....फिर क्या.....कह दूँगा, दाँत में पानी लग रहा है...कुछ दवाएँ लिखकर देंगी...दवा की पर्ची रास्ते में फाड़कर फेंक दूँगा।...डॉक्टर को देखने की फीस सौ रुपये है...मरीज को नहीं देखा जाना है.....डॉक्टर को देखा जाना है।' मेरे मन में तमाम तरह की उधेड़बुन चल रही थी। मैंने फाइलें एक तरफ फेंकी। दो-चार जो जरूरी फाइलें थीं, उन्हें निबटा चुका था। ऑफिस के बाहर निकलकर

स्टैण्ड से मोटरसाइकिल निकाली। चल दिया। मोटर साइकिल चल रही थी। मन अपने आप थोड़ा-थोड़ा खुशनुमा होने लगा। डॉ. अनामिका को देखने, उनसे बातें करने जो जा रहा था। मन अपने आप गुनगुनाने लगा—

उनके देखे से उनको जो आ जाती है मुँह पे रौनक।
वो समझते हैं कि बीमार का हाल अच्छा है।।

मैंने तय कर लिया। आज चाहे जो हो जाय। आज निश्चित रूप से कहूँगा कि डॉक्टर साहब, आप बहुत....बहुत.... सुंदर हैं। चाहे दिल की धड़कन बन्द हो जाय। चाहे मैं बेहोश हो जाऊँ।

मैं अपने हिसाब वाले टाइम पर ही पहुँचा। अन्तिम मरीज दिखा कर बाहर निकल रहा था। मैं चैम्बर में घुस गया, "नमस्कार डॉक्टर साहब।" मेरे नमस्कार का जवाब देने के बजाय उन्होंने मुस्करा कर पूछा, "और कहिए, आप कैसे हैं?" मुझे बड़ा अच्छा लगा। पहली बार मेरे बजाय उन्होंने हाल-चाल पूछा था। यानी अब पर्याप्त निकटता बन चुकी थी। अब वो बात कही जा सकती है। "मैं एकदम ठीक-ठाक हूँ। आप बताइए आप कैसी हैं?" "मैं भी ठीक-ठाक हूँ।" "डॉक्टर साहब, मेरे एक दाँत में पानी लग रहा है।" "लाइए देखूँ।" वे ऐसे ही हाथ से मेरा मुँह खोलकर देखने लगीं। पहली बार उनकी अँगुलियों का सीधा स्पर्श मिला था। मेरा शरीर थरथरा उठा। लगा जैसे मैं स्वर्गलोक में पंख लगाकर उड़ रहा हूँ। कितना प्यारा स्पर्श था, उनकी अँगुलियों का। "हाँ, किस दाँत में पानी लग रहा है?" उन्होंने पूछा। मैंने ऐसे ही एक दाँत अपनी अँगुली से छू दिया। उनकी अँगुलियों से मेरी अँगुलियाँ टकराईं। सारा शरीर रोमांचित हो उठा। 'ओह! आज कितना कुछ मिल रहा है' मन ही मन मैं बुदबुदाया। वे मेरा मुँह छोड़कर अपनी कुर्सी पर बैठ गयीं, "कोई खास बात नहीं है। मैं कुछ दवाएँ लिख दे रही हूँ। एक हफ्ते खा लीजिएगा। ठीक हो जाएगा। उन्होंन अपने पैड के एक पन्ने पर दवाएँ लिखीं और पन्ना फाड़कर मुझे दे दिया। मैंने पैसे चुका दिये। "डॉक्टर साहब, आप....." मैंने पूरी हिम्मत जुटाकर बोलना शुरू किया। "जी, बोलिए!" उन्होंने प्यार से कहा। "से मिलने अब आज के बाद कभी नहीं आऊँगा।" मैं धड़धड़ाकर उनके चैम्बर से बाहर निकल आया। उनके चेहरे पर क्या प्रतिक्रिया हुई मैंने नहीं देखा। जल्दी से गेट के बाहर निलकर मोटरसाइकल स्टार्ट किया और हवा से बातें करने लगा। कुछ भी मेरी समझ में नहीं आ रहा था। क्या हुआ? कैसे हुआ? सीधे जाकर मैं कम्पनी बाग में रुका। चन्द्रशेखर आजाद की मूर्ति के पास।

मैंने मोटरसाइकिल वहीं खड़ी कर दी। सूनी आँखों से चन्द्रशेखर आजाद की मूर्ति को देखने लगा। एकदम सूनी आँखों से। अचानक चन्द्रशेखर आजाद की मूर्ति से लिपटकर मैं फफक-फफक कर रोने लगा। बिलकुल फूट-फूटकर। मैं एकदम से छोटा बच्चा बन गया था। और छोटे बच्चे की ही भाँति बिलख रहा था।

❑❑❑